JN216170

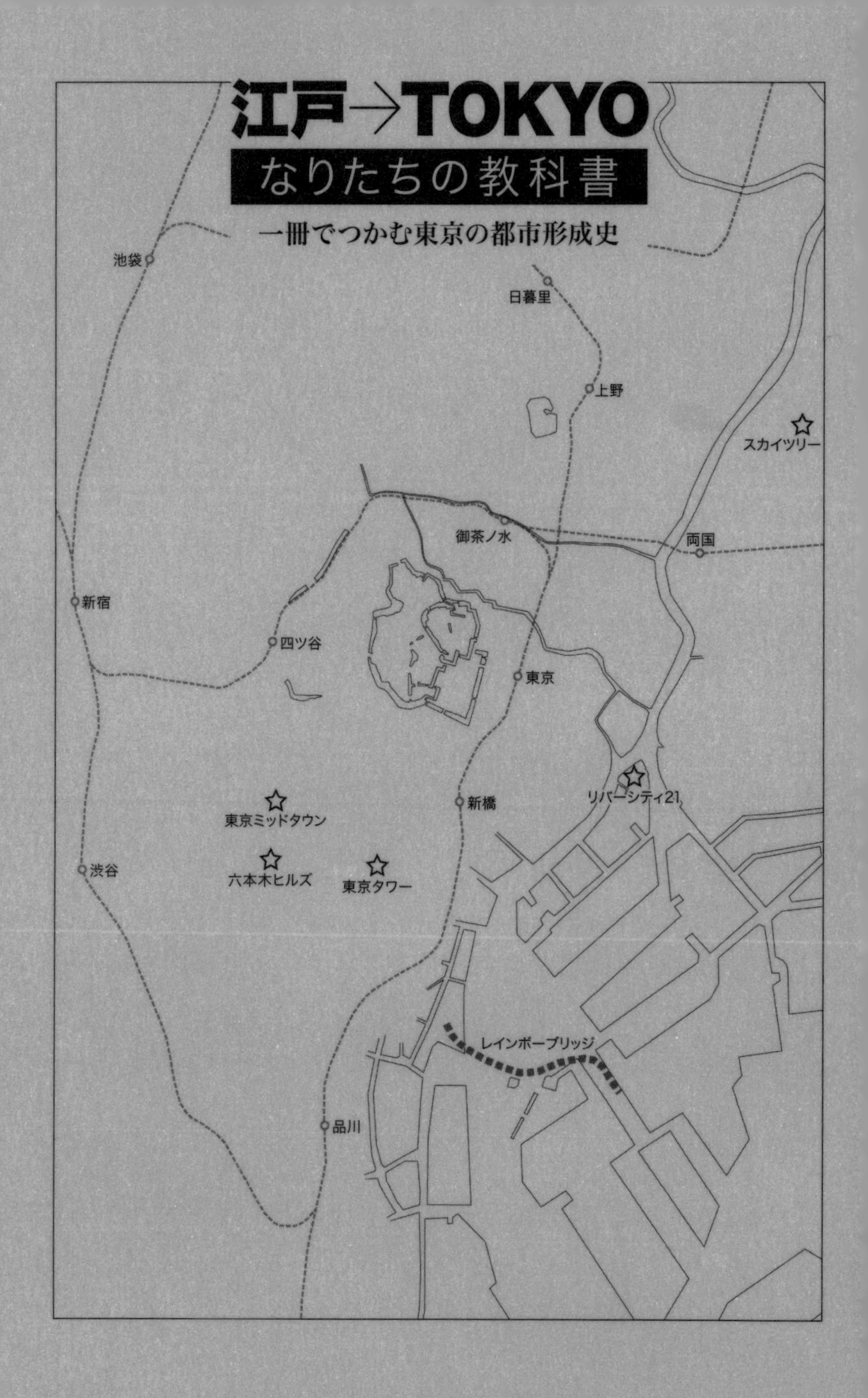
江戸→TOKYO
なりたちの教科書
一冊でつかむ東京の都市形成史
池袋
日暮里
上野
スカイツリー
御茶ノ水
両国
新宿
四ツ谷
東京
リバーシティ21
新橋
東京ミッドタウン
渋谷
六本木ヒルズ
東京タワー
レインボーブリッジ
品川

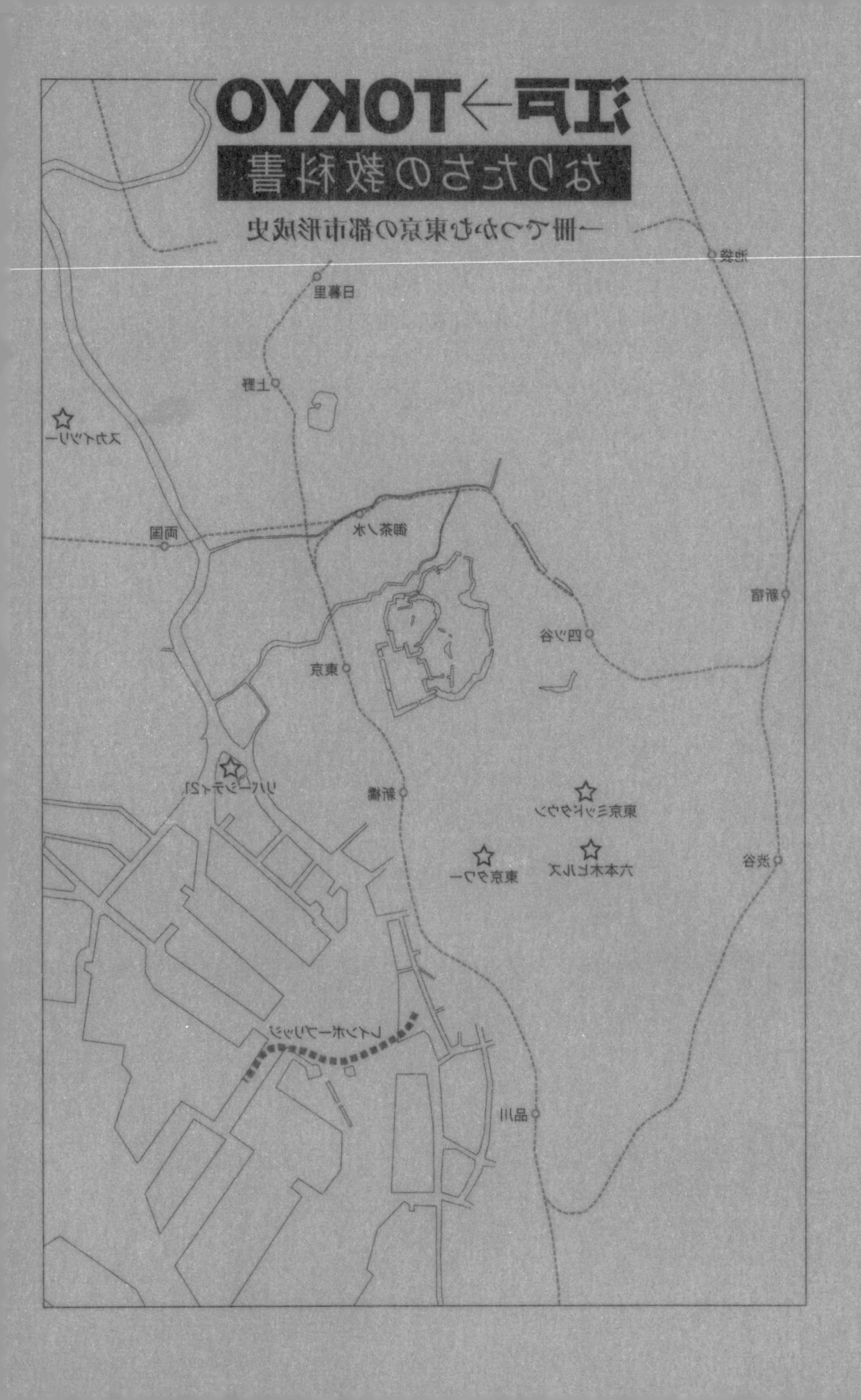
江戸→TOKYO
なりたちの教科書
一冊でつかむ東京の都市形成史
池袋
日暮里
上野
スカイツリー
御茶ノ水
両国
新宿
四ツ谷
東京
新橋
リバーシティ21
東京ミッドタウン
六本木ヒルズ
東京タワー
渋谷
レインボーブリッジ
品川

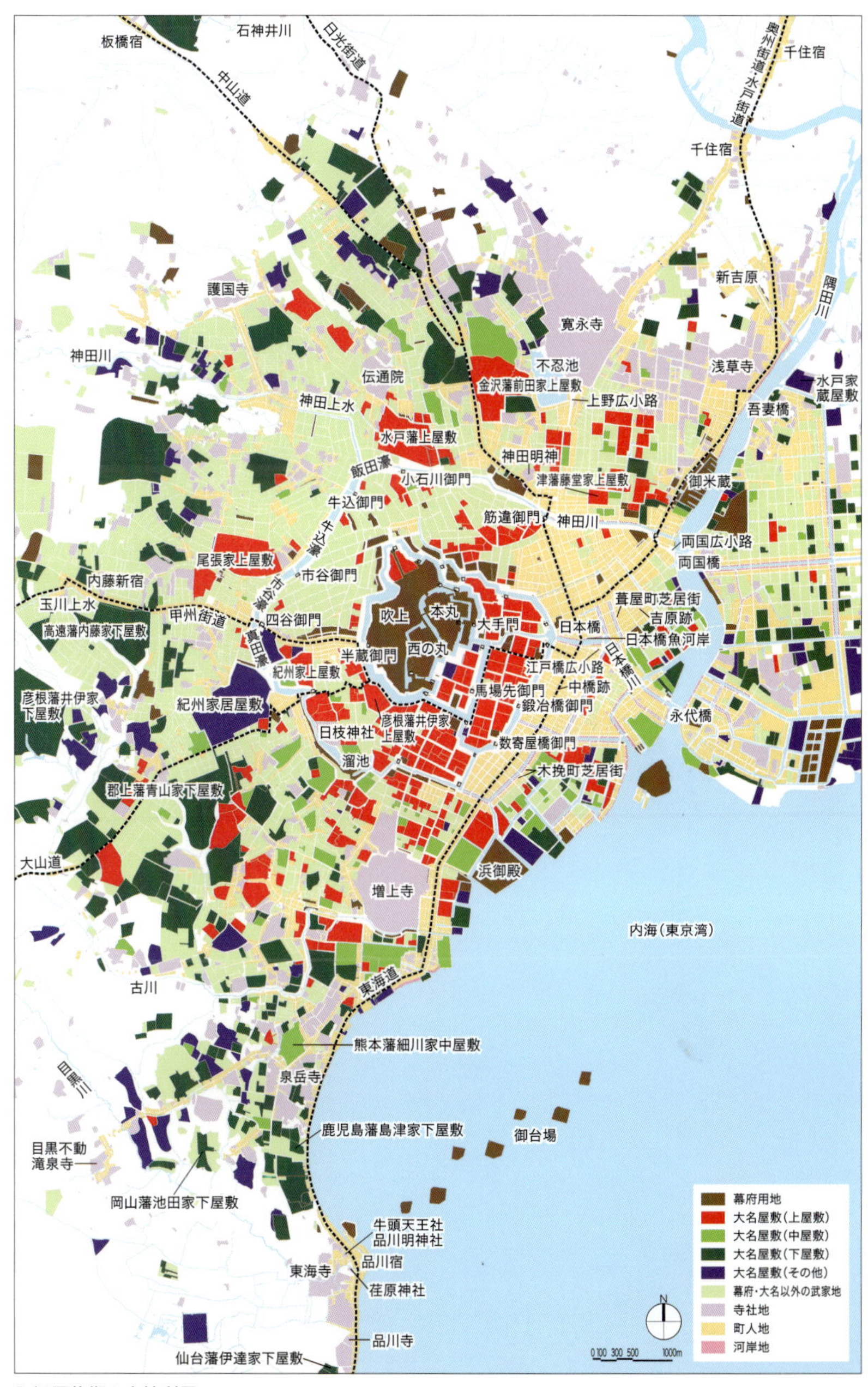

板橋宿
石神井川
日光街道
中山道
奥州街道・水戸街道
千住宿
千住宿
護国寺
新吉原
隅田川
寛永寺
神田川
不忍池
浅草寺
伝通院
金沢藩前田家上屋敷
水戸家蔵屋敷
神田上水
上野広小路
吾妻橋
水戸藩上屋敷
神田明神
飯田濠
津藩藤堂家上屋敷
御米蔵
小石川御門
牛込御門
筋違御門
神田川
牛込濠
両国広小路
両国橋
尾張家上屋敷
市谷御門
市谷濠
内藤新宿
葺屋町芝居街
玉川上水
甲州街道
吹上
本丸
吉原跡
四谷御門
大手門
日本橋
高遠藩内藤家下屋敷
真田濠
西の丸
日本橋魚河岸
半蔵御門
日本橋川
江戸橋広小路
紀州家上屋敷
馬場先御門
中橋跡
彦根藩井伊家下屋敷
紀州家居屋敷
鍛冶橋御門
永代橋
彦根藩井伊家上屋敷
日枝神社
数寄屋橋御門
溜池
木挽町芝居街
郡上藩青山家下屋敷
大山道
浜御殿
増上寺
内海(東京湾)
古川
東海道
熊本藩細川家中屋敷
目黒川
泉岳寺
鹿児島藩島津家下屋敷
御台場
目黒不動
滝泉寺
岡山藩池田家下屋敷
牛頭天王社
品川明神社
品川宿
東海寺
荏原神社
品川寺
仙台藩伊達家下屋敷
幕府用地
大名屋敷(上屋敷)
大名屋敷(中屋敷)
大名屋敷(下屋敷)
大名屋敷(その他)
幕府・大名以外の武家地
寺社地
町人地
河岸地
N
0 100 300 500 1000m

1.江戸後期の土地利用

2.寛永期の江戸を描いたといわれる「江戸図屛風」(部分)

3.巨大化する現代東京と富士山の遠望(2016年12月)

4.銀座四丁目交差点の夜景(銀座四丁目側・昭和初期)

5.銀座四丁目交差点の夜景(銀座五丁目側・2017年1月)

江戸→TOKYO
なりたちの教科書

一冊でつかむ東京の都市形成史

岡本哲志
Satoshi Okamoto

淡交社

はじめに

これまで数えきれないほどの人たちが江戸東京を活字化してきました。簡単に語り尽くせそうにない、多様で複雑な東京の都市像があるからでしょう。本書では、400年以上の歳月をかけて築かれてきた江戸東京の様々な事象から29のテーマを浮き彫りにし、一つ一つが完結した物語として仕上げています。これら29話は、各時代を担う代表選手であると同時に、連続ドラマのようにバトンタッチし、江戸東京を語る一本筋の通った大きな物語となるようにも心掛けました。

本書は、プロローグからはじまり、8章構成で江戸時代から現代までの物語を展開します。プロローグは、都市・江戸東京が成立する基層(きそう)としての地形的特色、複雑に入り組む台地、砂州と浅い海が組合わさった低地に焦点をあてました。

第1章から第3章では、江戸時代を取り上げます。天正18(1590)年、徳川家康が江戸に入府してから、江戸幕府は3世紀近く天下の城下町を維持し続けてきました。江戸は、台地と低地が複合する地形から坂道と水路で構成された多様性に満ちた巨大都市へと導かれます。京の都や大坂と異なる、世界的にも極めてユニークな都市像がかたちづくられました。その一方で、乾いた風が冬場に吹き荒れる地理的環境から、江戸は多発する火事に悩まされ続け、思いのほか波瀾万丈の都市像が浮かび上がります。それでも立ち直る百万都市・江戸は「賑わい」

「祭」「名所」により、活力がみなぎる魅力的な都市空間を演出しました。それら江戸の喜怒哀楽を書いています。

第4章と第5章は、激動の幕末から西欧文明を急速に取り入れて近代化する明治・大正の東京を扱います。天皇の「藩屏（はんぺい）」として東京に住むことになる宮家、大名の上屋敷をベースに一大ビジネスセンターへと成長する丸の内など、近代東京に展開したサクセスストーリーを糸口に、都心、下町、山の手、郊外を関係づけ、巨大化する東京のいとなみの場を読み解きます。

第6章は、関東大震災を経て、復興する東京の姿を見ていきます。都心と郊外の対比から、市電や鉄道の敷設、ガスや電気の普及とともに、近代化する人々の暮らしを探ります。後半では「銀座」「丸の内」「浅草」「新宿」を舞台とした昭和初期の流行歌「東京行進曲」を題材に、モダン都市に変貌する東京の様子を辿ります。

第7章と第8章は、「戦後」「高度成長期」「現代」が舞台です。「都市形成史」を専門とする私にとって、生まれ育った東京は主要な研究フィールドです。第7章の戦後から高度成長期は自身の体験と、40年以上も歩き続けてきた経験から東京を描きます。第8章の現代は江戸の大名屋敷と超高層ビルとの関係を示し、立体化する東京の特色を見ていきます。

本書は、江戸や東京を創造的に共有できる窓口でありたいと願っています。知るという知的好奇心の世界へ踏み出す第一歩として、本書をお読みいただければ幸いです。

目次

注:本文の年号は和暦で記載し、( )内に西暦を併記しました。また、月日まで記載した年号は和暦の最初に「旧暦」と記し、( )内は西暦の月日を記してあります。ちなみに、元号が慶応から明治に変わる日は旧暦明治元(慶応4)年9月8日(1868年10月23日)、旧暦は旧暦明治5年12月2日(1872年12月31日)までです。

6.台地と低地で構成された江戸の地形と水面

プロローグ　高低差のある地形にできた江戸

1　襞のように入り組む台地と谷戸

100メートルを越える高さの超高層ビルが林立する東京。一方で江戸時代の記憶を伝える町人地の仕組み、あるいは都市公園として大名屋敷の庭園が現在に残り続けます。では、どのようにして土地の履歴（地霊）が東京の都市風景に刻み込まれてきたのでしょうか。東京は、自然がつくりだす台地と低地が組み合わさり、その自然地形を頼りに様々な人々の暮らしや営みが繰り返され、現在の姿になりました(6)。特に江戸時代初期は、江戸城を中心に、地形を活かしながらもダイナミックな都市開発が行われます。台地側の山の手と低地側の下町とで構成される都市空間がつくられました。自然地形の基本形状は現状からもある程度読み取れます。

山の手の地形は、更新世（洪積世、約258万〜約1万）の地層が西から武蔵野台地を形成し、多摩川など川の氾濫により扇状地をつくりだす礫層とで、現在の基本地形の骨格が整いました。山の手のエリアは、起伏の少ない武蔵野台地が東に延び、台地の先端部では襞のように細かい凹凸が多く、台地と谷地が入り組む地形です。

平坦な武蔵野台地に比べ、高低差のある複雑な地形形状から、山の手エリアでは坂道が多くつくられました。大まかには、山手線の内側一帯が江戸時代の山の手エリアにあたります。

武蔵野台地が崖となる前面は、東側に低地デルタ地帯が広がり、起伏の少ない関東平野が広大なエリアを占めます。低地下町は、砂州によりできた土地と海を埋め立てた土地の開発が進められ、水の都と謳われた掘割が巡る町を誕生させました。山の手と同様に、江戸時代の下町エリアを目安として示しますと、北が浅草寺あたり、南が増上寺のある芝あたり、東は隅田川を越え、横十間川あたりまででしょうか。このようなエリアに、江戸は坂の町と水の町という二重性を備えた、世界的にも特異な都市空間を描きだしてきました。

湧水の流路が複雑な地形をつくる

まず、山の手エリアから詳しく見ていくことにしましょう。西から東に敷かれた中央本線の国立駅から新宿駅までの間、武蔵野台地は山あり谷ありと起伏に富む地形ではありません。あくまで平坦な台地が広がり、台地でありながら平野のような不思議な車窓風景が続きます。

数万～1万年前、富士山は数百回もの噴火を繰り返しました。降り注いだ火山灰は東京およびその周辺の広い範囲で数メートル以上降り積り、関東ローム層と呼ばれる火山灰の層が覆い、平坦な地表面をつくりだしました。武蔵野台地は平坦な台地ですが、少し高くなった馬の背状の地形が東西方向に続き、北側と南側にそれぞれ台地がわずかに下ります。東に向かう武蔵野台地は全体的に標高を少しずつ下げていきます。途中地下水が湧き出し、幾筋かの小さな川の流れが台地を削り取り、谷を生みだしました。浸食だけで凹凸をつくる特殊な地形が武蔵野台地の特色といえます。台地が終わる東端、四谷・麴町台地、赤坂・麻布台地では再び湧水が噴出します。小さな水の流れが台地を削り取り細かく入り組む谷を形成し、平坦な武蔵野台地の延長とは思えない起伏に富む地形となります。

武蔵野台地は、海抜約50メートル付近で地下水が地表に湧き出します。神田川の水源となる井の頭池、善福寺池、妙正寺池がほぼ同じ経度に位置します。井の頭池から流れ出た神田川が善福寺川、妙正寺川と合流した後、東に向かい東京湾の方に流れ下ります。神田川とともに城北エリアを西から東に流れる川が石神井川です。こちらは小金井公園あたりが源で、神田川よりも少し長い河道距離を流れます。石神井川は、途中井の頭池とほぼ同じ経度に大量の湧水を噴出する三宝寺池・石神井池の水を集めてさらに東に向かい流れます。神田川と石神井川は、武蔵野台地を流れる川の中で比較的流路が長い川です。台地が海抜約50メートルより低くなりますと、湧水が大量に出る場所はしばらく見あたりません。海抜約25メートルあたりになり、再び地下水が地表に噴出します。城南の古川、あるいは現在すでに地表から姿を消した小河川など、比較的流域の短い川が幾筋もの谷戸を生みだし、複雑な地形となります。

湧水が噴出する海抜の違い、川の長短から、城北と城南とでは異なる地形形状を描きます。城北の本郷台地は細かく谷が入り込むことなく、比較的のっぺりとした斜面地形をつくります。豊富な地下水が海抜50メートル付近ですでに大量に噴出してしまったからです。一方城南は城北のように長い河道の川がなく、大量の地下水が海抜25メートル付近で広範囲に湧き出します。河道が短く、無数に湧き出た水の流路が細かく台地を削り取り、複雑な地形を後世に残します。

大名と町人を結ぶ坂道

東京の都心部とその周辺を流れる川は、現在多くが暗渠化されてしまいました。地表に水をたたえる川は神田川、目黒川など数えるほどです。しかしながら、かつては崖下から水が湧き、幾筋もの水の流れが川となり台地を削り取りながら流れていました。その水を頼りに、平坦地を耕作する農村集落が水の湧き出る崖下に散在しました。斜面から台地上にかけては鬱蒼とした森が地表面を覆い、見晴らしのよい斜面中腹には集落の鎮守として神社が建立されました。背後の森は燃料となる薪が採れ、そこから集落へ下る簡易な坂道がつくられます。台地上より、谷筋の低地の方が水に恵まれており、人々の営みの出発点とするには良好な場所でした。江戸郊外に位置する初期の大名屋敷地は、斜面からの湧水を利用する農村集落の少し上の斜面地を開発し、立地しました。

大名屋敷の台地上の開発は、斜面地に比べて遅く、明暦の大火(1657)以降に江戸が都市拡大してからです。主に大名の中屋敷・下屋敷が中心でした。台地上を開発する最初の拠り所は、街道です。街道は主に尾根を利用して整備されました。中山道も、大山街道も尾根上に通され、江戸城を目指したのです。街道に沿って大名屋敷が配置された後、台地が細かく凹凸をつくりだす赤坂・麻布台地の上の比較的平坦な土地が開発されます。次に襞の先端部分まで街道から支線の尾根道が延び、その尾根道に面して大名の屋敷地が割られました(7)。玉川上水の整備が承応3(1654)年に完了してから、その水を利用して台地上の大規模な開発が可能になりました。低地部では、台地部に消費の場が生まれたことに合わせ、商人や職人が集まる町を形成します。川沿いは洪水に見舞われやすい不安定な土地ですが、斜面地から湧水が得られ、飲み水には事欠きません。豆腐など大量に水を使う商いには良好な土地でした。台地上の武士にとっても、様々な商品を供給する台地下の低地に成立した町人地が欠かせない存在となります。この需要と供給の一致から、台地と低地を結ぶ坂道が江戸時代に数多くつくられました。

7.分岐する支線の尾根道と大名屋敷(赤坂・麻布)

坂道につけられた名前の妙

江戸市中にある山の手の坂道は、十数メートルほどの高低差により様々な風景を展開します。台地と低地を結ぶ坂道は、江戸時代から多くの人たちが行き来し愛着を持つことで、名前が付けられました。江戸時代に名付けられた坂道をこまめに現在の地形図に落し込みますと、小石川・目白台地から本郷台地にかけてと上野台地、あるいは赤坂・麻布台地付近に坂道が密度高く分布しているとわかります(8)。高低差のある地形ですが、江戸の人たちの営みが濃密に詰め込まれた場所だったといえるでしょう。

坂道にはいろいろな名前が付けられました。周辺にあった武家屋敷に関連した坂道としては、盛岡藩南部家の屋敷があることから名付けられた「南部坂」、岸和田藩岡部家、岡部藩阿部家、伯太藩渡辺家と、姓の読みの終わりに「べ」がつくことから「三べ坂」と名付けられた坂道などがあります。

また、急な坂の「胸突坂」といったように、坂の地形形状の特徴が名前となるケースも多く見かけます。江戸市中の坂道は単に人の行き来の多さだけで名が付けられたわけではありません。普段あまり利用したくない場所でも、急用などでやむを得ず使う坂道もありました。つらい急な坂ですが、短い距離で行けるメリットがあり、仕方がないと名付けられた坂道が「胸突坂」といえるでしょう。少々大袈裟のようにも思えますが、荷車を引いて登れば、引きあげるために握り締めた棒が胸に付くほど急な坂という意味が込められています。

江戸の坂道の特徴として、尾根筋から降りるケースと、谷筋を登るケースとで違いを見せます。尾根の道から下る坂は一般的に急勾配です。例えば、麻布の鳥居坂のように、最初なだらかに下り、尾根の先端に来ると急勾配になるケースです。ただ、ちょっと何か不思議な坂道のように思えます。鳥居坂のあたりを延宝8（1680）年に刊行された地図『江戸方角安見図鑑』で調べますと、鳥居家上屋敷が広大な面積を占め、坂道がないことがわかります。鳥居元忠（1539～1600）は壮絶な死をとげた伏見城の戦い（1600）など、徳川家に相当な勲功がありました。家康が伏見城内の元忠の血によって染められた畳を江戸城内伏見櫓の階上に置き、彼の忠義を賞賛したことは有名です。元忠の息子・忠政（1566～1628）は元和8（1622）年最上氏改易の後を受け、山形藩24万石の大名と大出世します。孫やひ孫の代になると、不祥事が続き没収・改易が繰り返

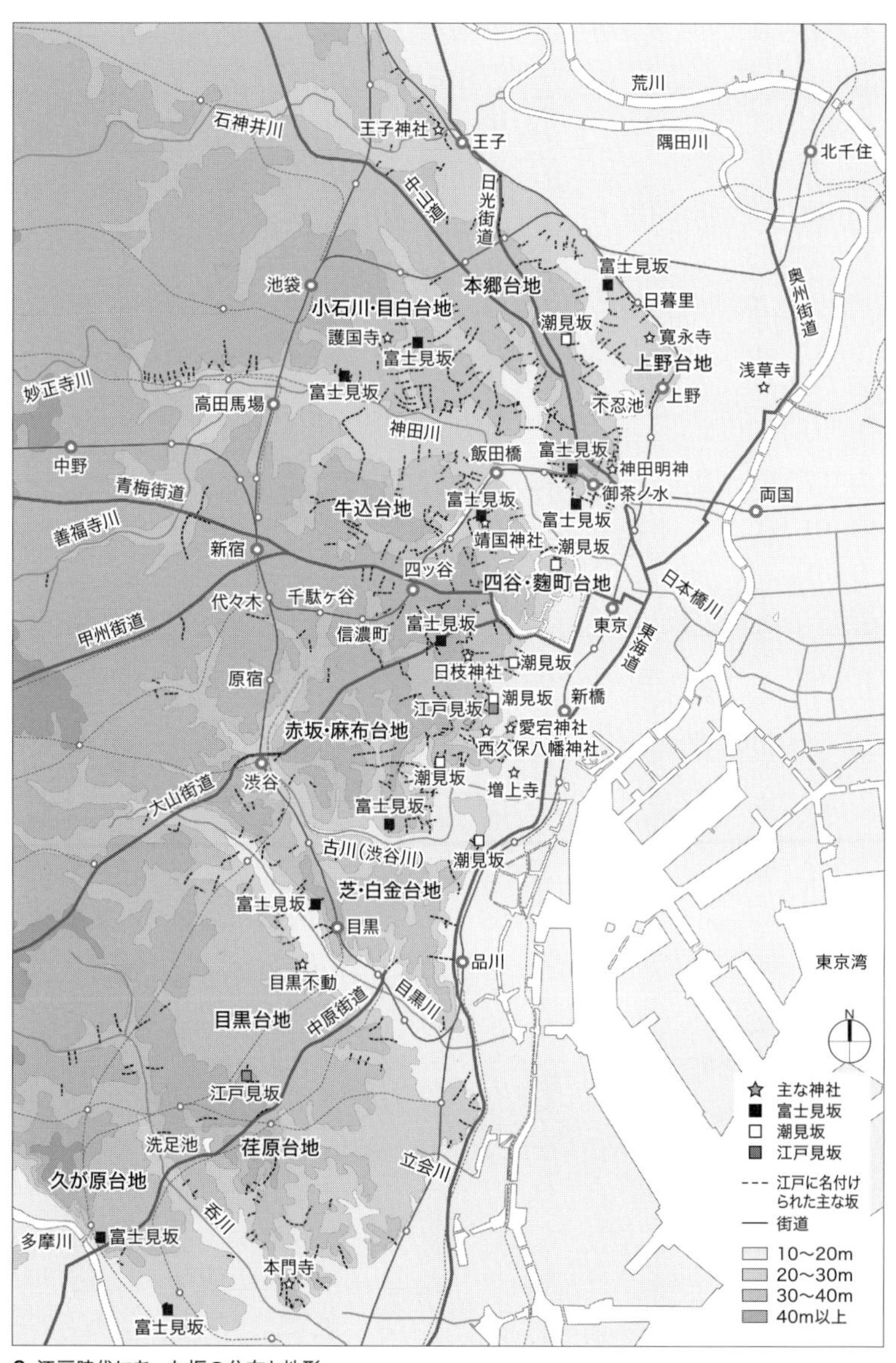

8. 江戸時代にあった坂の分布と地形

されますが、元忠の功績に免じられ取り潰しにはなりませんでした。『江戸方角安見図鑑』は、ひ孫にあたる忠則（1646〜89）の代のもので、まだ健在だった広大な屋敷の状況が描かれています。忠則が元禄2（1689）年に亡くなりますと、屋敷は没収され、敷地が分割されました。鳥居坂はこの幾つかの屋敷を整備するために計画的に通された坂道のようです。坂の名前の「鳥居」は元忠を惜しんで付けられたのでしょう。その後大名屋敷や旗本屋敷は敷地を大きく変えることなく安定した地域環境を維持します。今もこのあたりは、江戸の大名屋敷の区画そのままに、国際文化会館や学校など、ゆったりとした敷地から木々の緑が路上に溢れ、散歩を楽しめる絶好のルートです。

谷筋を登る坂道は、凹地を抜けることから、急な坂というよりは緩やかな斜面を選んで登ります。そのために、坂道の距離は長くなります。このような坂道は、台地までの道程が長いことから「長坂」と名付けられることがあります。例えば、鳥居坂のすぐ東側にある谷筋を抜ける坂に「長坂」があります。あるいは、両側に迫る斜面と、そこに繁茂する鬱蒼とした斜面の緑によって、昼でも暗い場所となる谷筋の坂のケースが多くあります。麻布十番から登る「暗闇坂」も、かつてはそのような環境だったのでしょう。今も夏になると木々が両脇から生い茂り、都心にある坂道とは思えない風情がありますが、かつてよりは遥かに明るい坂となってしまいました。暗闇坂を登り切ると、狸坂、大黒坂、一本松坂と、下りの坂がすぐにあらわれます。坂道には動物の名前が付けられたものも多く見かけます。「狸」の他に、「狐」坂、「鼬」坂、「鼠」坂などがあります。動物の大きさで坂道の狭さを表現したのでしょうか。また、「狸穴」坂のように、狸の住処があったことから付けられたと思われる坂道もあります。

麻布あたりは、台地と低地が織り成す地形の細やかさを感じ取れる、絶好の「東京坂道三昧」ができる場所です。江戸の坂道を訪ねてみると、路地のように周囲の様々な温もりで育てられてきた背景が体感でき、坂道だけで人の心を魅了するものではないと感じます。身体に多少のきつさがあったとしても、江戸時代に名付けられた坂道には人の心を癒す何かがありました。

風景を愛でる坂道

思い入れが多分にあるかもしれませんが、江戸っ子の「いき」で「いなせ」なパフォーマンスからすれば、やたらな場所に坂道を選ばなかったのではないでしょうか。そのなかに、風景を愛でる坂道も誕生します。「富士見坂」「潮見坂」「江戸見坂」が思い浮かびます。

風景を愛でる坂道を一つ一つを拾いだしますと、江戸の地形との関係がある程度見えてきます(8参照)。富士見坂は富士山の名を冠した坂道です。ただその勇壮な姿は西側斜面に立たなければ見ることができません。しかも、周辺の木々に邪魔されることなく、富士山がしっかりと目の前に位置しなければ、眺めることが困難です。江戸の人たちはそのようなポイントを好んで坂道に選び、昇り降りの苦しさを紛らわし、魅力的な場に変えていったと思われます。江戸時代に「富士見坂」と名付けられた富士山の見える坂道は、東京のビル化とともに少しずつその数を減らし、護国寺の近くと谷中が富士山の見える坂道でした。ただ、谷中の方は近年マンションが建設され、富士山の姿をまったく見ることができなくなり、江戸の風情の一つが失われたことになります。

江戸の人たちは、遠くの山だけではなく、江戸市中から海を眺める風情も楽しみました。海を山の手から眺望できる坂道を「潮見坂」と名付けます。富士見坂とともに、江戸市中に数多く分布していました。「潮見坂」は、内海（東京湾）が望める東南の坂に名付けられたものです。歌川広重（1797〜1858）が安政3（1856）年から2年以上の歳月をかけて描いた『名所江戸百景』に「霞かせき」と題した絵があり、長谷川雪旦（1778〜1843）の魅力的な挿絵をふんだんに取り入れた、天保年間（1830〜44）刊行の『江戸名所図会』にも「潮見坂」と題して描かれています（9）。坂の上から見下ろすと、眼下に甍を重ねた江戸市中が見え、その先に江戸前の海が広がる構図です。山の手にあっても、江戸は身近に海を感じられる巨大都市だったと改めて知らされる風景です。

9．海を眺める潮見坂

潮見坂の名は、江戸時代に直接海が望める場所だけに付けられたわけではありません。内陸の麻布や本郷あたりにある「潮見坂」は、どう見ても内海を望める位置や方向にはないのです。かつて谷筋が入江となり海水が入り込んでいた古い時代の記憶を伝えるものとして、この名が付いたと考えられます。坂道には江戸よりさかのぼる時代の風景が名となることもあるようです。

江戸の都市が周縁に拡大し、丘陵地の突端に市街化の触手がのびていきますと、そこから眺める江戸市街の風景が坂の名となり、「江戸見坂」が誕生します。かつて砂州であった場所や日比谷入江が埋め立てられ、武士や町人が住む巨大都市に変貌する以前は、ひょっとして「江戸見坂」ではなく、「潮見坂」の名が付けられていたのではと、想像をたくましくしたくなります。

百万都市と謳われた江戸は、建物が肩を寄せ合うように重なり、町並みをつくります。庶民の住む町人地からは雄大な風景があまり望めないように思えます。ただ江戸の都市の仕組みからいえば、日本橋川を遡っても、あるいは駿河町や大伝馬町あたりの本町通りに立っても、富士山を正面に見ることができました。さらに坂を登れば、見る者の気持ちを開放する壮大な空間が設えられていました。わずか十数メートルほどの高低差の坂道を登り切って、振り返った時、富士山の雄大さは格別だったのではないでしょうか。

2 低地下町で凹凸の地形を体験する

華やいだ銀座通りに立って（100メートル級の尾根の上にあった銀座通り）

銀座通りを何気なく歩いていると気づかない土地の起伏に目を向けますと、普段とは異なる銀座の風景をイメージできます。高低差に少し気をつけながら銀座通り（中央通り、国道15号線）を歩いてみましょう。銀座四丁目の交差点に立ち、まず晴海通りを築地の方に目をやりますと、銀座四丁目交差点を頂点になだらかに築地方面に下っていく様子がわかります。多くの車が行き来しますので、注意して見て下さい。次に日比谷方面に移動し、数寄屋橋交差点に立ちましょう。先ほどとは逆に晴海通りを日比谷の方に目をやりますと、よりはっきりと下り坂が確認できます（10）。銀座通りは日比谷公園のあたりと比べ4メートルほど高く、馬の背の高い場所を選んで銀座通りが通されていたのです。

10. 晴海通りを日比谷方向に眺める

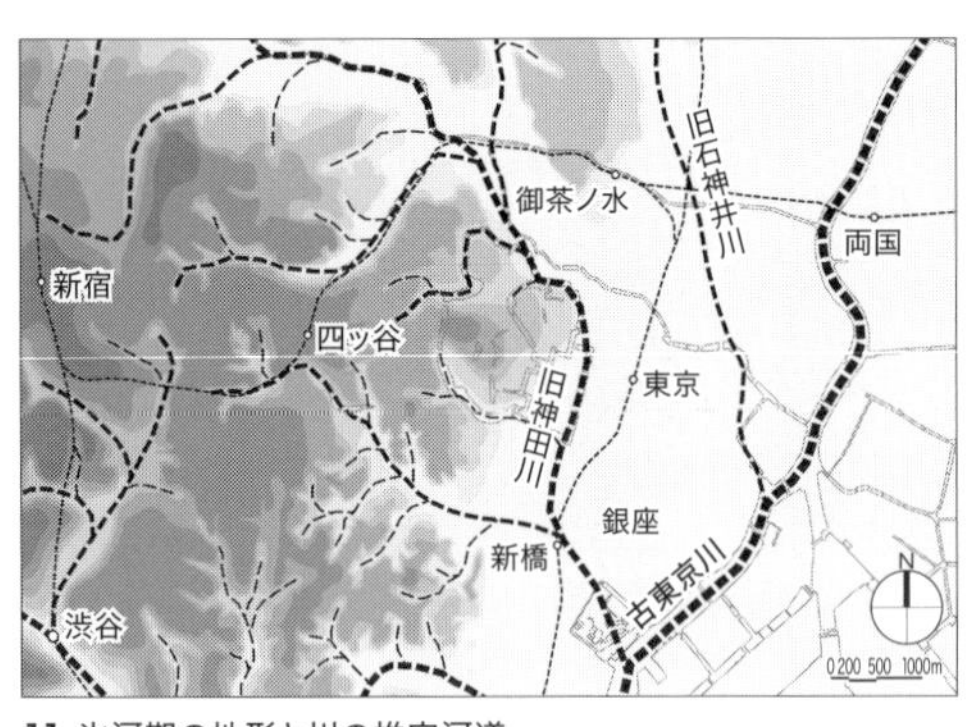

11. 氷河期の地形と川の推定河道

道行く人にはほとんど気づかれない高低差ですが、最後の氷河期（約7〜1万年前）に思いを馳せてみますと、銀座のイメージがさらに大きく変わります。最寒冷期（約2万年前）では、海水面が現在より百数十メートルも低くなっていました。東京湾の海面が陸地化し、江戸時代初期の埋め立てによって陸地化した日比谷公園のあたりが渓谷のように窪みます。銀座通りは標高100メートルをゆうに超える尾根の上にあったのです（11）。この尾根の西側の谷には旧神田川（平川）が流れ込み、東側に旧石神井川が陸化した東京湾の底を流れます。いずれも深い渓谷をつくりだしながら「古東京川」（現・隅田川）と合流し、一つの川となって現在の浦賀水道の先あたりでやっと太平洋に注ぎました。最後の氷河期が終わり縄文期になりますと、現在より温暖な気候が続きます。もっとも温暖な時期には海水位が現在より7〜8メートルほど高くなり、今度は尾根状の銀座通りが海底に沈みます。

温暖化により急激に海面上昇する縄文期は、日本列島全体を視界に入れますと、自然災害が縄文時代を時期区分する画期となります。それは、今から7300年ほど前に、九州南方の東シナ海海上、現在の薩摩硫黄島あたりにあった鬼界火山が巨大噴火したからです。縄文の時期区分を早期（約1万2000〜7000年前）と前期（約7000〜5500年前）に分けるほど、西日本一帯は甚大な被害がもたらされました。その後の縄文前期以降は噴火の被害を受けなかった関東以北の優位性が顕著になります。縄文前期から中期にかけて、東日本では三内丸山遺跡などに見られる高度な縄文文化が東北に花開きました。関東エリアでは縄文海進により、東京湾が何倍にも広がる内海となっていきます。沿岸部に良好な漁場が増え、海産物の入手が容易になりました。大量のハマグリ、アサリが獲れ、成長期を湾内で過ごすスズキやクロダイなどの魚類も多く食したことが考古学の調査でわかっています。特に貝塚は、現在発掘されている日本全体の貝塚の約6割が関東エリアに集中します。江戸前の貝を多く食す東京の食文化の素地がすでに縄文の時代にあったのです。

12．海岸線の変化と神社の分布（古代・中世・近世）

地下水脈が残した江戸下町の原風景

遠浅である内海（東京湾）の海岸線は古代、中世と気候が寒冷化するとともに、海側に向かい徐々に南下します（12）。古代の水際線は幾つかの小さな半島状の突起が見られるようになり、洪水時に比較的被害に遭いにくい海抜数メートルほどの安定した土地が地表にあらわれてきますが、現在の向島エリアあたりはまだ広大な入江でした。現在の町名にも見られる向島、京島、亀島（亀戸）と呼ばれる土砂が堆積

13.今も残る佃の井戸

した砂州の島が点在していました。半島状の突起した部分や島に人々が住み着き、主に古代に創建されたといわれる神社、牛嶋神社、香取神社、福徳神社などが創建されます。現在本郷台地の高台に位置する神田明神も、もとは現在の大手町付近、日比谷入江奥にある砂州状の微高地に天平２（７３０）年創建されました。神田明神は、江戸が都市として拡大するにつれ、江戸周縁の高台に移動させられたものです。

江戸前島の根元付近には、幾つかの村が点在していました。このあたりは地下水に恵まれた土地です。本郷台地は江戸時代にお茶を立てるのに適した良質な水が得られることで「御茶の水」の地名が付けられたほどです。この地下水脈が二つに分かれ、江戸前島の銀座方面と、佃島のある方面に流れていました。銀座は井戸水を利用していたことがわかっていますし、佃は井戸が今も現役で活躍している土地柄です(13)。内海（東京湾）に面する場所でありながら、村の維持に欠かせない真水が手に入ったのです。そのような環境にあって、古代には福徳神社と安房神社（後の神田明神）という二つの神社が核となり、旧石神井川河口を湊とする福徳村と、旧平川河口を湊とする柴崎村がそれぞれ集落を形成しました。

太田道灌が築いた江戸城

鎌倉時代になりますと、桓武平氏の流れをくむ葛西氏初代の葛西清重（１１６１［推定］～１２３８［推定］）が葛西御厨と呼ばれるようになり、現在の江戸川区・墨田区に広がる伊勢神宮の荘園を所領します。葛西氏が鎌倉時代初期に城館として築いた葛西城は、近年の発掘調査でその全容が明らかになりつつあり、中川の右岸の蛇行部を利用した天然の濠が幾重にも巡る標高2メートルほどの微高地につくられた平城でした。内海（東京湾）に注ぐ中川や江戸川の川沿いには古代から関（港）が置かれ、中世以前から舟運の重要な拠点であり続ける交通の要所となっていました。それとともに、下総国の重要な防衛基地でもあり、戦国期には武蔵国から下総国へ進出する重要拠点として位置づけられ、扇谷上杉家や後北条氏の支配下に置かれます。武蔵野台地から下総台地にかけてのデルタ地帯は、戦国武将たちが関心を寄せる場所でした。

15世紀中ごろ、扇谷家の家宰であった太田道灌（1432〜86、資長）は、武蔵野台地の先端に居城を構えます。太田道灌が生きた時代は、戦乱が続き、分裂した関東にあって古河公方側の有力武将である房総の千葉氏を押さえ込むためにも、江東デルタ地帯を前にした江戸に居城を築城する必要が大いにありました。太田道灌が江戸城を築く以前、父・太田資清（1411〜88）は中世以前から港町として栄えた品川に築城します。湊と城の融合は城下町を安定的に繁栄させる原動力になると実践的に肌で感じ取っていたはずです。

14．太田道灌時代の江戸城とその周辺

太田道灌は、江戸城に近い湊を維持・繁栄させるために、旧平川の河道を東側に迂回させる大規模な旧平川の付け替え工事を試みました（14）。これにより、神田川から切り離された旧平川の河道は、江戸城内の台地斜面から湧き出る水を集める短い川とつなぎ、土砂堆積を苦慮することがない状況にします。城下町の基盤を築く重要な港施設である和田倉を旧平川河口に維持させる目的がありました。

太田道灌の江戸城の守りは、自然の地形と川による防備が中心です。城東側の守りは新旧の平川と日比谷入江があり、新旧二つの平川は内濠、外濠の二重の濠となっていました。北側の千鳥ヶ淵あたりから神田川と合流する自然の流路は高台の城を守る防御ラインとなります。南側は、江戸時代初期に整備された桜田濠がもともとの川筋であり、外側にも清水谷などから流れ出た水が四谷・麴町台地を削り、崖となっていました。自然の川による防御とともに、四周に空堀を巡らせ、城の防御性を高めます。徳川家が濠を整備する以前から、江戸城は三方で自然の川と入江、崖線、そして空堀が二重三重の防御をなしていました。特に、江戸城は房総方面からの敵を強く意識した城のあり方が見えてきます。

さて、太田道灌は神社を江戸城周辺にどのように配したのでしょうか。江戸城の守護として、日枝神社をはじめ多くの神社が勧請されます。太田道灌が江戸城を築く以前、江戸城西南の裏鬼門には江戸氏の守護神としてすでに山王宮が祀られていました。その社に江戸城を鎮護する神として川越の無量寿寺（現喜多院・中院）の鎮守・川越日枝神社から勧請し、日枝神社とします。その対角線の鬼門には、柳森神社が置かれます。他にも、太田道灌は赤城明神社、市谷八幡宮、平河天満宮など、今に残る多くの神社を江戸城周辺に勧請しました。

家康も参拝した福徳神社

太田道灌が江戸城を築く以前には、幾つもの神社が江戸に祀られていましたが、そのなかに福徳神社と安房神社（神田明神）があります。江戸東京の歴史を読み解く時、大変興味深い神社です。まず福徳神社から見ていくことにしましょう。福徳神社は、日本橋室町の再開発エリア内にあり、５００平方メートル強の敷地に立派な社殿が近年再建されました⒂。福徳神社の祭神は主祭神に五穀主宰の神で、商業の守護神としてもたたえられる「倉稲魂命」を祀ります。この神社に伝わる由緒書「福徳神社栞」によりますと、創建の時期は少なくとも第56代清和天皇（８５０〜８８０、在位８５８〜８７６）の時代、貞観年間（８５９〜８７７）まで遡るとされます。福徳神社名は、稲荷神社として福徳村に祀られていたことから、その地名を社号としたようです。徳川家康入府以前の社地は広く、神社周辺は森林や田畑に囲まれ、農家が散在する風景が広がっていました。

福徳村の鎮守である福徳神社は武将の信仰が厚かったことで知られます。源義家（１０３９〜１１０６）は深く崇敬したとされます。太田道灌は死後この神社に合祀され、兜・矢・鏃などを奉納したことが伝わっており、江戸城に居城した太田道灌と江戸湊を支えた福徳村との密な関係がうかがえます。

徳川家康（１５４３〜１６１６、在位１６０３〜０５）も福徳神社を信奉します。江戸入府後、天正18（１５９０）年に初めて参詣してから数度の参詣がありました。死して「東照大権現」となった徳川家康は、太田道灌と同様に福徳神社に合祀されます。徳川将軍家は江戸湊のある福徳村の場所を重視したのではないでしょうか。引き続き2代将軍秀忠も慶長19（１６１４）年に参詣して「福徳」というめでたい名を称賛しました。

ここまでは、歴史の古さと、江戸湊の核としての重要性から福徳神社が重きを置かれていたことがうかがえます。元和５（１６１９）年、江戸城内にあった弁天宮を福徳神社に合祀する際には、２代将軍自ら神霊を納め、大和錦の幌を奉納し、「社地縄張を３３０坪」と定めたとされます。当時の尺度が京間（１坪＝約３・８８平方メート

15.再建された福徳神社

16.幕末の切絵図に描かれた福徳神社とL字型に曲がった西堀留川

ル）ですから、約1280平方メートルの境内地があったことになります。徳川家康が入府した当時、宏壮な社殿や樹木が生い茂り、厳かな境内といわれるわりに敷地規模が小さく、このあたりで規模が大分縮小されたようです。

幕末に至る間は、さらに紆余曲折の時代を迎えます。本町を中心とした一帯は時代を経るごとに江戸の中枢地となり、福徳神社周辺が賑わいの場となったことで、境内地の一部が数度上地を命ぜられます。天保12～14（1841～43）年に行われた水野忠邦（1794～1851）の政治改革「天保の改革」では、廃社の憂き目を見ます。それでもしぶとく生き残り続けた福徳神社は、江戸時代の終わりころ日本橋川から延びる二つの入堀、西堀留川と東堀留川のうち、西堀留川のL字型に曲がる堀の奥に位置し続けました（16）。ちなみに、L字型の入堀付近は旧石神井川が流れ込み、その河口付近は小さな入江となっていたと推定されます。太田道灌の時代には交易で栄えた港町でもありました。徳川家康が江戸入府して最初に着手した町割り（都市計画）はL字に曲がった堀と、それと平行する本町です。廻船が発着する湊と商業空間の核として江戸の中心に位置づけられました。その中心的な位置にあって、福徳神社は時代の都合で多大な変化を余儀なくされ続けたといえます。

明治維新後には17世紀前半と較べると約10分の1、四十余坪（40坪＝約132・23平方メートル）の境内地が残ったにすぎません。大正14（1925）年に土地区画整理が実施されました。その際に換地が行われ、土地区画整理後は22・71坪（71・31平方メートル）と半分近くに縮小してしまいます。戦後はビルの屋上や居酒屋の内と流転する歴史を辿ります。そして、現在は再建された立派な社殿に生まれ変わりました。

神田明神の御祭神は平将門

古代の神田明神は、日比谷入江の奥に位置していました。現在の将門塚付近です。その後、江戸の城下町建設による大名の屋敷割りが進むとともに、江戸城の鬼門として神田明神が再配置されます。神田明神の御祭神は、一の宮にだいこく様として親しまれてきた「大己貴命」、二の宮にえびす様の「少彦名命」、そして三の宮が関東を中心に強く崇拝され続ける「平将門」の3柱です。先の福徳神社の相殿として祀られる御祭神と比較しますと、「大己貴命」と「少彦名命」が重なります。福徳神社は、その他にも「天穂日命」「事代主命」「三穂津媛命」を相殿として祀ります。さらに、福徳神社が御祭神に太田道灌と徳川家康を列しているのに対し、神田明神は平将門だけです。

神田明神の前身、安房神社を祀る柴崎村の住人は、安房国から移り住んだ人たちでした。柴崎村の安房神社は、安房国一の宮である安房神社（伝承では初代・神武天皇元年の創建といわれています）から分霊されたものです。安房国の安房神社は、海との結びつきが強いことで知られています。

安房国は、神武天皇の命を受けた「天太玉命」の孫にあたる「天富命」が四国の阿波国を開拓した後、より肥沃な土地を求めて阿波忌部氏の一部を率いて房総半島に上陸し、布良（現・館山市）を基点に半島開拓を進めたことにはじまります。その周辺を安房郡と名付け、安房神社を創建したと伝えられてきました。安房神社の本宮は摂社の下の宮に対して「上の宮」と呼ばれます。安房国は忌部氏が開拓した土地であり、上の宮はその祖神の天太玉命を祀り、相殿神には天太玉命の妃神である「天乃比理刀咩命」を祀ります。また、下の宮にはその弟神の「天忍日命」とともに、後に安房一帯の開墾に尽力した天富命も下の宮に祀られました。

安房国の安房神社は、忌部氏の祖神を祀っており、天津神の強い支配のもとに新たに位置づけられたかのようです。ここで誤解を恐れず、仮説的な考察を記しますと、天津神の強い支配で封印されていく国津神を信奉する一部の人たちが、はじき出されるように内海（東京湾）を渡り、日比谷入江の奥深くに辿り着いたのではないかと推測されます。その後、柴崎村の開墾地に平将門が訪れ、社殿を再建し、祭田を寄進します。どこかに、朝廷と対置して独立した共通性がお互いに引き合ったのかもしれません。将門の乱（935～940年）が起こり、天慶3（940）年に将門は亡くなります。将門の亡骸は相馬郡にある神田山に埋葬されていたのですが、迫害を受けた将門の身内が柴崎村に身を寄せるとともに安房神社（神田明神）境内に埋葬し直したとの言い伝えがあります。神田明神が移転した後も、将門塚は残り続け今日に至ります。江戸の大規模な城下町建設にも動じないパワーを感じます。

第1章
江戸に描いた家康の都市未来像

1 江戸城を守る真田濠の謎とは

真田濠は空堀だった

四ツ谷駅の赤坂口改札を出て、赤坂の迎賓館を右手に見ながら外堀通りを赤坂方面に進みますと、上智大学のグラウンドが左手に見えてきます。土手の下部に石垣が積まれたグラウンドは、江戸時代真田濠と呼ばれる水を湛えた濠でした(17)。真田幸村(1567〜1615、信繁)の実の兄・真田信之(1566〜1658)が手掛けたといわれています。江戸と江戸城がどのようにグランドデザインされたかを考える時、この真田濠の位置づけが重要なポイントとなります。それはなぜでしょうか。

内濠・外濠が巡る江戸城惣構は、実に半世紀近くもの歳月をかけた巨大事業でした。一般的には寛永16(1639)年に、内濠と外濠の整備を終えた時に完成したと考えられています。しかしながら、この時点で本当に江戸城惣構が完成したといえるのでしょうか。つまり、玉川上水は承応3(1654)年に完成しますが、18年の間、「真田濠は空堀だった」のではないかという仮説が浮かぶからです。ここでは、玉川上水、内濠、外濠、神田川、日本橋川といった、一見ばらばらに見える水の流れに注視したいのです。それらを結びつけ、総合的な水の仕組みとしてとらえた時、江戸の壮大なグランドデザインが新たに読み解けると考えるからです。その要に真田濠があります。

着眼点として、「真田濠は空堀だったのか」という問いからはじめましょう。それを肯定するか否定するかによって、江戸を描きだすグランドデザインの道筋が異なる二つの方向へと導かれます。まず真田濠が掘割整備された当初から水を満面と湛えていたと想定してみます。これに関しては、寛永13（1636）年の時点で、江戸の城下町の基本骨格は完成したといえます。内濠・外濠と江戸城惣構の完成が一致し、玉川上水、あるいは神田川、日本橋川のことを考えなくともすっきりした答えが導きだせます。

問題は、真田濠が空堀だった場合です。その時、江戸という城下町の認識が一変します。今まで何となく、すべての濠に水が湛えられるようにつくられたとする一般的な内濠・外濠のイメージとは異なる、江戸をつくりだすもっと大きなグランドデザインが浮かび上がるからです。水が溜まらない濠をなぜ計画したのか、どうしてはじめから空堀でよいと想定していたのかなど、不明な点が噴出します。

17. 四ツ谷駅近くにある現在の真田濠

寛永20（1643）年の作成とされる「寛永江戸全図」（臼杵市教育委員会所蔵）には、他の濠と同様に水を湛えているかのように真田濠が青く塗られています。絵地図が制作された時期は、真田濠の整備がすでに完成しています。しかし玉川上水は承応3年の完成ですからまだできていません。意図して青く塗ったとも考えられます。

真田濠は、玉川上水を通水しなければ、空堀、あるいは空堀に近い状況だった場合、江戸城惣構の完成は、通常考えられてきた内濠・外濠の整備が完了した寛永16（1639）年ではなく、18年後に玉川上水が整備され、玉川上水の水が真田濠に注がれた時点となります。この道筋から見えて

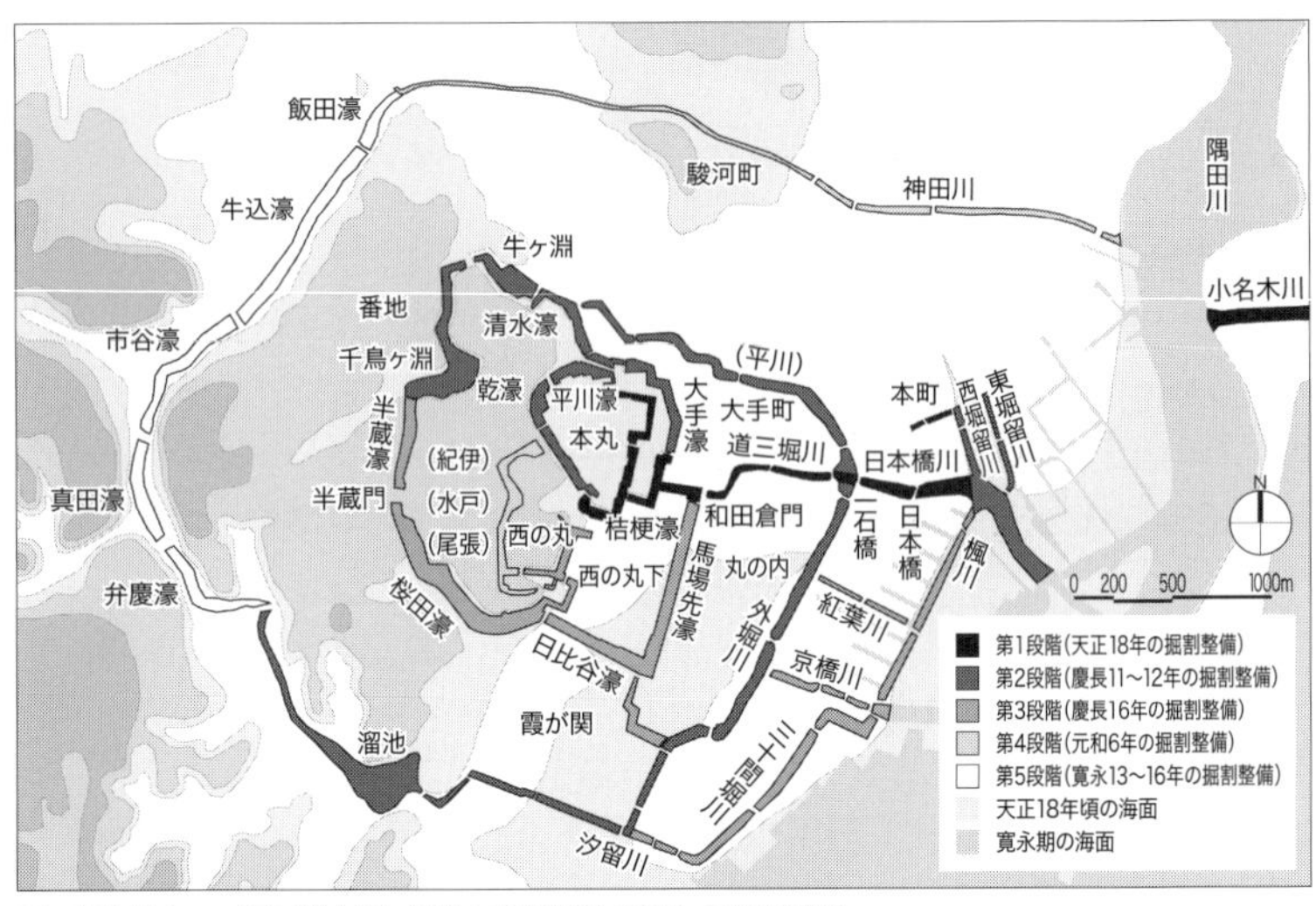

18.寛永期までの江戸城内濠・外濠の整備（第1段階から第5段階）

くる家康の江戸建設の構想は、玉川上水、内濠、外濠、神田川、日本橋川を一体的に捉えた壮大なスケールでのグランドデザインへと導かれます。

惣構建設のプロセス

核心に迫る前に、まず江戸城の内濠と外濠が整備されたプロセスを具体的に追うことにしましょう。内濠・外濠がつくられた手順を知ることから、江戸幕府が描こうとするグランドデザインの最初の糸口を見つけだしたいと考えているからです。

戦国時代に江戸城の主であった太田道灌の死後1世紀以上が経過した天正18（1590）年、徳川家康（1543～1616）は江戸に入府します。この年から半世紀をかけ、幾重にも濠を巡らせた壮大な惣構が江戸につくられ、江戸城を守る空間的仕組みが完成することになります。内濠・外濠のなかでは、道三堀川がもっとも早期に工事着工され、日本橋川、小名木川が順次掘られていきました(18)。天候に大きく左右される日比谷入江、内海(東京湾)を通らず、行徳の塩を小名木川・日本橋川・道三堀川のルートから、建設が進む江戸城下まで運び入れる狙いがありました。関東平野で採れた農作物、内海の魚介類も、新たな水路網から運び込めるようになります。日本橋川が開削された後も、日比谷入江からの航路はメインのルートであり続けます。石材や木材を大量に運び入れるには、日比谷入江から入るルートが重視されていました。次のステップとしては、日比谷入江を早期に埋め立て、大型船の通運可能な外堀川など、外濠の整備が急務となります。掘割の整備に際しては、単に船を通すだけではなく、その両岸に物資を保管する安定した河岸も必要となってきます。外堀川のルートは日比谷入江ではなく、江戸前島を開削して通されました。安定した土地を掘り割ってできた外堀川の両岸は、資材置場となります。

19. 北桔橋門と華麗な佇まいの石垣

江戸城の石垣は主に伊豆から運ばれてくる石によって組み上げられました。内濠・外濠整備の初期段階は、石垣を建設する石を運び入れる船の通行路の確保が主な目的となります。東側低地の内濠は、石や材木といった江戸城建設資材の運搬ルートとして開削・整備が早い時期に進められました。西の丸、西の丸下の内濠は、慶長16~19(1611~14)年にかけて整備されます。石を積んだ船は、水位がほとんど変わらない和田倉濠、桔梗濠、大手濠、平川濠を経て、北桔橋御門を越えて乾濠まで遡上しました。石材など資材を運搬する航路が確保され、江戸城内深くまで船が入り込めたことから、城の東や北の守りを固める内濠と外濠にはふんだんに石を使った石垣や護岸が築かれます。中でも圧巻は北桔橋御門あたりの石垣です。開削と同時に開削した土を土盛りして、自然地形よりも高低差をつけた華麗な石垣を完成させました(19)。高低差のある石垣に圧倒されますが、その時は北桔橋御門へ至る両側を石で積み上げた通路はもちろんありませんでした。江戸城北西側の石垣の完成を待って、江戸城内へ入る御門が整備され、濠が分節化されます。同時に、西から東に濠の水が自然流下するように、濠を区切り棚田状に人工的に水位調整がされました。壮大で美しい濠ができるプロセスに思いを馳せると、家康が江戸に描こうとしたグランドデザインの一端をおぼろげに感じ取れます。

江戸城を巡る濠の完成は半世紀後

次に江戸城の西側に目を向けることにしましょう。西の方からなだらかに下る武蔵野台地は江戸城まで至ります。西側にある外濠は人工的に開削された濠が目立ちます。城の守りを考えると不安材料となる平坦な地形は、計画的に台地を開削した濠によって人工的に凹凸がつけられました。半蔵御門周辺の半蔵濠、桜田濠は人工的に掘られた濠です(20)。半蔵御門周辺の台地を削り取った土の多くは防備のために土盛りして江戸城の地盤のレベルを上げました。それでも残った土は内濠から船に乗せて海に向かい、その残土は埋め立てに利用されます。惣構の建設は、舟運航路を綿密に考えた計画でした。台地側の内濠は、さらに台地の奥深くまで整備の手が入り込みました。これらの濠は主に自然河川の河道、あるいは太田道灌の時代に空堀だった跡が濠に利用されます。ただし、そこまで船が入り込めない場所は、土手が目立つようになります。

元和6（1620）年には、上流の神田川が下流にある平川の河道から切り離されます。神田山を切通して、隅田川に流す大規模な開削工事が行われました。そのために、飯田濠と隅田川に流れ込む神田川を船で進みますと、不思議な光景に出合います。自然の川は山から低地へと流れますが、神田川は下流に向かい渓谷に入り込むからです(21)。御茶の水あたりは深い谷になりますので、大規模な土木事業だったことが想像できます。これまでして、神田川の流路を改変させる必要があったのでしょうか。幾つかの見解がすでに示されてきました。低地に成立する大手町・丸の内の武家地、日本橋・神田の町人地を洪水から守ること、お玉が池を埋め立て市街化する土を確保すること、城の西側の濠開削で出た残土の排出とともに北西側が市街化した時のために新たな舟運航路を確保することなどです。

20．人工的に掘られた半蔵濠

21．流路を開削してできた神田川

加えていえば、順次詳しく述べていきます外濠に流入される大量の水を流しだす目的もあったと考えられます。単に神田川上流からの洪水対策だけではなく、日常的に流れ出る水処理のために神田川の新たな流路開削という大土木事業が必要であり、踏み切ったといえます。

最後の総仕上げとして、四谷周辺の

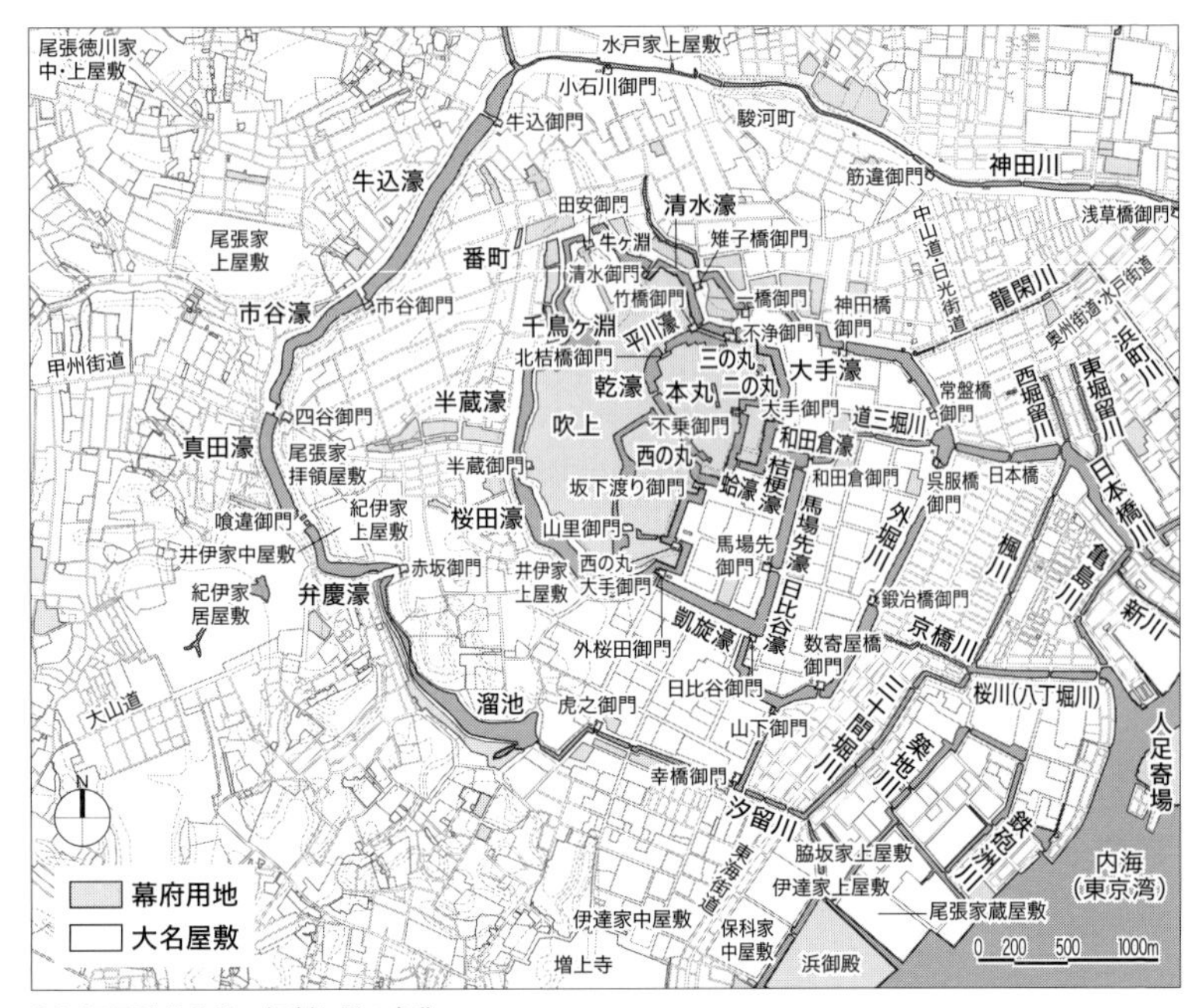

22.江戸時代後期の掘割と川の名称

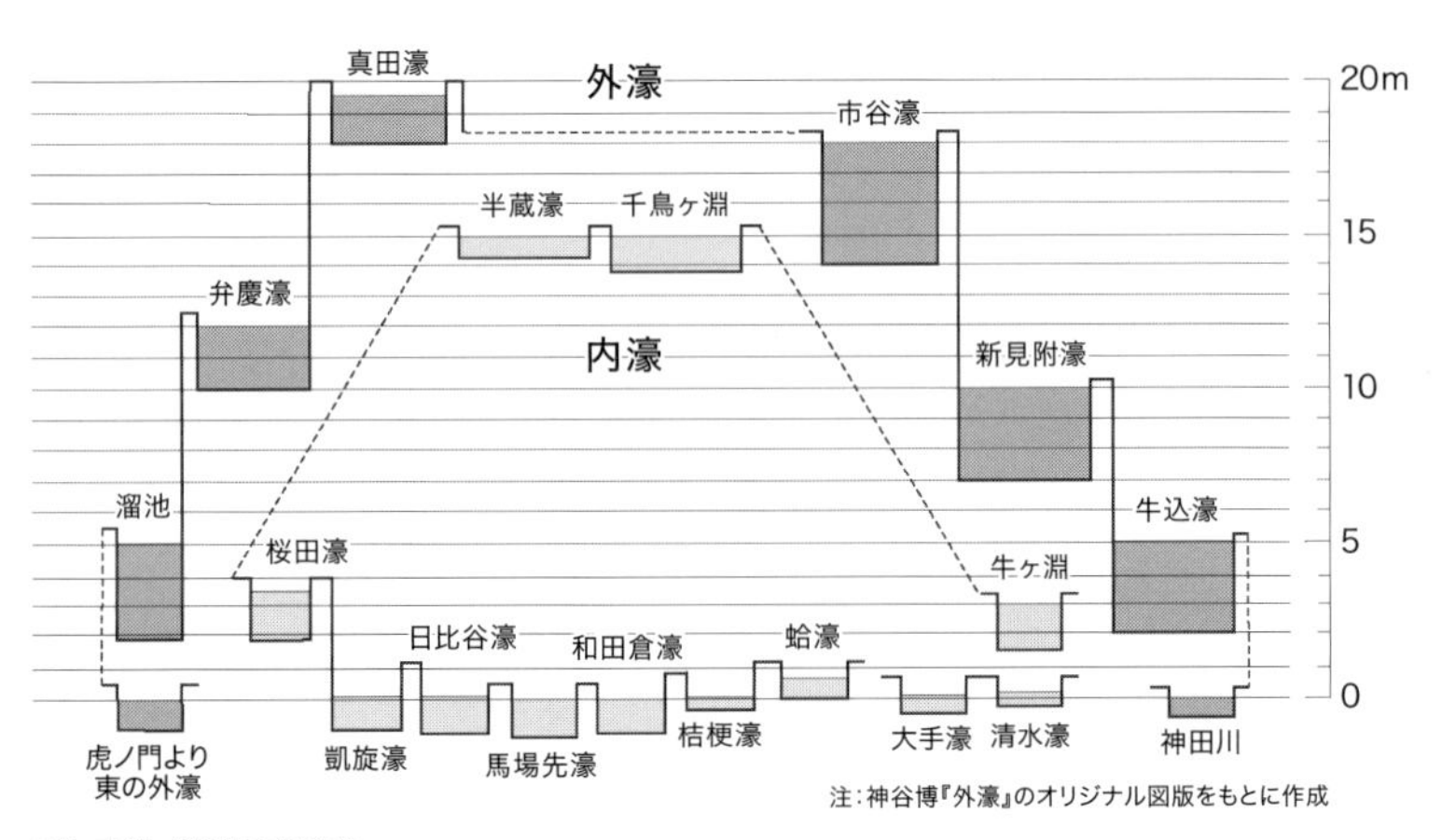

23.内濠・外濠の高低差

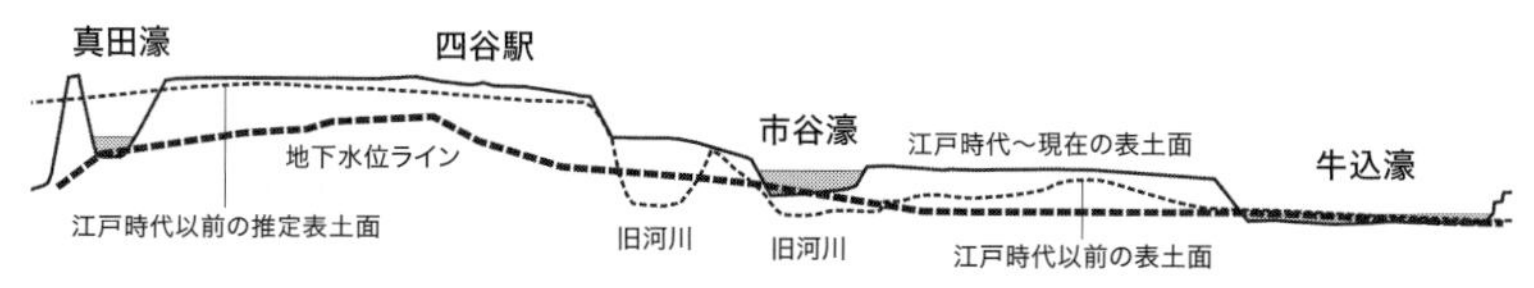

24. 真田濠地質図から描いた地下水位ラインと表土(江戸時代以前と江戸時代から現在)

台地を深く掘り込み、江戸城西側の外濠が寛永13〜16(1636〜39)年に整備されます。この時、真田濠、市谷濠が濠として誕生します。現在上智大学のグラウンドとなっている真田濠は人工的に掘り込まれた濠でした。すべての濠の整備は、家康が入府してから半世紀近く、3代将軍家光の時代でした。さらに続きがあります。その後の承応3年、玉川上水の完成とともに、その水の一部が台地を開削した外濠や内濠に落とされます。これらの濠は、棚田のように各濠が西から東に向かい低くなり、得た水を順繰りに次の濠に送り、低地を流れる神田川や日本橋川、汐留川などの川に流し出す、一連の仕組みがつくりあげられました(22・23)。玉川上水が真田濠に流し込まれた時を江戸惣構の完成としますと、4代将軍徳川家綱(1641〜80、在位1651〜80)の治世になります。

真田濠周辺を中心に、地下水の状況を見る

最後に、真田濠が空堀だったことを検証しなければなりません。その手がかりとして、ボーリング調査による地質データが有効です。地下鉄南北線建設の資料に地質調査図があります。この図をもとに地下水位ラインと、徳川家康が江戸の都市計画を試みる以前の地表面、及び現在の地表面(江戸時代も同様とする)の線を描きますと興味深い図ができました(24)。ただし、地質調査のためにボーリングした位置はすべて新宿側の外堀通り沿いです。

24の図において、実線が現状の地形を示す地表面です。細い点線が元の地形を示す江戸

時代以前の地表面です。太い点線が地下水位の最上部面を示しています。一つ目の着目する場所は、現在の市谷濠付近です。江戸時代以前、川が流れていました。その川を埋め立て、盛り土した上に市谷濠が江戸時代初期に整備されたとわかります。二つ目は、四ツ谷駅付近の台地部分が若干盛り土されていることを注視してみましょう。外濠となる真田濠などの濠底からの高低差をなるべくつけて防御機能を高める工夫が見られ、土地の高低差を計画的につけたことがわかります。三つ目は、牛込濠です(25)。牛込濠は江戸時代以前の地表面を掘り込むことで濠がつくられました。濠の底からやや上部に水位レベルがありますので、濠に充分な水が供給されたと判断できます。このように、大規模な地形の改変をどうして試みなければならなかったのでしょうか。市谷濠の場合は、盛り土した上に濠が整備されていることから、地下水位の最上位面が濠の底近くを通っており、自力で充分な水量確保は難しい状況です。そのために、高い位置の真田濠(水面高19メートル)と低い位置の牛込濠(水面高5メートル)の間にある市谷濠(水面高18メートル)の高さを人工的に上げ、長さのある牛込濠との高低差の割合をなるべくつけるようにして強い水の流れを生み、棚田のようによどみなく下の濠に水をスムースに流すためではないかと考えられます。

25.現在の牛込濠

四つ目は、真田濠の濠底と最上部の地下水位のレベルがほぼ一致していることに着目します。断面図からは、真田濠の濠底に湧水がしみ出る程度だったとわかります。このように、真田濠の濠底は他の濠と比べより高い海抜にあります。充分に水が溜められたかどうかは、現時点で否定的な結果がでています。真田濠は、季節によって地下水位が上がったとしても、濠の底面にわずかに水がにじみ出す程度で、それ以外は自力で底面に水を張ることができない状況にありました。ただし、真田濠や市谷濠に水がなみなみと溜まらないことは計画段階でわかっていたことです。二つの濠の底をもっと掘り込めば、自力で濠に水を溜められますが、あえてしていないのはどのような意図があったのでしょうか。三つ目で考察したように、濠の底を深くすれば二つの濠に水を溜められますが、それぞれの濠の水位差が縮まり、真田濠から神田川までよどみなく水の流れを維持することができません。水の流れを失った現在の外濠・内濠のように、水質が悪化する恐れがあります。そこで、真田濠と市谷濠は外部から大量の水を注ぎ入れることを前提に、わざわざ地下水が溜まらない高さまで濠の底を上げることで、棚田が上から下まで水で潤い、しかも水がよどまないように、外濠全体の計画を試みたとの考え方が見えてきます。その大量の水が玉川上水からのものでした。すなわち、江戸城惣構の完成は、4代将軍・徳川家綱の時代に完成したことになります。

玉川上水、外濠、台地を開削した神田川へ、内濠から日本橋川へ、あるいは弁慶濠（べんけい）、溜池（ためいけ）、汐留川（しおどめがわ）へ、といった水の流れが意図してつくりだされ、相互に関係づけられながら、江戸という壮大な都市空間を演出する役割を玉川上水が担っていたのです。現在の東京は、江戸時代に創出されたグランドデザインの仕組みを分断してしまっています。機能しない状況下で、内濠・外濠、神田川・日本橋川の水質悪化に頭を悩ませている状況にあります。多分に、合流方式の下水道の問題が大きいとしても、歴史に学び、歴史の価値を現代に活用すれば、現代の東京もより以上に水の都市としての魅力を放つことができるのですが、皆さんはどのように考えますか。

2 仕組まれた江戸の水

江戸の最初の飲料水は小石川から

現代生活を享受する私たちは、水道の蛇口をひねればいつでもふんだんに必要な水を得ることができます。そのため、この水がどこからどのように供給されているかは、あまり関心がないかもしれません。しかしながら、水が得られなければ都市は成立しません。東京は、現在利根川水系、荒川水系など関東一円の水を集め、飲料水としています。江戸の発展も、やはり水をどのように得るかが重要でした。

建設当初から江戸は、近い将来巨大都市化が見込まれており、最重要課題の一つが飲料水を大量に確保することでした。徳川家康が江戸に入府（1590）する少し前、本郷台地と小石川・目白台地に挟まれた谷筋を流れる小さな川、小石川がターゲットとなります。家臣の大久保藤五郎忠行（生年不詳～1617）が家康から命を受けて小石川上水を整備しました。江戸で最初の上水です。この上水は目白台下から神田小川町あたりの武家地まで引水され、さらに江戸城下で最初に開発された町人地の本町一帯に供給されました。小石川上水は、後に寛永6（1629）年に完成した神田上水、承応3（1654）年に完成した玉川上水へと、上水網の規模が拡大していくその第一歩です。この上水は主に江戸城北東部の低地に成立した武家地や町人地といったごく限られたエリアに水が供給されたに過ぎません。江戸が城下町として出発する最低限の役割をまず小石川上水が担いました。

小石川上水から発展した神田上水は、湧水豊富な井の頭池を主な水源とした他、善福寺川、妙正寺池からの妙正寺川の水を集め、神田川中流部に設けられた関口の大洗堰から分水され、江戸市中に供給されました。関口の大洗堰の近くに水神社が置かれ、胸突坂を隔て芭蕉庵があります(26)。俳人の松尾芭蕉(1644~94)は、土木技術にも長けた人物であり、神田上水の工事を手掛けるため関口に庵を設けたといわれています。伊賀上野(現三重県伊賀市)出身の芭蕉は、現三重県度会郡南伊勢町出身の建築・土木と多技にわたって活躍した河村瑞賢(1617[推定]~99)と近郷でした。彼らの郷里は土木技術に長けた環境があったのかもしれません。

26.文京区関口にある水神社と芭蕉庵

神田上水の水は、神田川の流路に沿い、わずかに高い土地を選び、勾配を極力押さえながら江戸下町に向かうことになります(27)。神田上水は、玉川上水の上水配給エリアと比較しますと、流路が低い場所を通るために台地上にある多くの武家地に上水を供給できません。駿河台下、神田、大手町、そして日本橋と、低地の下町エリアに限定されました。一方で、城周辺に配置された大名や旗本の屋敷にも大量の水を供給する必要があり、こちらは主に二つの溜池(貯水池)を水源としました。城周辺のハケからは清水が湧き出し、小さな川が幾筋もの流れとなります。千鳥ケ淵のあたりは、溜池をつくりやすい自然地形です。城の西南部の武家地は、永田町と赤坂の間の谷地を溜池として、飲料水の確保を図りました。時を同じくして、江戸前の海に流れ込む汐留川から海水が逆流しないよ

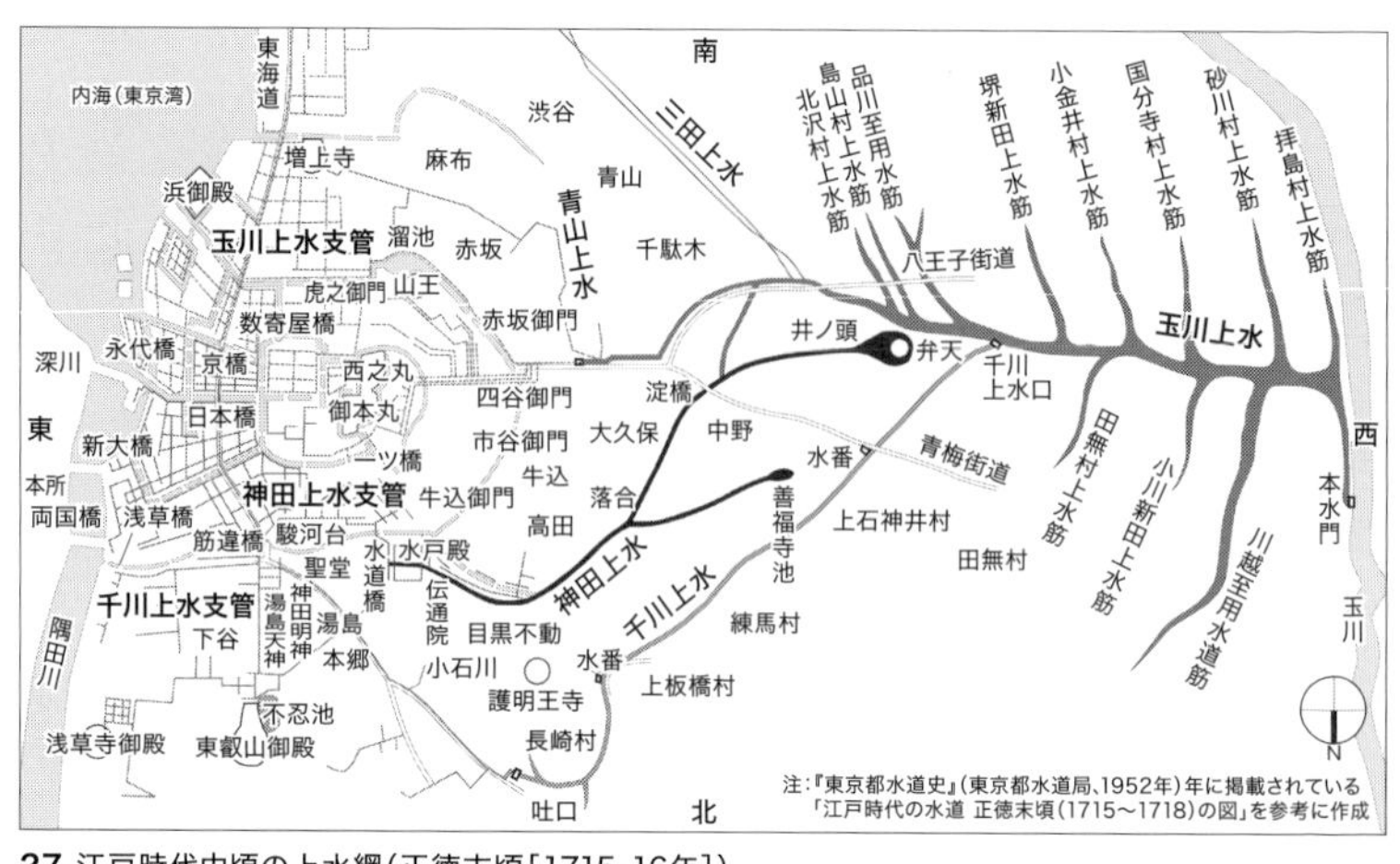

27. 江戸時代中頃の上水網（正徳末頃[1715・16年]）

うに土留がされ、汐留となります。赤坂にある溜池を上水とするために海水の逆流を防ぐ工夫でした。

寛永期までの台地に成立する武家地は、生活用水を主に溜池と井戸に頼る状況でしたが、爆発的な江戸の人口増加は絶対的な水不足をまねくことが予想されました。江戸城下への上水供給は、緊急課題となり、玉川上水が開削されます。一般的にはこのように理解されてきました。ところが近年になり、玉川上水の利用目的など、新しい見解が出されました（注1）。それは、江戸惣構の一環として掘られたというものです。もちろん、最終的に江戸庶民もその恩恵に預かりますし、羽村取水堰から取水した多摩川の水は、四谷大木戸までの約43キロメートルの間、上水や用水として多くの支線が分岐し、茫漠とした雑木林の原野であった武蔵野が農地となったことも確かです。ただ、それが主目的ではないという見解です。

玉川上水を引き入れた大名屋敷の明暗

江戸時代に作成された絵地図から、玉川上水の主要な給水樋管のルートを見ることにしましょう。ここでは二つの絵地図、「貞享上水図」と『上水記』巻五「玉川上水四谷大木戸水番屋より江戸内水掛り絵図」(以降『上水記』とする)を比較します(注2)(28・29)。この二つの絵地図の制作年代は1世紀の間隔があります。その間に享保期に行われた四上水の廃止がありました。江戸市中では、番町への樋管ルートが消え、低地の武家地・丸の内と町人地・銀座に新たに通された違いがあります。大名屋敷でも、玉川上水の水を潤沢に得られ続けたケースと、そうでないケースが見られます。その異なる二つの例を紹介することにしましょう。

玉川上水の水を引き入れた大名屋敷の例に、内海(東京湾)に面した伊達家の上屋敷があります。一般に上屋敷は、大名と妻子、家臣が起居し、執務を行う場です。大規模な御殿や多くの長屋が建ち並んでいましたから、大庭園がつくられるスペースはあまりありません。ただ、もともと下屋敷だった場所が上屋敷になる場合には規模の大きな名庭も見られます。伊達家上屋敷がそれにあたります。寛永18(1641)年に下屋敷として拝領し、明暦の大火後の延宝4(1676)年には上屋敷となりました。

興味深いことに、海と掘割で囲まれたこの屋敷は完全な汐入り庭園ではなく、池の一つが淡水だったことです。大岡越前守忠相(1677〜1752)がまとめた幕府の法令・先例集『享保撰要類集』(享保元[1716]年〜元文元[1736]年)には、先行事例として次のことが記されています。延享元(1744)年に仙台藩6代藩主となった伊達宗村(1718〜56)が将軍家から嫁いだ利根姫(徳川宗直の娘・徳川吉宗養女)のために御守殿を建てます。この時、井戸から汲み上げた水の質が悪いために問題となり、玉川上水の水を榎坂下(現・港区)から新規に分水して引きたいと幕府に願い出ました。将軍家から嫁入りしたこともあり、その申し出は許可され、玉川上水の水が

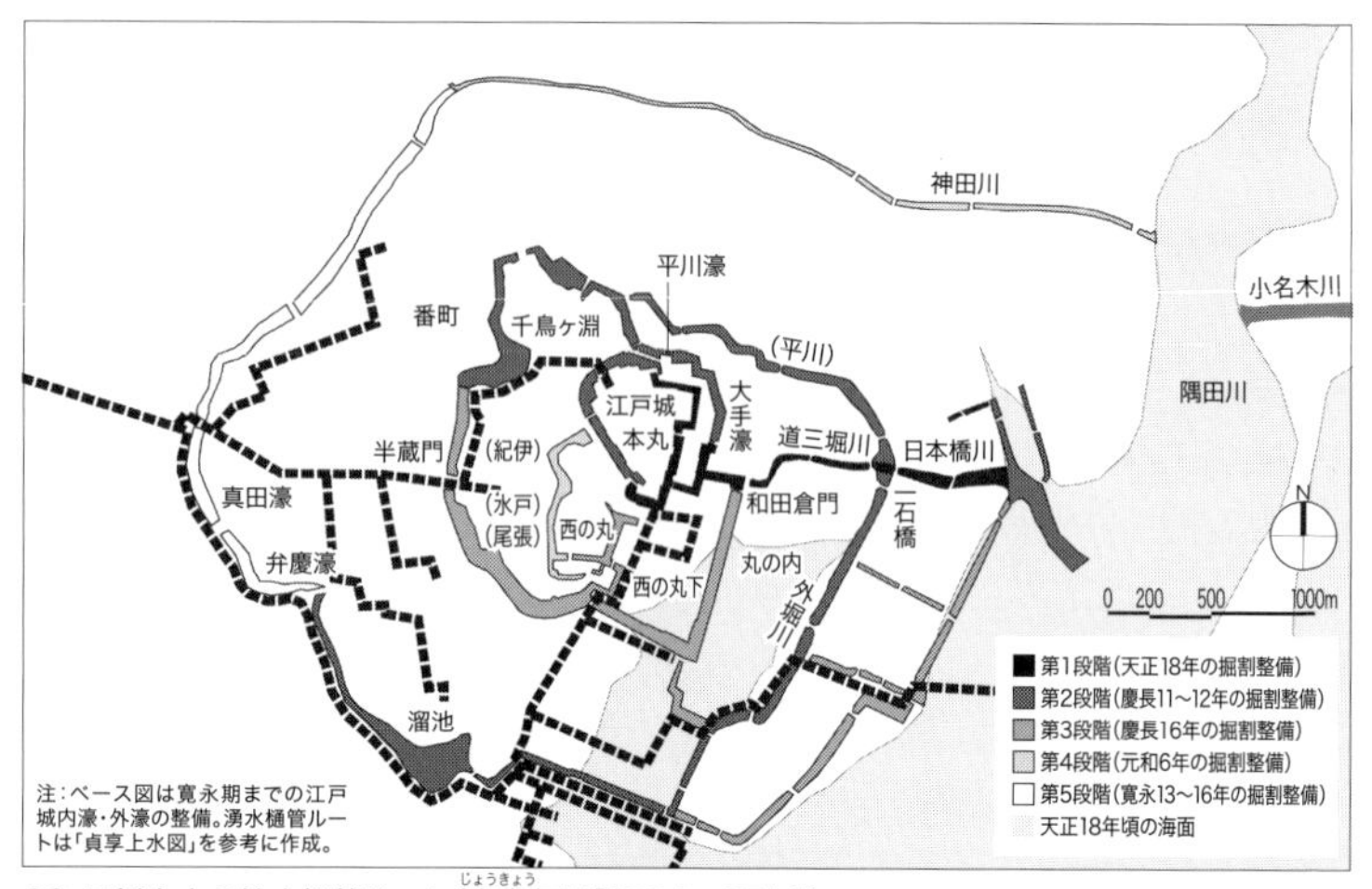

28. 玉川上水の給水樋管ルート(貞享(じょうきょう)年間[1684～87年])

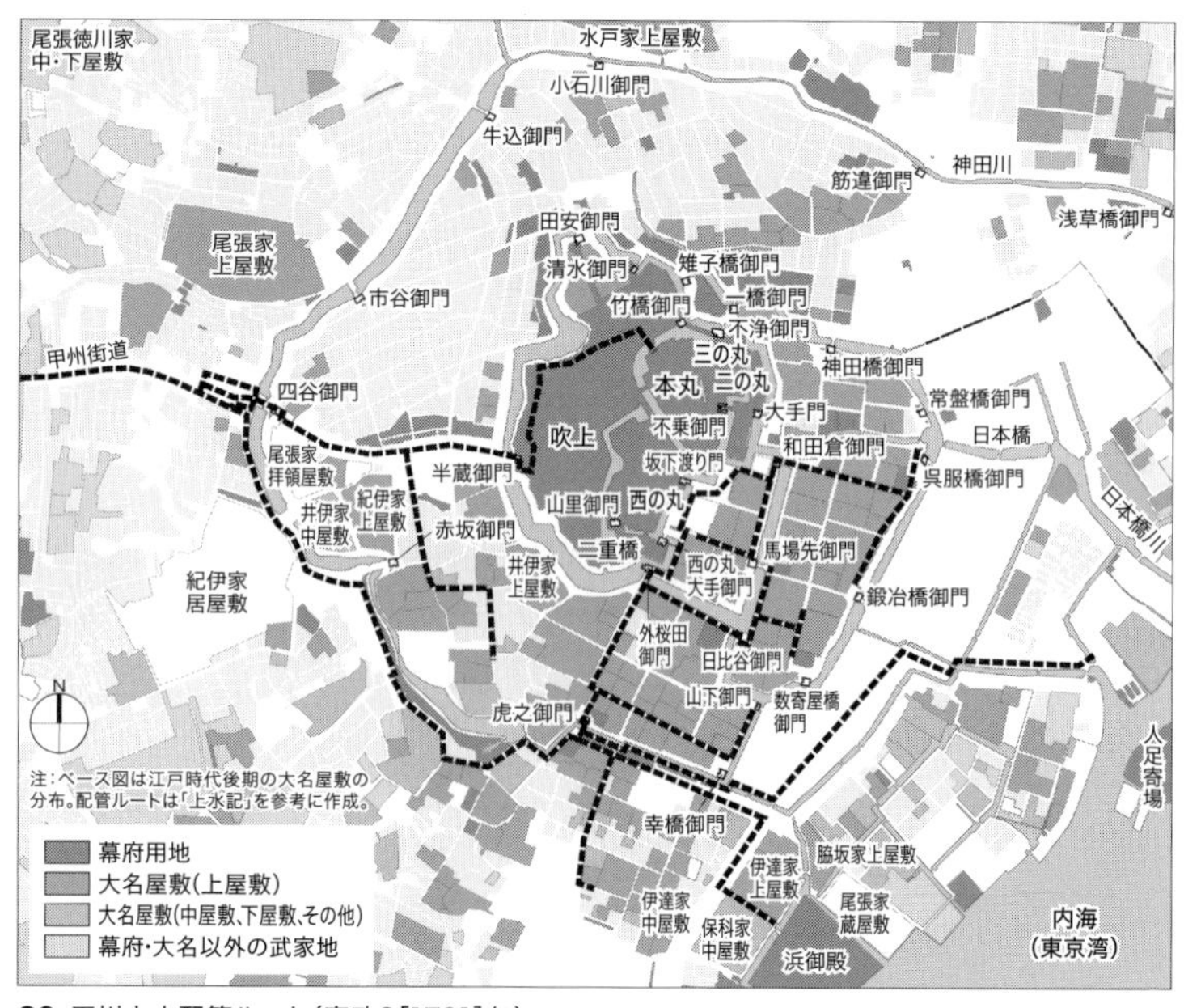

29. 玉川上水配管ルート(寛政3[1791]年)

屋敷内に引き込まれます。加えて、初期のころにあった二つのうち一つの池には、玉川上水の水が木樋によって庭園まで導水され、滝をつくり、淡水が流れ込みます。この例は、江戸の上水が飲料水だけでなく、海岸近くにある大名屋敷の庭園にも引かれ、真水の池に変化した例です。

次に、玉川上水から分水された千川上水の水を利用して、台地部につくられた大名屋敷の庭園、六義園を見ることにしましょう。六義園は、柳沢吉保（１６５９〜１７１４）が元禄８（１６９５）年に染井にあった加賀藩前田家の旧下屋敷跡地、約２万７０００坪を５代将軍・綱吉（在位１６８０〜１７０９）から下屋敷として拝領しました。それに先立つ延宝７（１６７９）年、前田家は中山道近くの郊外地に約６万坪の下屋敷を幕府から拝領して移ります。前田家の下屋敷内には石神井川が流れており、池に引き込む水には不自由しませんでした。

柳沢家の六義園はその後環境を変化させます。吉保の孫にあたる郡山藩２代藩主・柳沢信鴻（１７２４〜９２）は、隠居後に六義園に住み、日々の出来事を『宴遊日記』に残します。その日記に六義園の池が度々枯渇する様子を書き込みました。玉川上水を分水した千川上水が享保７（１７２２）年に廃止され、池の水を潤沢に得られなくなったことによります。その出来事は、玉川上水が何を目的に整備されたかを暗示します。玉川上水は、常に広域に安定的に供給された上水ではなく、江戸幕府を中心に水供給する考えが基本にあったからです。このように見てきますと、伊達家と柳沢家とでは上水利用という面で明暗がはっきりとあらわれます。その明暗を生みだしたもとの部分にもう少し触れることにしましょう。

玉川上水から多くの水が分水された原因は明暦の大火（１６５７）です。大火後、幕府再建策の一環として玉川上水の水を分水し、不毛の地だった武蔵野台地の新田開発が行われました。明暦の大火が起きた明暦

30.回遊式築山泉水庭園の六義園

3（1657）年は4代将軍家綱（在位1651〜80）の時代です。家綱は砂川分水（1657年に開削）、あるいは三田上水（1664年に開削）と、主に農業用水を目的とする上水を整備させます。その後5代将軍・綱吉の時世になっても、上水整備は続けられました。ただし、目的が変化します。青山上水が万治3（1660）年に開設され、主に青山、赤坂、麻布、六本木と台地上に立地しはじめた大名屋敷に給水されます。さらに上水は飯倉から芝へと向かいます。これも大名屋敷が中心でした。

元禄9（1696）年には千川上水が綱吉の命により開削されます。境橋（現・東京都武蔵野市）あたりから玉川上水の水を分水し、城北方面を目指します。給水の主な目的地は、小石川御殿（綱吉の別荘）、湯島聖堂（幕府学問所）、寛永寺（徳川家菩提寺）、浅草寺（幕府祈願所）、六義園（綱吉が寵愛した柳沢吉保の下屋敷）などでした。

柳沢吉保は綱吉に寵愛され、幾度も石高を加増して出世街道をひた走ります。元禄元（1688）年には、霊岸島に中屋敷を拝領しました。元禄8年に拝領した下屋敷は、平坦な台地上に屋敷を配し、庭園は土を盛って築山とし、池を掘って高低差のある空間をつくりあげました。池の水は近くを流れる千川上水から引いて満たします。7年の歳月をかけて仕上げた回遊式築山泉水庭園には、中之島を配した池を樹林が取り囲み、紀州和歌の浦などの和歌に詠まれた88もの名勝が映し込まれました。

「六義園」の名は、紀貫之が中国の古い漢詩集である「毛詩」をもとに『古今和歌集』の序文に書かれた「六義」という和歌の六つの基調をあらわす語に由来します。和歌に造詣が深い柳沢吉保ならではの命名といえるでしょう。吉保は下屋敷の庭園づくりに熱心に取り組みました。吉保が写生図を手に作庭を指図する様子は吉保の側室・正親町町子の記した『松蔭日記』に書かれています。六義園は千川上水から送られてくる豊富な水を利用して、美しい庭園に仕上げられました(30)。

その後8代将軍・吉宗(1684〜1751、在位1716〜45)の時代になり、玉川上水の支線である千川上水、青山上水(万治3年に開設)などの上水が享保7(1722)年に次々と廃止され、その代わりとして井戸を奨励します。ただ本意はそこにあったのでしょうか。吉宗は、むしろ玉川上水の水で外濠の水面を潤すという本来の目的に軌道修正したのではないかと考えられます。ただし、三田上水(寛文4[1664]年に開削)は、廃止後農業用水として利用していた周辺農村の願い出があり、廃止から2年後の享保9(1724)年に再開します。

水を管理する御三家

水戸藩徳川家上屋敷は、小石川・目白台地の先端部分に位置します。その一部に「後楽園」と名付けられた回遊式庭園が寛永6(1629)年にできます。初代藩主徳川頼房(1603〜61)が拝領した時はまだ中屋敷でした。そのころ、神田川を平川の河道から切り離し、神田山を切通して直接隅田川に流す大規模な開削工事が完了し、江戸市中に神田上水も供給されはじめます。中屋敷には当初から神田上水が引き込まれ、庭園はその水をふんだんに使って作庭が試みられました(31)。庭園はさらに手が加えられ、水戸光圀(1628〜1701)が藩主の時代にほぼ現在の姿になります。

屋敷内の内庭から大庭園には、現在礎石が残るだけの唐門を抜けます。その先の園路沿いは木曽路になぞらえ、ミニチュア化した深遠な渓谷を楽しめます。少し上り坂になる園路をさらに行くと、密度高く木々に覆われた場所に入り、行く手に木漏れ日が差し込みはじめます。木々の間からは水面に浮かぶ不老不死の伝説の霊山・蓬萊島があらわれ、旅は完結します。

一方で、行楽的な旅を楽しめる趣向も用意されました。御殿から大庭園に入るもう一つの門、赤門をくぐります。庭園内に入ってすぐ右手に稲田があり、田植えの季節になれば神田上水の水が田に満たされます。神田上水を渡ると、水戸光圀の好んだ梅の木で埋め尽くされた一画に入り込みます。梅の花が咲く季節には素敵な香りに包まれます。

31. 小石川後楽園内の神田上水

神田上水沿いには小石川周辺の風景が織り込まれ、赤門の正面に広がる池は太平洋に見立てることができます。水際に沿って歩きますと、歌川広重が「不二三十六景」で描いた伊豆から富士山を望む奇景の岩に出合います。これはあまりに小さいために見過ごしてしまいますので注意が必要です。大海を背にして東海道を進みますと、奇岩の先に富士山麓にある白糸の滝が配されます。後楽園からは、直接富士山を望むことはできませんが、白糸の滝は背後に密生する木々の奥に富士山が位置することを暗示させる風景の演出です。

太平洋に見立てられた大きな池と別れ、右手の坂道を上りながら振り返ります。すると、太平洋はすでに琵琶湖となり、同じ空間が目まぐるしく変貌します。琵琶湖から比叡山の深い山並みを登りきりますと、点在する京都近郊の風景が視界に入ります。そこから先は、いつしか中国の名勝地・廬山の名がつく築山「小廬山」に出ます。小山から下りていく途中に、中国杭州にある西湖堤の縮景が前面にあらわれます。名所を旅する楽しさをこれほど表現した庭園はあまり見かけません。小石川後楽園は庭園としての魅力が随所にみられますが、庭園内に本物の神田上水が引き込まれていることに注目しましょう。なぜわざわざ神田上水を引き込んだのでしょうか。江戸の上水は、江戸市街に入る前に、御三家によって水管理がされていたと考えられるからです。

江戸城外濠に隣接する徳川御三家の屋敷は、小石川の水戸藩邸、市谷の尾張藩邸、赤坂の紀州藩邸にありました。紀州藩徳川家の赤坂邸は、江戸城外濠の一角の真田濠と弁慶濠の近くに位置しており、外濠構築に先立つ寛永9（1632）年に約14万坪という広大な敷地を拝領しました。この屋敷は、溜池に続く谷と周辺の台地からなり、寛永20（1643）年に制作されたとされています「寛永江戸全図」では屋敷内の谷地には小河川が流れ、周囲に田地、あるいは沼地のような荒地の広がる光景が読み取れます(32)。1年後の正保元（1644）年に作成された「正保年間江戸絵図」には屋敷内に巨大な池が描かれます(33)。水源確保のために、ダムを築き、貯水池とした可能性も

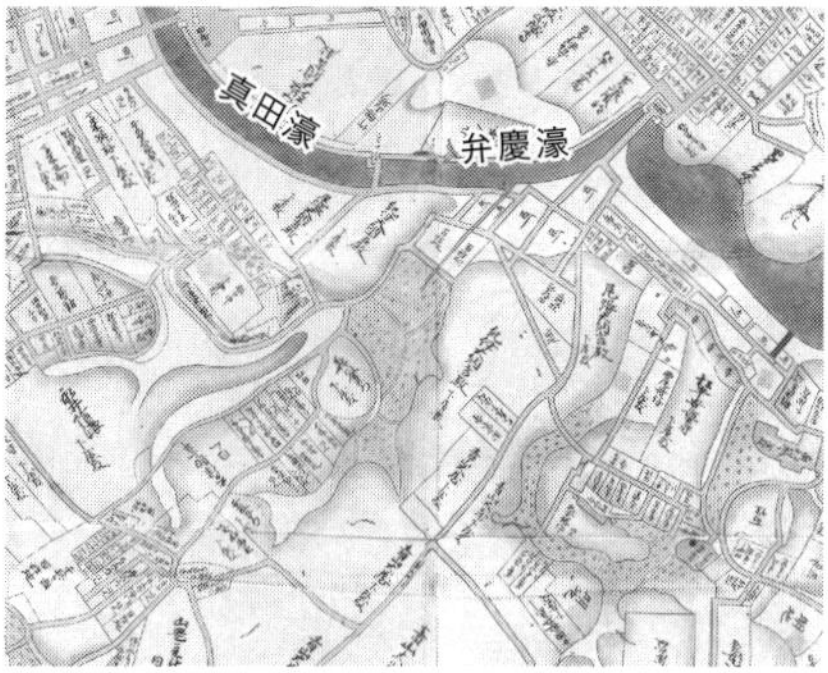

32.「寛永江戸全図」部分

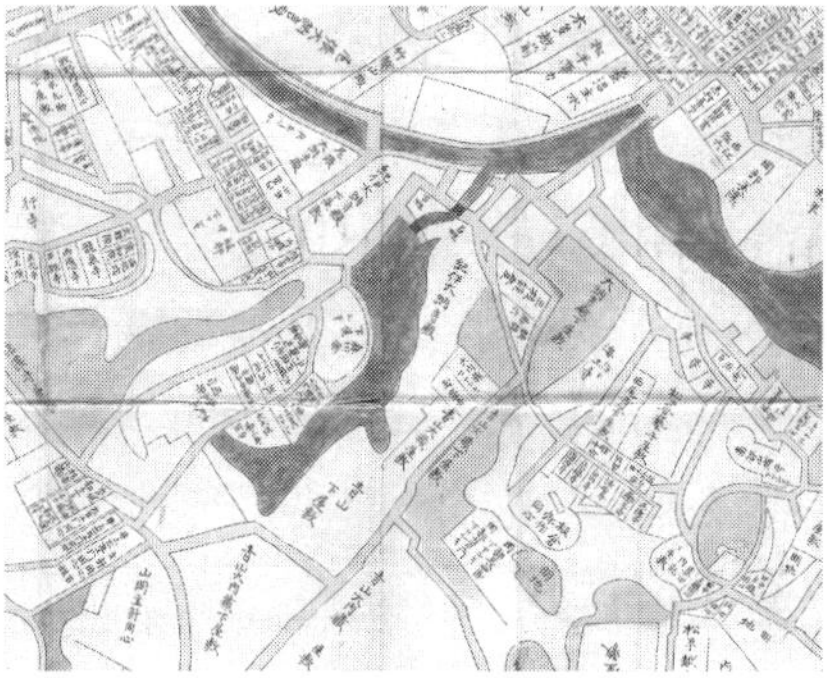

33.「正保年間江戸絵図」部分

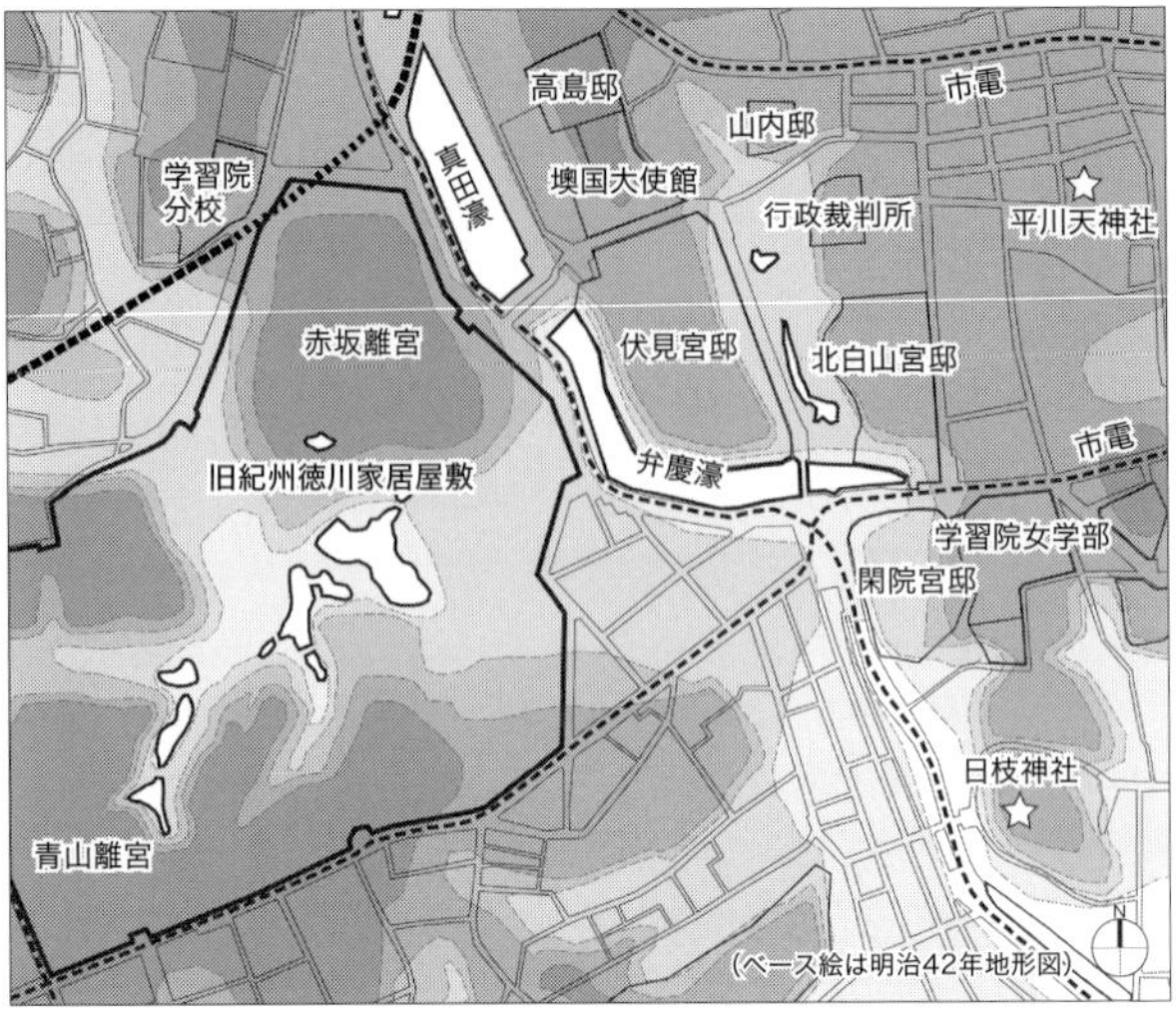

34. 明治42年の地形と土地利用

考えられます。明治42年（1909）の地形図には点在する池が大小幾つも記され、「正保年間江戸絵図」に描かれた巨大な池もあながち誇大に描いたものではないように思われます(34)。高低差のある屋敷としては利用しにくい立地環境です。ただ、江戸市中の水管理からは水源を押さえる意味で重要度が増す場所です。

神田上水が水戸藩邸の屋敷内庭園内に通水していますが、紀州藩邸のある溜池の谷でも鮫が橋（現・新宿区若葉町、須賀町）あたりを水源とする溜池上水が通水していました。溜池上水のルートは、後に承応3（1654）年の玉川上水敷設によって引き継がれます。

最後に、尾張藩徳川家を玉川上水と外濠の関係から見ることにしましょう。四谷大木戸で暗渠となった玉川上水が四谷御門から江戸城本丸などへ通水する上水として分かれます。また、門の手前を右折して真田濠・弁慶濠の土手際を下り、溜池へ流れる上水が整備されました。このルートには、真田濠と溜池際に外濠へ排出する水位調整用の吐水口が設けられました。その一つは四谷伝馬町一丁目あたりで、真田濠の北端に位置します。満面と水をたたえた真田濠の風景を少なくとも承応年間（1652〜54）までには見ることができたのでしょう。もっと大きな視点で考えますと、尾張藩邸は玉川上水、真田濠、市谷濠という一連の水の流れを管理していたと考えられます。

（注1）神吉和夫著、調査研究報告書「玉川上水の江戸市中における構造と機能に関する研究」（財団法人「とうきゅう環境浄化財団」、1994年）

（注2）岡本哲志著「江戸における外濠と玉川上水の都市機能としての役割に関する研究序説」（2010年度「千代田学」研究助成報告書『外濠を基軸とした東京都心の水辺再生—歴史・エコ回廊ネットワーク構想を目指して—』法政大学エコ地域デザイン研究所、2011年3月、p23〜33）

3 死してなお江戸を守る家康

寛永寺と増上寺は江戸の鬼門と裏鬼門だったのか!?

現在も、日常生活のなかで「鬼門」という言葉を耳にします。若い人たちの会話にも、自然に「鬼門」の言葉が登場して驚かされます。日本の鬼門の考えは、中国から伝わってきたものです。その後独自の鬼門思想に転回します。結果として、日本における鬼門思想は、中国とは異なる方向へと向かいました。日本の鬼門は、風水ではなく、陰陽道を基本に神道、仏教、宮廷の考えが加わり、日本独特の思想に進展します。陰陽道では、北と西が陰、東と南が陽とされました。北東と南西は陰陽の境にあたることから、不安定な方角とされ、鬼が出入り

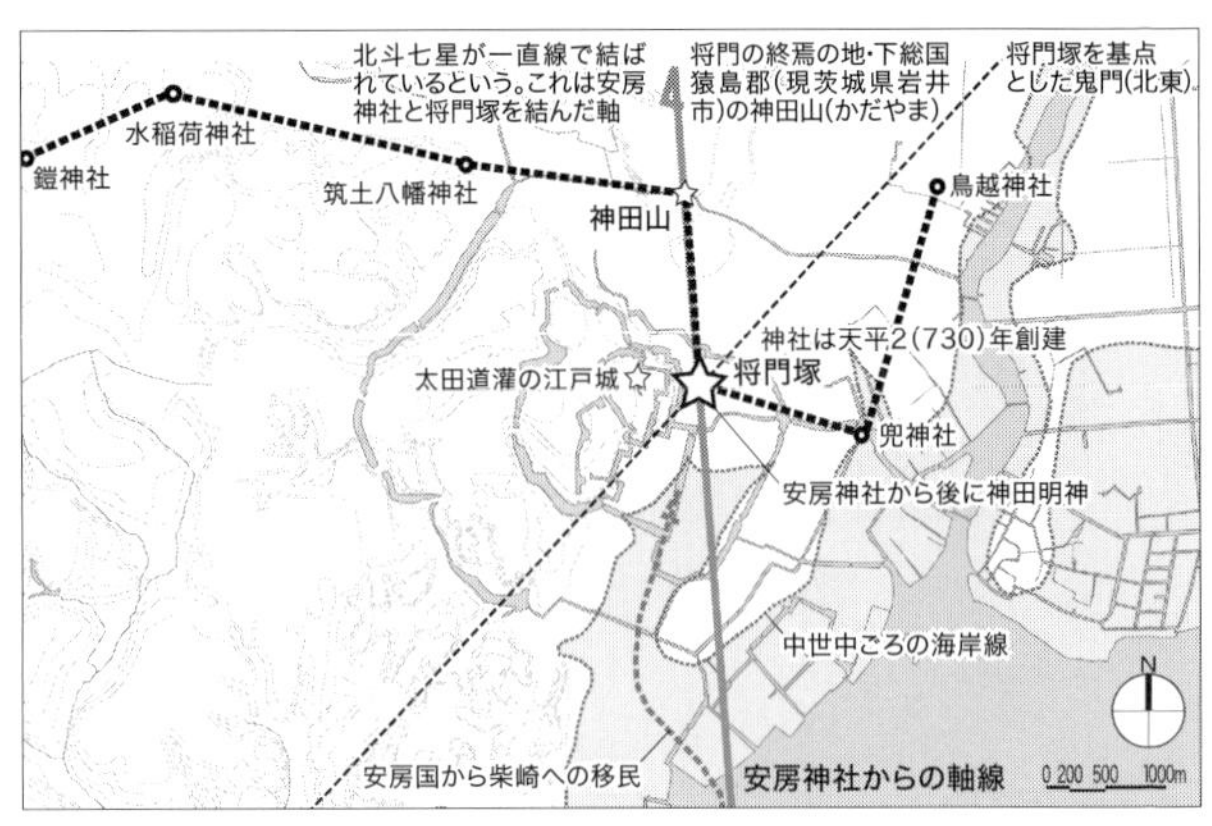

35.江戸に描かれた北斗七星

36.「へ」の字に曲げられた日本橋川

する忌むべき方角として、北東が鬼門(丑寅)とされました。鬼門と180度反対の南西は裏鬼門(未申)となります。こちらの方角も鬼門同様に忌み嫌われる方角です。

日本において都市を新たに計画する時、古くから鬼門、裏鬼門が意識されてきました。例えば、平安京では大内裏から北東の鬼門方向に比叡山延暦寺が配置されます。南西の裏鬼門方向には石清水八幡宮が置かれました。鎌倉では大倉幕府の館から鬼門方向に荏柄天神、裏鬼門方角に元八幡宮があります。源頼朝(1147~99)は、平将門が八幡神と天神によって新皇の位を与えられたという伝承を意識し、自らの館を決めたとされます。

さらに、鎌倉から鬼門の方向、北東に線を延ばしますと、江戸に至ります。頼朝の4代前、坂東経営にあたった源義家（１０３９〜１１０６）は、将門信仰が厚いことを知り、各地にある将門を祀る神社を保護します。神社には好んで鎧、兜、刀剣などが奉納されました。江戸では、将門塚、中世以前江戸周辺で一番標高が高いとされていた神田山を加え、義家が奉納した他の神社を結びますと、江戸の地に北斗七星が描けます(35)。北半球において、北斗七星は北極星とともに古代から信仰の対象となっていました。妙見信仰はその一つです。

時代が下り、戦国時代の江戸はどうだったのでしょうか。康正2（１４５６）年、太田資清は子の資長（後の道灌）に家督を譲ります。以後太田資長は、武蔵守護代、扇谷上杉家の家宰として、政真（顕房の子、１４５１〜７３）・定正（顕房の弟、１４４６〜９４）の扇谷家2代にわたり補佐します。結果的には二十数年にもおよぶ享徳の乱を江戸城で戦いました。

古河公方方の有力武将である房総の千葉氏を抑えるため、両勢力の境界である当時の利根川下流域（江東デルタ地帯）に城を築く必要が高まり、資長は秩父江戸氏の領地であった武蔵国豊嶋郡に江戸城を築きます。江戸城は、利根川を隔て、古河公方の軍勢と対置する絶好の場所でした。江戸城の守護として、城の裏鬼門の南西方向には日枝神社（日枝権現）が置かれ、鬼門として城の北東方向に柳森神社が配されました。道灌建立の柳森神社は、現在坪庭のような小さな敷地ですが、境内に入りますと、思いのほか深遠な空気に包まれます。

それでは徳川幕府はどのように江戸における鬼門を考えたのでしょうか。江戸城に築かれた天守閣は、まさに江戸の象徴でした。内海（東京湾）から隅田川を経て日本橋川を遡るルートは天守閣の象徴性を演出します(36)。隅田川を北上し、永代橋あたりに来ますと、隅田川の先に筑波山が望めました。筑波山は関八州を象徴

37. 北斎が描いた日本橋からの風景

する山です。隅田川を左に折れ、日本橋川を市中深く行きますと、途中大きく左にカーブします。カーブし終わった先に富士山が現れます。日本を象徴する山です。日本橋川は日本橋で「へ」の字に右に曲がり、その先に天守閣が聳え立つ風景を目の当たりにします。関東よりも、日本よりも、天守閣が象徴する徳川幕府は日本の頂点にいるといわんばかりの演出です。天守閣は明暦の大火で焼失しており、その後台座だけがつくられ、天守閣は再建されませんでした。それにもかかわらず、葛飾北斎（1760〜1849）は、小ぶりですが天守閣らしき三重の櫓を描きます（37）。江戸城のこのあたりに三重の櫓はありませんので、北斎が家康の意図を感じて描き込んだのかもしれません。一方で天守閣の象徴的な場所を安寧する仕組みとするために、鬼門と裏鬼門に何を配置したのでしょうか。一般的に、江戸城から鬼門の方向に東叡山円頓院寛永寺が、裏鬼門の方向に三縁山広度院増上寺が置かれたとされます。これは、江戸城の鬼門を考える時に漠然と意識する二つの寺院です。しかし、本当にそうなのでしょうか。

天守閣の鬼門に位置した神田明神と日枝神社

江戸城の鬼門として、上野寛永寺と神田明神がよく取り上げられます。裏鬼門の備えとしては、芝増上寺と日枝神社があげられます。しかしもう少し精度をあげて、この四つの寺社を結ぶ線を描いてみますと、天守閣がそれらを結ぶ線4本のうち1本だけ線上に位置します。この神田明神と日枝神社を結ぶ線上には天守閣が乗ります(38)。

天守閣は、秀忠の時代に2度、慶長11（1606）年と元和9（1623）年、家光の時代に1度、寛永15（1638）年に建設されました。この時は位置を東北方向に少しずらします。さらに、神田明神も、日枝神社も、創建された場所が異なります。ただし、この三つの点は、それぞれの場所を変化させながら、北東を指す軸線上に3点が乗るように移動させます。

38．神田明神、日枝神社を結ぶ線上にある天守閣

神田明神は、江戸城増築に伴い、大手町、丸の内が大名屋敷地として整備され幕閣の有力大名の屋敷地に割り当てられることになり、慶長8（1603）年に神田台へ移りますが、将門塚は大名屋敷地内にそのまま残り、大老・土井利勝（1573〜1644）の屋敷の庭の一部となります。その後屋敷の主は酒井雅楽頭忠清（1624〜81）をはじめ江戸期を通じて十余人を数えますが、将門塚は祀られ続けました。神田明神は元和6（1620）年の神田川付け替え以前、元和2（1616）年に現在地へ遷座します(39)。

日枝神社は、先に述べたように、文明10（1478）年に太田道灌が江戸城築城にあたり、川越の無量寿寺の鎮守である川越日枝

39. 江戸城の鬼門に位置した神田明神

神社から勧進されたといわれています。家康が江戸に入府した当初、城内の紅葉山に遷座していました日枝神社を江戸の鎮守としました。慶長9（1604）年の江戸城改修に際して、社地を江戸城外の麴町隼町の台地が突起した高台に遷座し、以降庶民も参拝できるようになります。

天守閣は、明暦の大火以降再建を試みる機会がありました。しかしながら、台座まで建設しただけで、その後天守閣の完成までには至りませんでした。例えば、天守閣が現在に蘇ると、曖昧に見える東京も、都市空間としての筋が通るかもしれません。

将門と家康の因縁

江戸の都市空間をかたちづくる仕組みを鬼門から読み解いてきましたが、もう一つ重要な核となるポイントが江戸には隠されています。神田明神を天守閣の表鬼門に据えるために場所を移動させた家康は、自らの死期を感じた時、家康を支えてきた天海（1536［推定］～1643）や本多正信（1538～1616）、藤堂高虎（1556～1630）などに遺言として、国土安寧のために全国に東照宮の創建を命じます。江戸にも寛永寺と増上寺の境内に東照宮が置かれました(40)。

一般的には、上野寛永寺や芝増上寺は江戸城の鬼門として配されたといわれています。家康が存命中には、裏鬼門といわれる芝増上寺があるだけで、上野寛永寺はその中心となる根本中堂がまだ創建されていませんでした。増上寺の前身は、空海の弟子・宗叡（809〜884）が貝塚（現・千代田区麹町・紀尾井町あたり）に建立した光明寺だとされます。その後、室町時代の明徳4（1393）年に西誉聖聡が訪れた時、その寺を真言宗から浄土宗に改宗しました。これが増上寺の実質上の開基となります。貝塚にあった増上寺は、一時日比谷へ移り、慶長3（1598）年に現在地の芝へ移されます。貝塚からの移転は西の守りを強固なものにするためで、寺の跡地を親藩や譜代の大名を配備する目的があったと考えられます。日比谷から芝への移転は、もう一つ理由がありました。それは、江戸城の拡張と日比谷入江の埋め立てによる丸の内整備に伴うものです。そのあたりの状況は現在よくわかっていません。ただ、西の守りの緊急性と同時に、日比谷から新橋、芝一帯を埋め立て整備し、芝に大規模な寺院空間をかたちづくるには時間を要したのではないでしょうか。推測の域をでませんが、家康が菩提寺と定めたことは、はじめから壮大な計画のもとで増上寺が芝の地に建立しようとしたとの考えた方がしっくりします。増上寺の寺域は、最大で25万坪の規模がありました。寛永寺には及ばないとしても、家康のなみなみならぬ意志を感じられます。後に徳川将軍家の菩提寺として、増上寺には2代将軍秀忠をはじめ6人の将軍が眠ります。

40.増上寺境内にある芝東照宮

　江戸にあった徳川家の菩提寺のうち、増上寺は中世から存在した寺院でしたが、寛永寺の方は天海により開山されたもので、徳川家により新たに建立された寺院です。後に増上寺と寛永寺が漠然と江戸城の鬼門とし

41. 二つの東照宮を結ぶ線上にある将門塚

ての意味合いを加味していきますが、上野東照宮と芝東照宮がむしろ興味を引く存在です。鬼門として位置付けられる上野東照宮と芝東照宮を結ぶ軸線上にぴたりと1000年以上動くことのなかった将門塚が重なるからです(41)。江戸城だけではなく、将門塚の鬼門としての意識が同時にあったと考えられます。東照宮を上野と芝の地に建立することで、明確に将門塚の安寧を意図したのではないでしょうか。このように、江戸は7世紀以上も前に生きた平将門を強く意識した都市空間でもあったのです。

第2章
大火を呼ぶ江戸の地霊

1 「の」の字に渦巻く大名屋敷

巨大な建築空間を創出した江戸城

皇居は東京の中心にあって、皇族の方々が居住する近寄りがたい場所に思われがちです。しかしながら、現在は江戸時代に徳川将軍家が居城とした江戸城のうち、本丸、二の丸、三の丸は誰でも自由に入れ、広大な広場空間でエンジョイする人たちが増えています。入口は、大手御門、平川御門、北桔橋御門（きたはねばしごもん）の3カ所です。お勧めは北桔橋御門です。江戸城の北側の外部から直接本丸大奥に通じる御門ですから、侵入を防ぐために充分に盛り土して石垣を高く築くことで高低差をつけています。曲線を描く濠の石垣は圧巻です。城の中心部分に入るこの橋は、江戸時代跳ね橋となっており、通常は跳ね上げられたままでした。北桔橋御門を抜けると、すぐ目の前に天守閣の台座が見えます。明暦（めいれき）の大火（たいか）以降、台座だけが再建され、天守閣は再建されないまま今日に至ります。台座の上にあがりますと、現在芝生の公園の本丸跡が前面に広がります(42)。

42.天守閣台座から見る江戸城本丸跡

江戸時代の江戸城内は、本丸、二の丸、三の丸、そして西の丸と吹上（ふきあげ）からなっていました。将軍が居住し、政治を行う本丸は、二の丸、三の丸の敷地を合わせた規模とほぼ同じ、0・13平方キロメートルと広大なものです。本丸の建物内は、「表御殿（おもてごてん）」を中心に、将軍が日常使う「中御殿（なかごてん）」、将軍が正室や側室と起居する

43. 江戸城の配置

「奥御殿」といわれる「大奥」から構成されていました(43)。特に、本丸は将軍の地位が明確に表現される場でもあり、一般の大名の城郭と異なり、破格の規模を誇ります。その本丸に建てられた「表御殿」は、３００藩近い全国の大名を集め、政治を執行するために巨大な建築空間が必要でした。

ただ、徳川家康は最初から華麗な建築群で彩られた城の建設に取り組むことはしませんでした。当初、本丸は後北条氏時代の既存の建物がそのまま利用されます。不必要に先を急がない家康の性格が読み取れます。文禄元（１５９２）年、はじめて本丸の大規模な修築に取りかかります。それはあくまで大掛かりな手直しでした。

本丸御殿の新築は関ヶ原の戦い（１６００）が終わり、征夷大将軍となった家康が慶長８（１６０３）年に江戸幕府を開いた後のことです。秀忠の将軍就任とともに、豪華絢爛となった大建築が慶長11（１６０６）年に江戸城内に建てられました。同時に、李氏朝鮮王朝との和解にこぎつけ、翌年には第1回目の朝鮮通信使を迎えるハレの舞台が整います。

大坂夏の陣で豊臣氏の滅亡が決定づけられた元和元（１６１５）年、本丸を北に拡張し、それに合わせるように天守閣も少し北に移動して大奥内に再建されます。２年後の元和3（1617）年には、大坂の陣勝利による国内平定を祝賀するために、第2回朝鮮通信使が江戸城を再び訪れます。使節団の一行は、わずか10年の間に立派になった江戸市中や日本橋から垣間みられる巨大な天守閣に驚かされたに違いありません。その時、家康は大坂の陣の勝利を見届けた後で、すでに他界していました。

元和8（1622）年には、本丸御殿の建造が行われ、秀忠の隠居所となった西の丸御殿の本格的な建築工事が同時になされました。寛永元（1624）年、家光の3代将軍となった祝いとして第3回目の朝鮮通信使が訪れた時、江戸城本丸は国内平定を象徴するかのように立派な姿に変貌していました。

江戸城内にもあった火除地

他の城下町にはない江戸城の特殊さとして、西の丸の存在があげられます。徳川家康は、慶長10（1605）年に将軍職を子の秀忠に譲ります。ただ、その後も強大な勢力を保持する豊臣氏を滅ぼす課題が最後に残されており、最高実力者としての存在感を示す場が必要でした。家康は、大坂方に睨みをきかす目的があったのでしょう、江戸にはほとんどおらず、駿府に身を置いていました。そのこともあり、天下の城下町である江戸城内に存在感をあらわす「西の丸」の隠居所を創出することは重要でした。西の丸は本丸の2倍近くの0・24平方メートルです。敷地規模にもあらわれた家康の権威が2代将軍秀忠の背後にかたちづくられます。西の丸の造営は、秀吉が朝鮮半島に進出を試みた文禄・慶長の役（1592・93、1597・98）の年に本丸御殿の修築と時を同じくして進められましたが、この建築も本格的なものではありませんでした。

西の丸には、将軍を退いた家康など、隠居した将軍が重要な政策を取り決める拠点として、本丸と同様の役職が置かれます。建物配置は本丸と同様に、表御殿、中御殿、奥御殿に別けられて配置されました。本丸と異なる点は、オープンスペースが比較的多く取られたことです。西の丸の敷地半分には「山里」「紅葉山」と呼ばれる広大な庭園が広がっていました。後年、西の丸の敷地の北部には家康を祀る廟が建てられます。

明暦の大火では、天守閣と本丸御殿が焼失するとともに、二の丸、三の丸も焼け落ちますが、西の丸だけが火の手から逃れました。江戸城の多くを火の海にしたことからも、明暦の大火がいかに大きな火事であったかがわかります。その後、江戸城に変化がありました。幕府は、火災の際の避難所としての役割を担っていた西の丸にある山里の庭園だけでは大火の備えとして充分な役目を果たせないと判断したのでしょう。江戸城内にあった徳川御三家などの屋敷を城外へ移転させ、その跡地に「吹上」と呼ばれる場所が造営されました。面積は０・４９平方メートルもあり、西の丸のほぼ２倍にあたります。庭園は、大きな池や水の流れをつくり、築山が築かれます。主に「広芝」と名付けられた広大な芝生広場が中心でした。まさに防火のための巨大な「火除地」が江戸城内に設けられたことになります。吹上の池の規模も半端ではなく、その水は承応２（１６５３）年に完成した玉川上水が使われました。かなり大量の水が江戸城に引き入れられ、庭園の池に流れ込みます。

家紋の大きさは序列式

江戸城を取り巻く外側がどのような大名屋敷の配置だったのかを次に見ましょう。18世紀終わりころ作成された「大判江戸図」には、中央に三つ葉葵の御紋がひときわ大きく印されています(44)。領国を支配する大名は一般に３００藩と総称され、それぞれの上屋敷にも御紋が印されました。大きな葵の御紋から、御三家、井

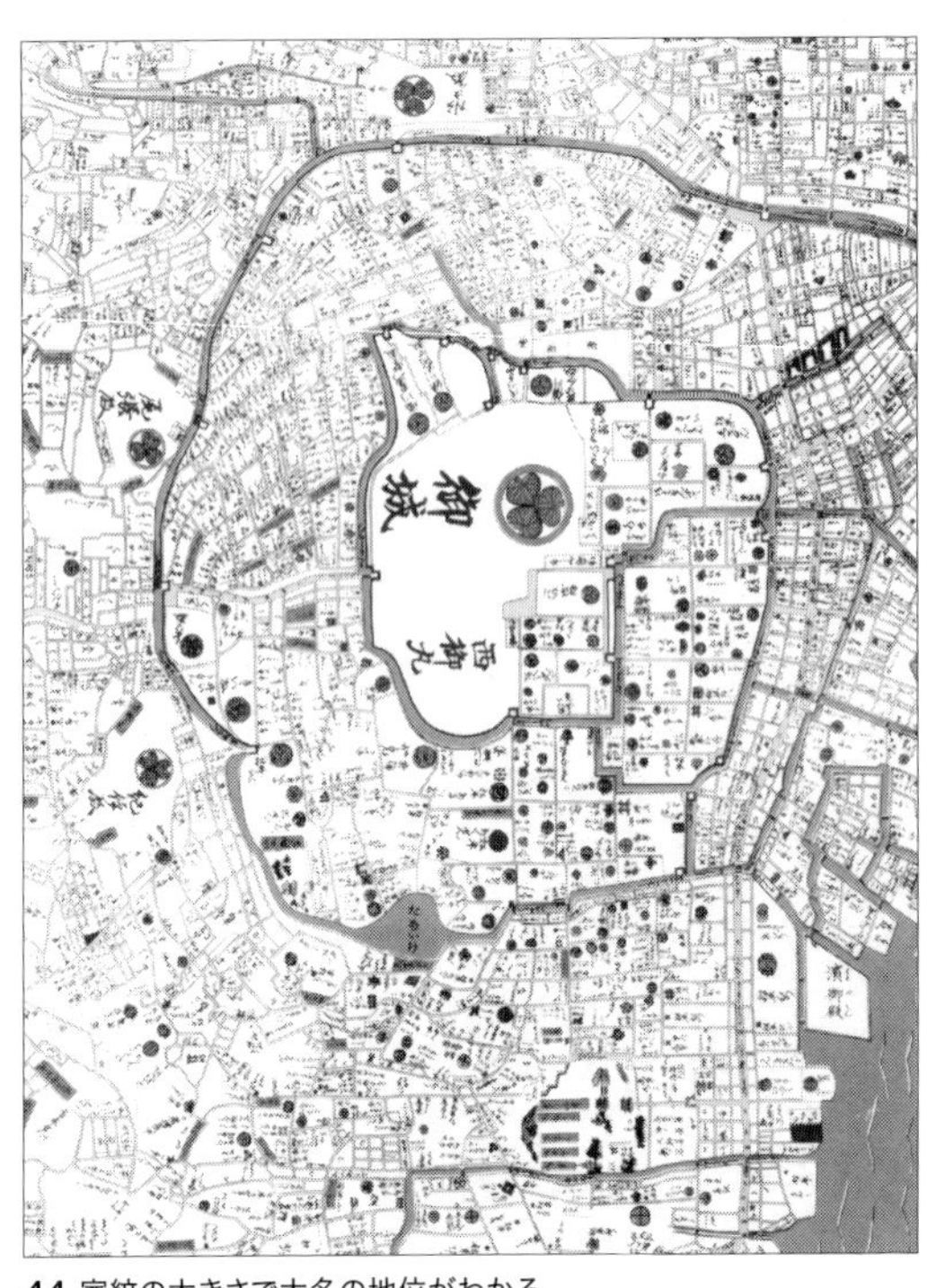

44. 家紋の大きさで大名の地位がわかる

伊家などの有力大名、さらに外様大名となるにしたがい、御紋の大きさは小さくなります。諸藩の大名の家紋が周辺に散らばるにつれ、家紋はより小さくなります。そのまさに頂点に徳川将軍家が君臨する構図を「大判江戸図」が示しており、まるで外から内へ反時計回りに巡る双六の「あがり」が江戸城であるかのように読み取れます。

本丸を中心とする江戸城は、周囲を幾重もの濠が巡り、中心の本丸を守ります。江戸城周辺に張り巡らされた濠のかたちから、江戸が「の」の字の構造だと指摘する人もいます。確かに江戸絵地図をよく見ますと、江戸城を中心に、大手門から桜田御門、半蔵御門へと、濠は輪切りにしたロールケーキのように外側に向かって時計回りに回転するように見えます。本丸を出発点として、まず西の丸、吹上の御殿が内濠沿いにあらわれます。明暦の大火以前、吹上御殿の場所には将軍家に世継ぎのない時に将軍を出す御三家が南から尾張、水戸、紀伊の順で上屋敷が置かれており、建設当初から吹上となった場所が重要視されていました(45)。寛永期のころは、

45. 寛永期の大名配置

現在の内濠はむしろ寛永期に外濠的な役割を担っており、西の丸と吹上御殿の間にある上道灌濠、下道灌濠が内濠であったように見えてきます。

明暦の大火以降、御三家の江戸城に対する位置関係は外側に拡散してやや曖昧なかたちになりますが、御三卿が「の」の字の構造を補強します。内濠をさらに北上しますと、現在の北の丸から大手町に至る一帯は北の守りとして御三卿と呼ばれる田安(8代将軍吉宗の次男・宗武[1716〜71])、清水(9代将軍家重の次男・重好[1745〜95])、一橋(8代将軍吉宗の四男・宗尹（1721〜65））の各家の上屋敷が西から順に置かれました。御三卿が設けられた8代将軍吉宗、9代将軍家重の時代以前は、譜代大名の上屋敷が集中する場所でした。

霞が関からはじまる「の」の字の二巡り目

今一度「大判江戸図」を確認してみましょう。大手町から、丸の内、日比谷にかけての内濠と外濠に挟まれた一帯は、大名屋敷を配置するために、日比谷入江を埋め立て、区画された土地に大名屋敷地が整然と並びます。大名家の家紋が印された上屋敷が大半を占め、主に親藩、譜代の大名が江戸城の東と南の守りを受け持つように配されました。内濠から外濠へ、「の」の字に巡る江戸城周辺のエリアは、本丸大手門前の大手町、西の丸大手門前の西の丸下、次いで丸の内、霞が関と、本丸からの序列が明確に示されます。

寛永期の江戸図を見ますと、大手町には初期の江戸幕府を支えた立役者たち、大僧正（天海）、古河藩土井家、津藩藤堂家の上屋敷が置かれ、あるいは強大な勢力を温存する加賀藩前田家の上屋敷も見られます。前田家の屋敷は元和元（1615）年大坂夏の陣後に幕府から賜ったものです。江戸建設期の大手町は徳川家を支える重鎮がそれぞれ屋敷を構えていました。明暦の大火以降になると、前田家は本郷にある現在の東京大学キャンパスに約8万8000坪の下屋敷を天和3（1683）年から拝領しており、後に上屋敷とします。御三家とともに、大大名の前田家も神田川の外側に出て行きます。

南に向かい道三堀を渡ると丸の内に入ります。小浜藩酒井家、岡山藩池田家などの有力大藩が屋敷を構えます。丸の内の東西を仕切る外濠と内濠は山下御門で合流し、1本の濠となります。丸の内と霞が関を隔てる内濠の石垣と水面は、今も日比谷公園内の心字池として残りました(46)。この石垣の上に立ちますと、丸の内の外側に霞が関が位置していたと実感できます。眼下の日比谷公園あたりは現在でも海抜が低く、そこに関ヶ原の戦い、大坂の陣で敵対した、萩藩毛利家、佐賀藩鍋島家、鹿児島藩島津家など、西軍の有力大名たちが配されました。まだ気の許せない伊達政宗の仙台藩伊達家もはじめ隣接地に屋敷を与えられます。

日比谷から南に向かい汐留川を越えると、中屋敷（なかやしき）、下屋敷（しもやしき）が目立つようになります。それらに混じって上屋敷（かみやしき）が点在します。東海道の要所には、大藩の仙台藩伊達家下屋敷、後に譜代となる竜野藩脇坂家上屋敷が見えますが、多くは小藩の大名上屋敷が分布します。

日比谷から西に向かいましょう。現在官庁街の霞が関となり、なだらかな登り斜面となります。霞が関から「の」の字の渦が2巡目に入り、外濠に米沢藩上杉家、広島藩浅野家、福岡藩黒田家といった大藩の大名の上屋敷エリアが外側に広がります。明暦の大火後、江戸城は吹上を取り込み、範囲を拡大しました。その結果、御三家の屋敷は外に出されることになります。なだらかな登り斜面を上がりきったあたり、江戸幕府の重鎮井伊家の屋敷が内濠を背に置かれるとともに、吹上にあった御三家の上屋敷が西側の外濠一帯を固めるように屋敷替えが行われました。赤坂御門が紀伊藩徳川家、市谷御門が尾張藩徳川家、小石川御門が水戸藩徳川家（現・小石川後楽園）といった具合に、御三家が外濠の要所を守ります。ほぼ甲州街道が紀伊と尾張、神田川が尾張と水戸の境というように、御三家のエリア分けが明確化されます。

46. 日比谷公園内の石垣と心字池

2 火事の都・江戸、日々大火と向き合う江戸の人たち

幕府権力の低下がもたらす火事の多発

「地震、雷、火事、親父」。最近はどうかわかりませんが、私たちの世代まではよく使われた言葉です。このところ親父の存在感など失墜してしまっていますので、親父がなぜ今でも恐ろしい地震や雷と並べられるのかと、そのこと自体理解できない若者が多くなっているかもしれません。火事の方は、近年頻発している地震の後に、火事が発生し被害を大きくする状況をつぶさに見てきており、火事の恐ろしさを再確認させられています。しかしながら、不燃化が行き届きはじめている昨今、日常のなかに火事の脅威は以前に比べ大いに薄らいだ感があります。火事や親父は、直接的な自然災害ではなく、対する人たちの心得次第である程度どうのようにでもなります。人のなりわいによって生みだされた部分があり、自然災害である地震や雷とは少々趣を異にします。ただ、火事は明治期の東京もそうでしたが、その前身である江戸は特に頻繁に起きており、世界的にも類例を見ない火災都市でした。

江戸の火事をあらわす言葉に「火事と喧嘩は江戸の華」があります。江戸はそれほど頻繁に火事が発生していたことを想起させます。多分にあきらめの気持ちもあったと思います。火事の回数の多さを他都市と比べますと、江戸時代における火事の既往研究の成果から驚く数字が見えてきます。魚谷増男の研究によりますと、江戸で最初に記録された慶長6（1601）年の大火から、15代将軍徳川慶喜が大政奉還した年の慶応3

（1867）年までの267年間に、江戸の大火は49回発生した記録が残ります。江戸に匹敵する日本の都市では、京都の9回と比べ5倍以上、他に大坂が6回、金沢が3回ですから、江戸の大火の多さがわかります。

江戸の研究者・吉原健一郎の調べでは、大火の他にも小さな火事が多く発生しており、火事の総数は267年間で実に1798回にのぼるとされます。年に平均して6、7回の火事が江戸で発生しました。しかし、江戸時代を通じてそれらの火事が平均的に起きたわけではありません。もう少し年代を分けて整理しますと、慶長6年からの100年間で269回（年間約2・7回）、元禄14（1701）年からの100年間で541回（年間約5・4回）となります。これら二つの世紀を比べますと2倍に増加します。それでも、全体の平均を下回り、江戸時代の前期と中期は比較的火事が少ない件数で推移していました。

ところが、寛政13（1801）年から慶応3（1867）年までの67年間は986回（年間約14・7回）でした。最初の100年の5倍以上、次の100年の3倍弱に増大します。19世紀前半（1801〜50）の50年間では480回もの火事が起き、年間約9・6回と前の1世紀の倍近くになります。さらに、後の嘉永3（1850）年からの17年間ではさらに急増して506回、年間約29・8回となり、19世紀前半の50年間の3倍強に増えます。ちなみに17世紀の100年間に起きた火事の10倍以上にのぼりました。

よくいわれることに、江戸の繁栄による人口増加と比例して火事の回数も増加したとの指摘があります。確かに人口が増加し続ける前期、中期の江戸ではあてはまりそうですが、江戸後期は人口増加だけが要因ではなさそうです。寛延3（1750）年の122万人、嘉永3年の115万人と、人口はわずかですが減少傾向にありました。19世紀以降の火事の増大は、むしろ江戸幕府の権力低下に伴う治安の悪化が大いに関係しているように思われます。江戸は政治都市です。政治的弱体が火事の多発につながったと考えた方がよさそうです。放火に対して厳罰に処する幕府の方針と実践がありながら、放火は江戸時代を通し少なくなりませんでした。幕府権力の低下だけでなく、幕末には世情の不安をかき立てるように連続して大きな地震が発生した時代でもありました。そのことが大いに影響していると考えられます。旧暦安政2年10月2日（1855年11月11日）の火事は、地震後に起きた火事です。安政の大地震発生後には、江戸の各所から同時多発的に出火して大火となり、多くの人が亡くなりました。

明治期以降の東京でいいますと、大正12（1923）年の関東大震災があります。近年では平成7（1995）年の阪神淡路大震災が地震後の火事が悲惨さを拡大させた出来事として記憶にあります。それでは、江戸において大火の後どのような防災に対する仕組みや都市計画がなされたのでしょうか。そのあたりを探りながら、江戸の大火を見ることにしましょう。

戦禍にくすぶる江戸市中（寛永18年の大火）

江戸で最初に記録された大火は、旧暦慶長6年閏11月2日（1601年12月26日）の火事があります。日本橋駿河町から出火し、江戸市中の広い範囲が焼失しました。関ヶ原の戦いが終わった翌年です。城下が戦火にあい、焼失することが必ずしも非日常的なことではなかった時代です。大坂冬の陣（1614）、大坂夏の陣（1615）が終わり、江戸も安定した都市経営が行われる以前のことでした。

旧暦寛永18年1月29日（1641年3月10日）に起きた大火は、火元の地名で呼ばれ、桶町火事と名付けられました。世の中が安定し、江戸の人口が京都に匹敵する40万人ほどに急増した時期です。

桶町火事は、江戸城に迫る勢いで江戸市中に燃え広がる大火で、3代将軍徳川家光自身が江戸城の大手門に出て、陣頭に立って鎮火の指揮にあたったと伝えられています。この桶町火事から2年後、寛永20（1643）年には、火事対策として大名火消が制度化されました。当時町人地の火事対策はまだ考慮されていませんでしたから、大名火消の制度は江戸城の防備を第一に考えた結果でした。寛永期の土地利用は北西に町人地がまだ拡大しておらず、町人地から武家地へ類焼する恐れがあまりないと考えられていたのかもしれません。

火事が大火になる要因としては、これまでの研究から江戸独特の気象条件が浮かび上がります。江戸の冬場は、主に北西方向からの乾燥した強風が吹き荒れます。気象庁による平成24（2012）年1月の平均湿度を見ますと、東京は43パーセントと50パーセントを下回ります。他の都市と比べますと、日本海側の豪雪地である金沢の71パーセントは別にして、三都のうち京都が63パーセント、大阪が59パーセントとなっており、東京の湿度の低さが目立ちます。

黒木喬の『江戸の火事』によりますと、江戸の大火は現在の西暦で3月がもっとも発生回数が多く、次いで2月、4月、1月の順とあります。この4カ月で実に1年間の7割ほどを占め、冬場の特定の季節に集中しました。雨が降らず、北西風や北風が吹き空気が乾燥する冬から春にかけての時期に、江戸の大火が多発したのです。池上彰彦の「江戸火消制度の成立と展開」に収録されている享保10（1725）年に記載された町方人口の記録が興味深い数字を示します。梅雨の時期は、梅雨入り前の空気が乾燥した時期と比べ人口が1万人以上も増え、その9割以上が女性でした。江戸の大火が限られた季節に偏っていたために、火事の多い冬場は妻や子供たちを安全な江戸近郊の実家などに避難させ、火事の季節が過ぎたところに呼び戻す習慣が町人の間であったようです。

「アクマ町」と呼ばれた火事の火元（明暦3年の大火）

江戸の人口は寛永期までにさらに膨れ上がり、巨大化した都市・江戸で大火が起こります。80日以上も雨が降らなかった旧暦明暦3年1月18日（1657年3月2日）に起きた火事は、「明暦の大火（振袖火事）」といわれ、3日間燃え続けました。江戸の火事のなかで最大の惨事となり、10万人を超える死者があったと推計されています（47）。火元は山の手の3カ所、本郷、小石川、麹町からでした。北西風に煽られた火が市街を延焼していき、江戸の大半を焼失させました（48）。江戸城天守閣もこの大火で焼け落ちます。江戸の都市計画はこの火事で大きな変更を余儀なくされました。特に、大火の要因となった北西の風に対し、江戸城の防火対策を真剣に考えざるを得なくなります。江戸城内にあった御三家の上屋敷を城外に出し、その跡地が江戸城の避難場所として吹上御殿となりました。延焼を意識して広い芝の庭がつくられるとともに、玉川上水（1654年に完成）の水をふんだんに取り入れた大きな池が設けられます。北からの火事の備えには、雉子橋あたりから神田橋にかけて、濠の外側一帯の武家地、寺社地を立ち退かせ、東側の一番から四番まで数字の番号が付けられた広大な火除地とし、延焼を

47.描かれた明暦の大火の様子

くい止める策が講じられました。さらに外側の神田川沿いには延焼を防ぐ土手が設けられます。

明暦の大火以降から元禄年間（1688〜1704）にかけては、各大名が多くの中屋敷や下屋敷の用地を幕府から与えられます。江戸周縁に新たに設けられた下屋敷は、火事の際に避難所の役割が加わりました。江戸の人口増加に伴い、築地など埋め立てが進む隅田川河口は、土地利用の再配置として武家地が新たに移されます。寛文元（1661）年ころには隅田川を越えた本所や深川の干拓が進み、武家地や町人地が整備されました。

48．明暦の大火の焼失範囲

神田や日本橋のエリアにあった寺社も移転します。主な移転先は、外濠の外側にある浅草や谷中、あるいは駒込、小石川といった江戸の周縁でした。日本橋にあった西本願寺は築地に移転し、すでに移転が決まっていた吉原遊郭は大火を機に日本橋から浅草田圃へと移りました。

町人地の変化には興味深いものがあります。江戸城に向かう軸性の強い道は、明暦の大火の翌年に龍閑川が開削されます。浜町川も龍閑川と接続するように延伸開削されました。防火のための策です。寛文2（1662）年には母屋の庇部分の除去を命じる町触が出されました。これは幕府の都市計画の方針転換といえます。道の両側にある母屋から庇が京間1間（約1・97メートル）ずつ出る町並みは、徳川家康が腐心した試みでした。朝鮮通信使の行列や祭の時に桟敷の役割を果たす重要な都市装置でしたが、火事には勝てなかったようです。街路に突き出した庇を短くし、実質的に道幅を広げ、周辺への延焼防止を図ろうとしました。

従来の消防制度にも大きな影響を与えます。明暦の大火の翌年、万治元（1658）年には、大名だけだった火消を旗本にも命じ、定火消が制度化されます。最初の定火消の火消屋敷が4組設けられ、いずれも江戸城から見て北西方面に置かれました。江戸城の北西側からの出火が大火になりやすく、その備えでした。後に定火消は10組の編成となり、江戸城北西以外にも配置されますが、江戸城本丸を焼き尽くした明暦の大火が脅威としてあったようです。

江戸で大火となるケースは、江戸市街の北側からの出火です。北からの強い風に煽られ、大火になります。神田川沿いにあった神田佐久間河岸あたり一帯はもともと大名屋敷や旗本屋敷が置かれていたところでした。大火の度に、武家地が外に出され、跡地が町人地化します。この神田佐久間町は、江戸時代に幾度も火事の火元となり、「アクマ町」とも呼ばれていました。

大火が頻繁に起きますと、焼失した施設再建のために幕府の支出がかさみ、財政上の大きな負担となりました。明暦の大火で焼失した江戸城天守閣は再建されませんでしたが、本丸など御殿の再建には総工費93万両以上を要したとの記録が残ります。4代将軍徳川家綱には代々受け継いだ家康以来の遺産423万両があり、その何と2割強に達するお金が明暦の大火後の再建に使われました。

さらに大火後の救済が幕府にとって大きな支出となります。旗本や御家人に拝領金、大名に下賜金が与えられ、町人にも救済金が配られました。明暦の大火の時には幕府の出費が約16万両にものぼったといわれています。大火が起きる度に幕府は救済を行いましたが、財政悪化に伴い次第に規模が縮小しました。大火による再建の支出が幕府の財政を圧迫していきます。それは町人も同様で、町入用の経費のうちもっとも多くの割合は防火・消火に関連する支出によって占められていました。

しかし一方で、経済効果としても火事が大きく影響します。大火で焼失した江戸の再建には江戸をはじめ全国の物価変動や景気動向に影響を与えるほどの資材の調達量と、それを得る莫大な金が動きました。皮肉なことに、多発した江戸の火事は江戸時代の経済成長を支える大きな要因の一つだったのです。明暦の大火後に材木の大量買い付けを行い、江戸の建築作業を請け負った河村瑞賢など、大火を契機に富を築く商人もあらわれました。

火事が起これば風呂屋が儲かる？（天和2年の大火）

旧暦天和2年12月28日（1683年1月25日）に起きた火事は、「天和の大火」と時代を冠した大火です。この火事は駒込にある大円寺から出火し、火の手が北西風に乗り拡大しました(49)。別名「八百屋お七の火事」といわれます。ただ、天和2年の大火は、お七が実際に放火した火事ではありません。お七がこの火事で焼け出され、避難場所となった寺の男性に恋心を抱き、後に放火に及びます。お七が実際に放火した火事は、他に比べさほど大きな火事ではありませんでした。天和の大火は、井原西鶴（1642～93）の『好色五人女』などの題材に取

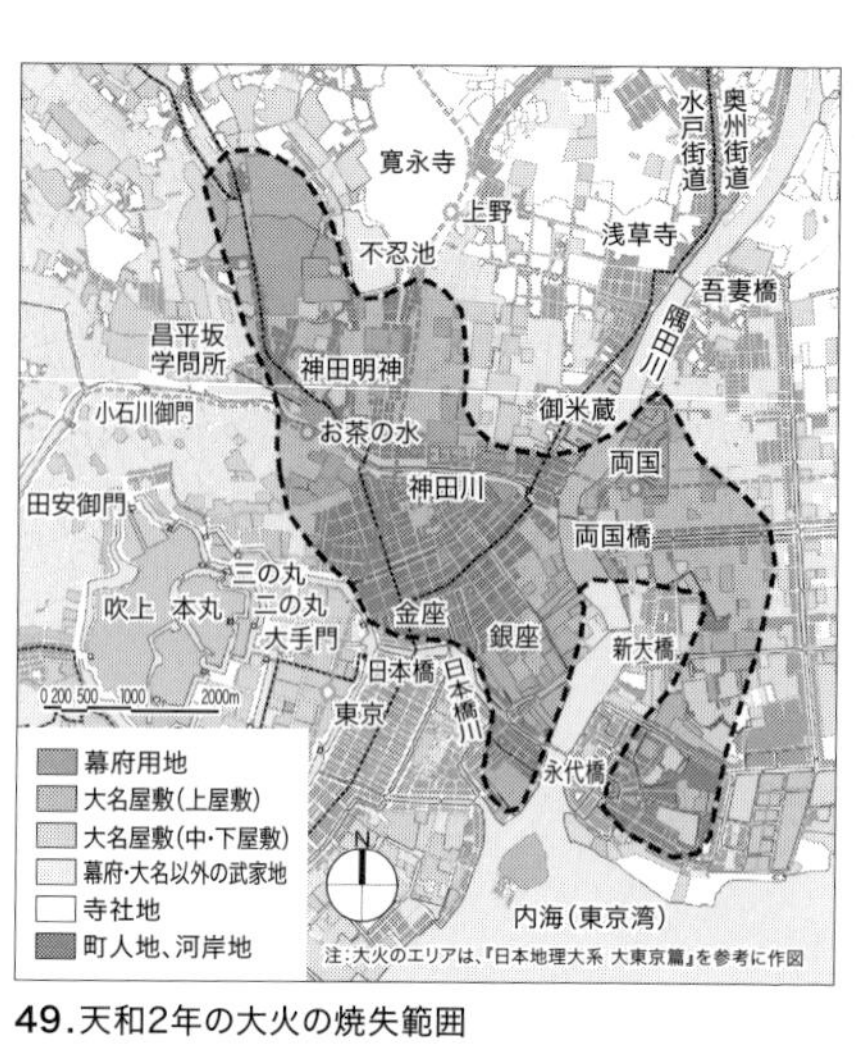

49.天和2年の大火の焼失範囲

り上げられ、一躍有名な大火の一つに数えられるようになります。それほど、放火は江戸の人たちの関心の高さをうかがわせます。火事の原因も、放火（火付）の記録が多く残されています。江戸の高い物価が生活を苦しくし、困窮しても故郷に戻れず江戸で生活し続けるほかない人たちが多く、不安と失うものが少ない境遇が放火の動機としてありました。

しかしながら、放火は生活の困窮だけが動機ではありません。元禄以降になりますが、町方の消防の役割にあった火消人足の中心は鳶職人でした。火事が起きますと、大工、鳶職人などの建築に携わる人たちは復興による仕事が増え、火事の発生や拡大を喜ぶ者もいました。消火活動では、火事の拡大を図る者もあらわれます。幕府は町触を出して警告して抑止に励むとともに、捕らえた火消人足を死罪にするなど、強い姿勢を打ち出しますが、一向に火事は減りませんでした。

八百屋お七の大火後、大名屋敷や寺社の移転が再び行われます。この時、ほとんどの寺社が外濠の外側に出され、跡地を利用して火除地や広小路が設けられ、放火を取り締まる火付改も設置されました。天和3（1683）年に、先手組鉄砲組頭だった旗本の中山直守（1633〜87）が兼任するかたちで火付改を任ぜられたとの記録が残ります。その後一時廃止となりますが元禄16（1703）年に再び復活し、享保3（1718）年には分かれていた火付改・盗賊改・博打改を一本化して火付盗賊改としました。この火付盗賊改は、役方（文官）の町奉行に対し、番方（武官）のため取り調べが乱暴でしたし、冤罪も少なくなかったようです。そのため、町人たちからは町奉行や勘定奉行の「大芝居」に対し、火付盗賊改が「乞食芝居」と呼ばれました。江戸庶民には良い印象がなかったようです。

江戸の町人は、火を出さないために細心の注意をはらいました。例えば、江戸の町家には内風呂がほとんどありません。内風呂は失火の危険性とともに、火事の際に世間から火元と疑われる可能性が高く、江戸では湯屋や風呂屋が繁盛します。承応2（1653）年には、防火のために火を焚ける時間が暮六つ（午後6時ごろ）までと決められていました。

徳川吉宗による本格的な防火対策（元禄16年の大火）

旧暦元禄16年11月29日（1704年1月6日）の大火は、小石川の水戸徳川家上屋敷から出火したことから、「水戸様火事」と呼ばれます。この火事は途中風向きが南西風から北西風に変わり、人家が密集する神田、日本橋などの町人地へ向かい、被害を拡大させました(50)。水戸様火事の一週間ほど前、旧暦元禄16年11月23日（1703年12月31日）には元禄の大地震が起こっています。その際に発生した火事と合わせると、焼失面積が明暦の大火を上回るともいわれ、大災害にまで発展しました。後に将軍となる吉宗が21歳の時です。

8代将軍となった徳川吉宗（在位1716～45）は享保の改革を試みます。財政安定策が主眼に置かれますが、江戸全域を対象とした幅広い火事対策も同時に行いました。元禄以降、町人の力が強くなり、幕府の対策

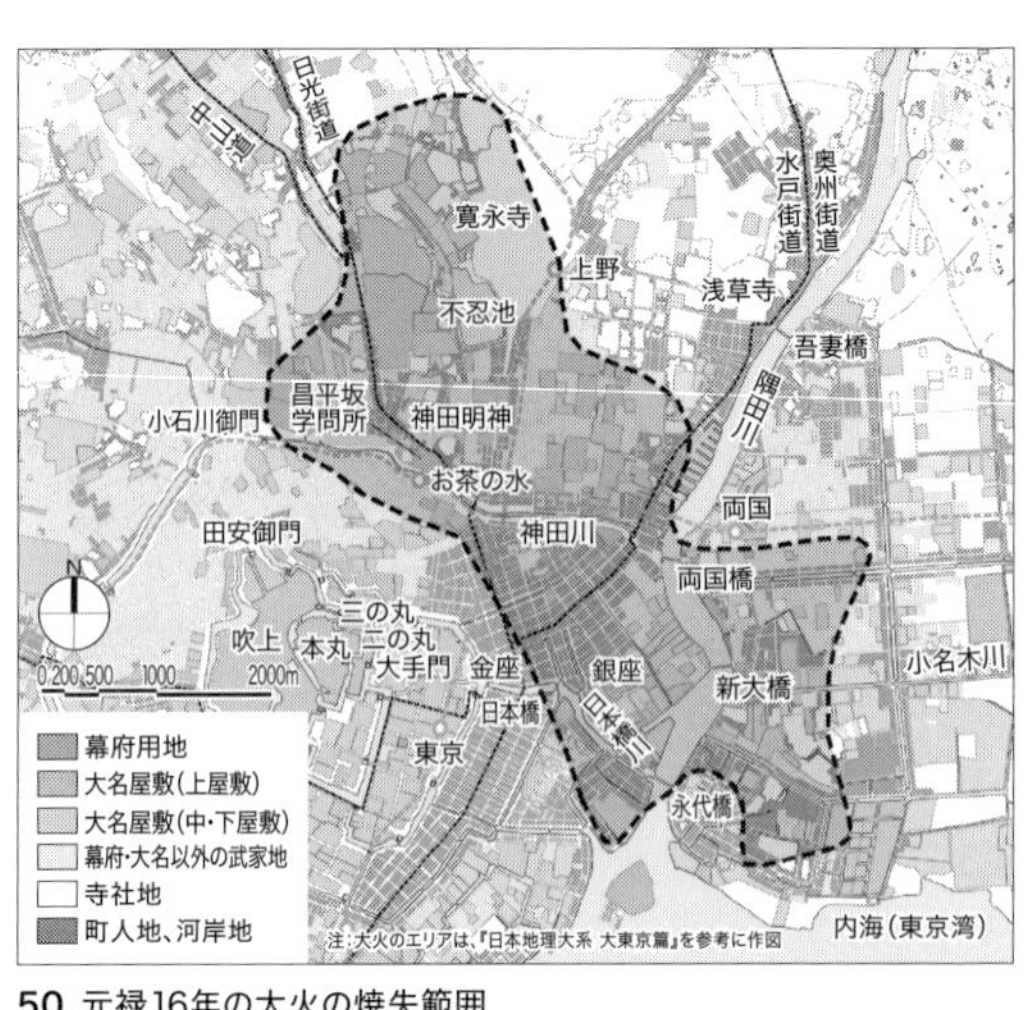

50.元禄16年の大火の焼失範囲

に変化があらわれます。在位5年目の享保5（1720）年には、町火消が制度化され、町人にも火消人足の用意と火事の際に出動する義務が課されました。隅田川を境に、西側を47組（後に1組増）、東側を16組として組織させます。ただ、火消といっても火消人足による建物の破壊消防が主です。明治維新にいたるまでほとんど変化がなく、現代に見られる消防の方法とはほど遠い状況でした。

初期の町火消は当初町人地だけが活動範囲でしたが、幕府の財政難とともに町火消の能力が認められていき活動の場を広げます。武家地などの消火活動も命じられるようになり、江戸城内の火事にも出動するようになりました。幕末には、武士に代わり町火消が主力となっていきます。

歴代の将軍のなかでは、特に徳川吉宗が江戸の不燃化に熱心に取り組みました。その一つに屋根を瓦葺にする防火対策がありますが、防火に向けた対策が着実に進行したわけではありません。最初、幕府は大火後に屋根を茅葺から板葺にするように命じました。その後国内の治安が安定してくると、大名たちが瓦葺の豪華な建築を流行せるとともに、町人地でも瓦葺の建物が増加します。しかし、慶安2（1649）年の地震後は、瓦葺の屋根が重く家屋倒壊を理由にあげ、瓦葺を抑制する動きが見られました。明暦の大火の時にも瓦で怪我する者が多く出たことから、火に強い瓦葺が禁じられるようになります。その代わりに、延焼防止を目的に燃えやすい茅葺や藁葺（わらぶき）の屋根に土を塗ることが命じられ、寛文元（1661）年には再び茅葺・藁葺の新築を禁じ、板葺の使用を命じました。

徳川吉宗の治世に入ると、享保5年の町触では再び瓦葺の禁令が出されます。2年後には一転して江戸市中で積極的に屋根を瓦葺にし、建築を土蔵造りにする不燃化が幕府から命じられました。地震による建物の倒破よりも、大火の防止に重きを置いたようで、瓦葺による不燃化を押し進めます。二転三転した後、享保8（1723）年には番町付近で焼失した旗本屋敷の再建に瓦葺の使用が命じられました。享保10（1725）年ころには既存の屋敷でも瓦葺への改築が命じられ、瓦葺を義務づけた地域が拡大します。吉宗の時代は、江戸市中の不燃化が幕府主導で試みられました。しかし、旧暦寛延4年6月20日（1751年7月12日）に吉宗が亡くなると、幕府の財政窮乏（ざいせいきゅうぼう）などもあり、不燃化は積極的に推進されなくなります。江戸市中の不燃化が向上しないまま、幾度も大火が明治維新まで発生し続けました。

幕府の防火政策の不備に対して、町人も自衛手段を試みました。母屋（おもや）が焼けてしまうのであればと、再起のためにいろいろと工夫がなされます。普段から家1軒分の資材を材木屋に預けておき、火事で焼け出されると直ちに建物を再建し、短期間で商売を再開する手立てを講ずる裕福な商家もありました。また、家が焼けてしまっても残る不燃化された土蔵（どぞう）や地下の穴蔵（あなぐら）も貴重品を焼失から守る拠り所でした。土蔵の建築は高価なためにある程度財のある商人が主でした。一方の、穴蔵は比較的費用が安く、庶民の間でも多くの人たちが活用します。穴蔵は地面に穴を掘った地下倉庫のことで、都心のビル建設の際の発掘調査で明らかにされてきまし

51.桜田門の上屋敷も焼失した目黒行人坂の火事

た。穴蔵は、土蔵に比べ建築費用が安いだけでなく、床下の天井に取り付けられた蓋が1カ所だけですから火の侵入にも強く、盗難にも効果を発揮しました。江戸の市街は穴だらけだったようです。

日比谷から逃げ出したお殿様・萩藩毛利家の動向(明和9年の大火)

旧暦明和9年2月29日(1772年4月1日)、目黒行人坂沿いの大円寺から出火し、強い南西の風に煽られ、火の手は北東方面の江戸市中へ延焼していきました(51・52)。江戸の大火の特徴として、北からの風を受けて南下するケースがあげられますが、春一番でも吹き荒れていたのでしょうか、明和9年の大火はめずらしく南西からの風を受けて大火となりました。この大火は、同じ春先の旧暦文化3年3月4日(1806年4月22日)に起きた大火とよく似た焼失エリアを示します。二つの大火は、明暦の大火とともに江戸三大大火に数えられます。

明和9年の大火は、大名の中屋敷、下屋敷が多く分布する白金、赤坂一帯を焼失させ、上屋敷が集中する霞が関、丸の内、大手町に向かい、その一帯の武家屋敷をほぼ焼き払いました。次に日本橋、神田の町人地へと焼失エリアを北に拡大させ、三日三晩燃え続けたとされます。明暦の大火以降、大名が火事で焼け出された時の対策として、幕府は上屋敷以外に、中屋敷、下屋敷などの別邸を積極的に認めたことがある程度の効果を発揮します。萩藩毛利家のケースを見ますと、明和9年に起きた目黒行人坂の大火では、桜田門近くにある上屋敷（現在・日比谷公園の一部）が焼失し、六本木の下屋敷に身を寄せます。その際上屋敷の機能も下屋敷に集約させます。この時の藩主は毛利重就（1725〜89）で、宝暦元（1751）年に養子として7代藩主に迎えられ、その21年後に行人坂の大火に見舞われました。

52.明和9年の大火の焼失範囲

萩藩毛利家上屋敷は埋立地跡の低地にあるため、居住環境があまりよくありませんでした。下屋敷の敷地規模は3万坪以上あり、常々生活環境のよい台地にある下屋敷に上屋敷の機能も移したいと考えていたようです。萩藩毛利家は明暦の大火以前の寛永13（1636）年に芝増上寺の北側に隣接する中屋敷の返上を願い出ることで、六本木の下屋敷（約2万7000坪余り）を拝領することに成功します。このあたりの幕府との駆け引きはよくわかりませんが、寛

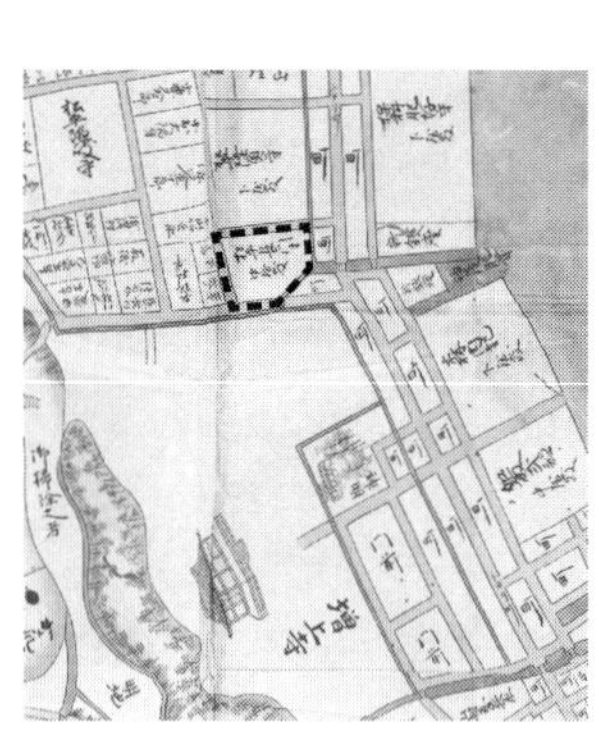

53.「寛永江戸全図」部分

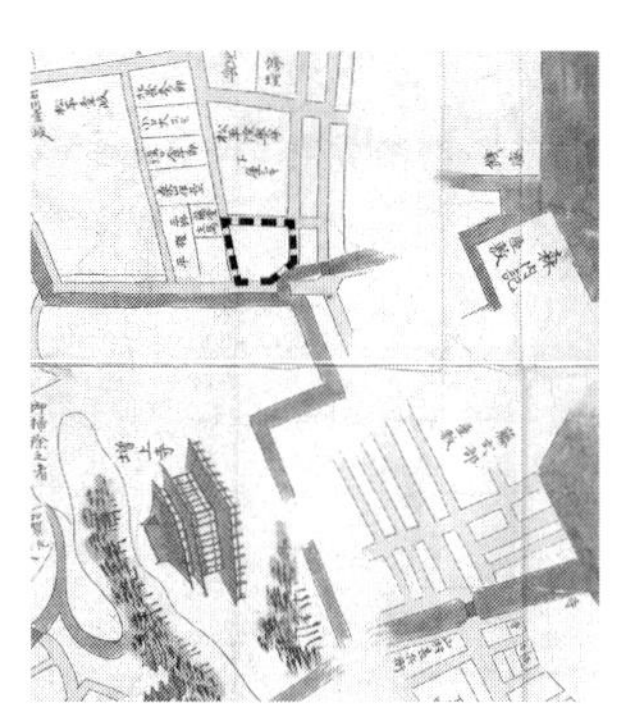
54.「正保年間江戸絵図」部分

永20年の「寛永江戸全図」を見ますと、芝（現・新橋）の中屋敷にも毛利家の名がまだ記載されていますし、六本木の下屋敷もすでに記載があります（53）。1年後の正保元（1644）年作成の「正保年間江戸絵図」では、中屋敷だった場所に萩藩毛利家の記載がなく、空欄になります（54）。それぞれの地図の精度や正確さがどれくらいのものか判断のつきにくいところですが、正保元年には中屋敷を明け渡したと考えることもできます。下屋敷は寛永18年に敷地規模約9000坪弱を預地として増やすことに成功し、明暦の大火後に正式に拝領します。幕藩体制が強固で、お取り潰しが頻繁に行われてきた江戸時代前期、何を実利とするか、萩藩毛利家の行動は大変興味深いところです。

萩藩毛利家にとっての幸運は、明和9年の大火の起きた時期すでに幕府権力が低下したことです。大火の後、藩主の家族や家臣を収容する殿舎や長屋などが安永2（1773）年までに急きょ増改築されました。本来上屋敷は、大名と妻子、家臣が起居するとともに、執務の場でもあります。拝領している上屋敷は一般大名の標準的な規模ですから、表高37万石（実高は50万石以上）の石高がある大名にしては思いのほか小さく感じられます。萩藩毛利家は関ヶ原の戦い、大坂の陣では西軍の総大将にまつりあげられ敗戦した大名です。金沢藩前田家のように上屋敷に庭園を配するなど望むべくもなかったかと思われます。しかしながら、明和9年の大火後は萩藩毛利家にとって、魅力的な居住環境を江戸の下屋敷に描きだせたわけです。このことは近代以降の山の手の居住をイメージすると先駆的な試みのようにも感じられます。

山口県文書館には萩藩毛利家下屋敷の配置図が複数保存されており、火災前後の屋敷の様子をうかがい知ることができます。大火後の屋敷配置を見てみますと、屋敷の正門は大山街道から枝分かれした尾根道(現・外苑東通り)に面して設けられており、門をくぐり直進しますと正面に藩主・重就の公的な場、「御表御殿」が置かれています(55)。正門を入った右手は、世継ぎとなる治親(1754~91)の住む「東御殿」となります。治親はこのころ数えで20歳となっていました。屋敷の外周部分には家来(藩士)の住まう長屋がめぐり、一部上級家臣は独立した家屋が与えられました。

さらに「御表御殿」を奥に進みますと、藩主の私生活の空間である「奥」となります。その奥には正室の生活スペースである「御裏」がありました。藩主の生活の場からは、広大な庭園が眺められるように計画されています。庭園は斜面地となっている北側につくられ、起伏に富んだ地形の中央に池が設けられ

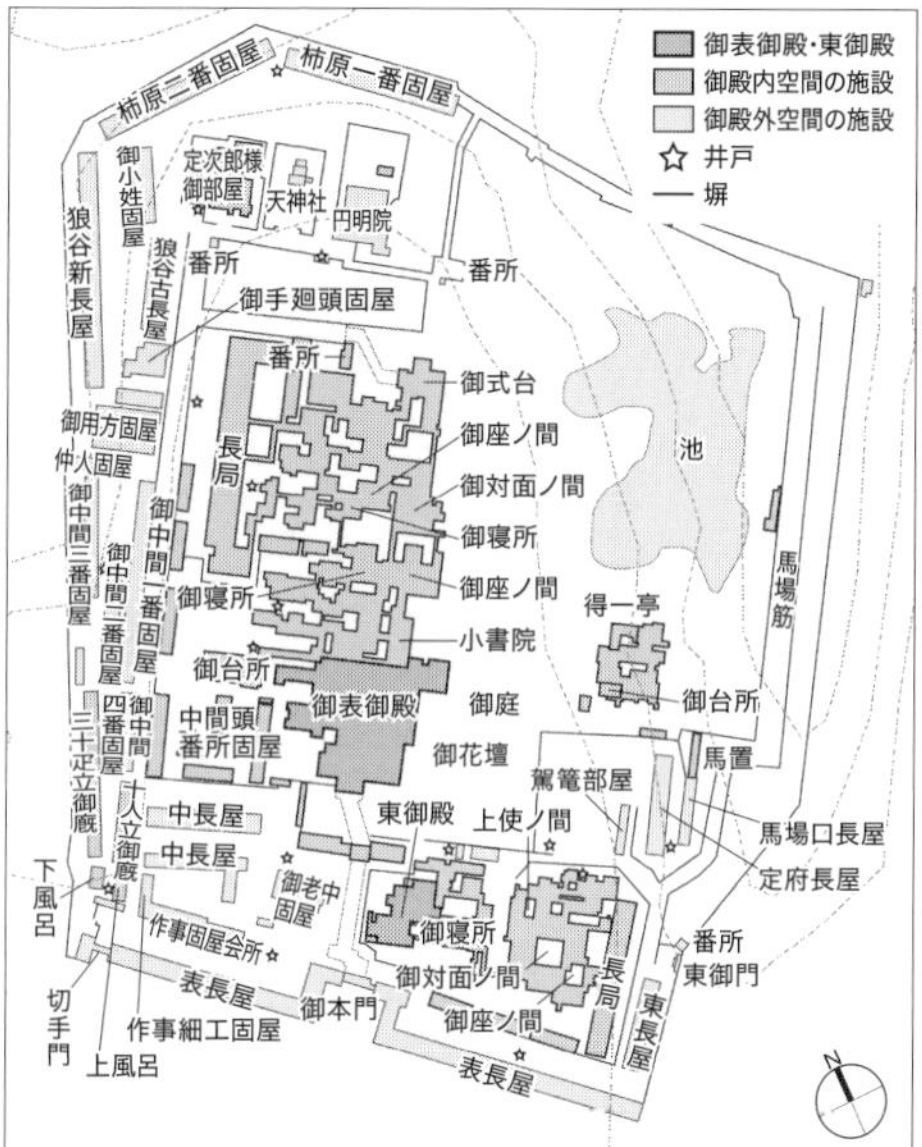

注：港区立港郷土資料館編集・発行の『東京ミッドタウン前史 赤坂檜町の三万年 旧石器～長州藩長州下屋敷～歩兵第一連隊』(2008年2月)に掲載されている「江戸麻布御屋敷土地割差図(東京都教育委員会提供[宮崎勝美氏補訂])をもとにあらたに描き起こしたものである。

55.萩藩毛利家屋敷配置

ており、御殿からの眺めはさぞかしすばらしかったでしょう。周囲を深く生い茂った樹木が取り囲みます。池の南側には、屋敷の名にもなった檜が数多く植えられていました。庭園は「清水園」と呼ばれ、斜面地をうまく利用した名庭園として名が知られるようになりました。

3 江戸の風景を変えた商人のくらしの場

河岸地の土蔵は不燃化策

明暦の大火は、江戸の湊機能も一変させます。江戸城下近くまで入り込んでいた船の姿が一切消え、すでに下町を巡る掘割の河岸が湊機能を備えました。江戸湊が内港都市として再編されたのです(56)。寛永期の江戸を描いたとされる「江戸図屏風」を見ますと、船で運ばれてきた物資が掘割沿いの空地に野積みされ、物流に関係する土蔵などの建物が水際に建てられていませんでした。しかも、河岸地と道とは明確に区別されていません(57)。明暦の大火以前の水際は比較的広い道が設けられ、そこに物資が山積みされていたのです。東堀留川と西堀留川に挟まれた内側の街区はどうなっていたのでしょうか。残念ながら、「江戸図屏風」には描かれていませんが、寛永期の絵地図で確認できます(58)。全体が井字型街区によって構成されており、水際の空地の部分は名称として河岸地の名が明記されておらず、掘割沿いの土地であるという特別な土地利用にはなっていませんでした。

明暦の大火まで船の航行が主であった掘割の幾つかは幅を半分近くに狭め、湊機能を高めました。船を河岸に接岸させるには波が静かな方がよく、川幅を狭くすればするほど、風による波が起こりにくくなります。一方狭すぎると、船の行き交いに不便を生じます。この異なる二つの条件が絶妙にコントロールされた時、湊となった掘割の幅が決まりました。明暦の大火以降の江戸は、千石船（弁財船）で遠国から運ばれてきた物資が品川沖や佃沖で各々の商品に仕分けされ、千石船から小型舟に一度積み換えられ、江戸の内部、掘割沿い各河岸に運ばれます。

56.掘割沿いに分布する河岸

58.西堀留川と東堀留川に挟まれた井字型街区

57.水際の道に野積みされた物資

街区にも変化が見られました。掘割沿いは井字型街区から短冊型の街区に変わり、「河岸地」の名称が絵地図上にも明記されます。会所地を含め奥行京間20間ある横丁

59.町人地にある魚河岸と日本橋川

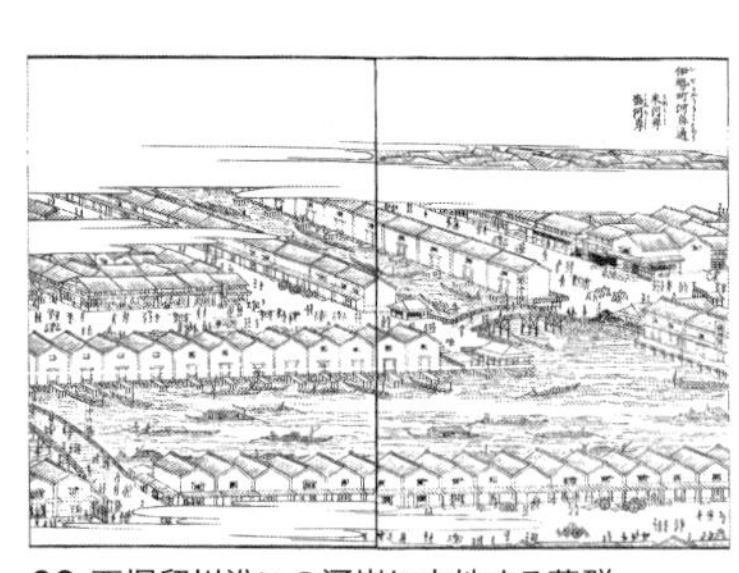

60.西堀留川沿いの河岸に立地する蔵群

の土地が削除され、河岸地と道路を隔てた向かいの敷地（町屋敷）で構成された一体空間となり、街路を中心とする両側町の構成とは異なる独特の「河岸地構造」となります(59)。水上から陸上へと物の流を円滑に行い、町人地に店を構える商人が物資の搬入に利用しやすい関係を水際につくりだしました。江戸は幾つもの河岸が複合して、百万の人口を支える湊機能の役割を果たします。

掘割沿いの河岸が湊となるとともに、河岸地に土蔵造の建物が建てられ不燃化されました(60)。大火が発生すると、掘割が火の通り道となり、火災のエリアが拡大する要因となるからです。特に、防災を熱心に取り組んだ吉宗の時代に徹底され、土蔵が建ち並ぶ河岸沿いの景観となりました。

銀ブラすると江戸の仕組みが見えてくる

町人地の仕組みとその変化を理解するためには、銀ブラが一番。ショーウィンドーを眺めて歩いたり、目的もなくぶらつくことが明治の終わりころから流行しました。当初は「街区鑑賞」といわれていましたが、「銀ブラ」の言葉に落ち着きます。銀ブラをするとなると、当然のこととして銀座通りが筆頭にあげられるでしょうか。ただ歩きながら銀座の街の歴史的な面白さを体験するなら、みゆき通りと西銀座通り（外堀通り）が興味深いスポットとして浮上します。「なぜ」

と疑問を持たれた方は、まずはみゆき通りを銀座通りからスタートし、泰明小学校の方に歩いてみて下さい。江戸の大火がもたらした銀座の変化を感じ取れます。

銀座通りから歩きはじめますと、等間隔に通された2本の裏通りを経て並木通りに出ます。江戸時代の銀座を知るには歩道と車道の境界が重要です。銀座通りの歩道と車道の境界から、並木通りの歩道と車道の境界までが約120メートル。これは慶長17（1612）年に銀座が開発された時の京間60間の街区幅と同じです。

61. 現在の銀座五、六丁目あたり

その間を約40メートル（京間20間）間隔で裏通りが通されました。この裏通りは煉瓦街建設の時に全て通されますが、明暦の大火以降にも「新道」（現・裏通り）として少しずつ通されてきました。特に、賑わいのある街区には新道が早くから整備されました。通りだけではなく、裏の新道にまで店を出店するメリットがあったからです。道が通される以前、銀座通りや並木通りといった通りの地下には上水としての樋管が通されました。そこから町屋敷ごとに上水が引き入れられ、長屋の住人が井戸のようにくみ上げて使います。では、下水はどうしたかといいますと、上水が来た方向とは逆に流れ出るようにし、敷地境界線に沿って下水溝が設けられました。ただ現在とは違い、下水といっても屎尿はお金になりましたので流すことはありません。ほとんどゴミを出さない江戸時代、下水は洗い物などで出る雑排水、あるいは雨水が主です。

この排水路が町屋敷の境界に集められます。後に新道となりますが、下水溝に板で蓋をして人が通れるようにしたことから「ドブ板新道」の名が付けられました。

話が少し脱線しましたが、並木通りから先はどうなっているのでしょうか。さらに先を歩くことにしましょう。並木通りの歩道と車道の境界から次の裏通りまでも約40メートルと等間隔にブロックの幅が続きます。さてその次はというと、西銀座通り(外堀通り)に出るまでのブロック幅が急に狭くなります(61)。このあたりは幅京間60間四方の街区を整然と並べた寛永期の江戸とは明らかに異なる空間の仕組みに思えます。私たちは、明暦の大火以降に銀座が激しく都市再編した場所に今立っています。西銀座通りは、明暦の大火以降に他の裏通りと同様に新しく整備されました。ただし、道幅は横丁(よこちょう)と同じ京間4間(約8メートル)、新道よりも2、3メートル幅が広くなります。現在の西銀座通りの道幅は銀座通りと同じ幅の約27メートルですから、19メートル道幅が拡幅されたことになります。関東大震災(かんとうだいしんさい)後の復興事業(ふっこうじぎょう)で拡幅されました。東側のブロックだけが道路用地として削られ、現在のように幅の狭いブロックとなったのです。西銀座通りの東側には、当時の大地主である紙商の吉田嘉助(よしだかすけ)、時計商の小林伝次郎(こばやしでんじろう)の土地が多くの面積を占めていました。彼らは、地元の名主であり、率先(そっせん)して道路用地に土地を提供します。吉田嘉助は、西銀座通りが銀座通りのように魅力的なストリートに変貌することを強く望んでおり、そのための努力を多いにしてきた人物でした。

みゆき通りの北側、現在の銀座五丁目も、明暦の大火以降に大きく町割りを変えました。まち歩きをしていて、少し勇気を出して路地に踏み込めば、その様子を確認できます。それだけでなく、新しい発見もあります。文藝春秋別館(ぶんげいしゅんじゅう)と塚本不動産(つかもとふどうさん)ビルの間に路地があります。そこには、文藝春秋が近かったこともあり太宰治(だざいおさむ)な

62.「鳥ぎん」のある路地

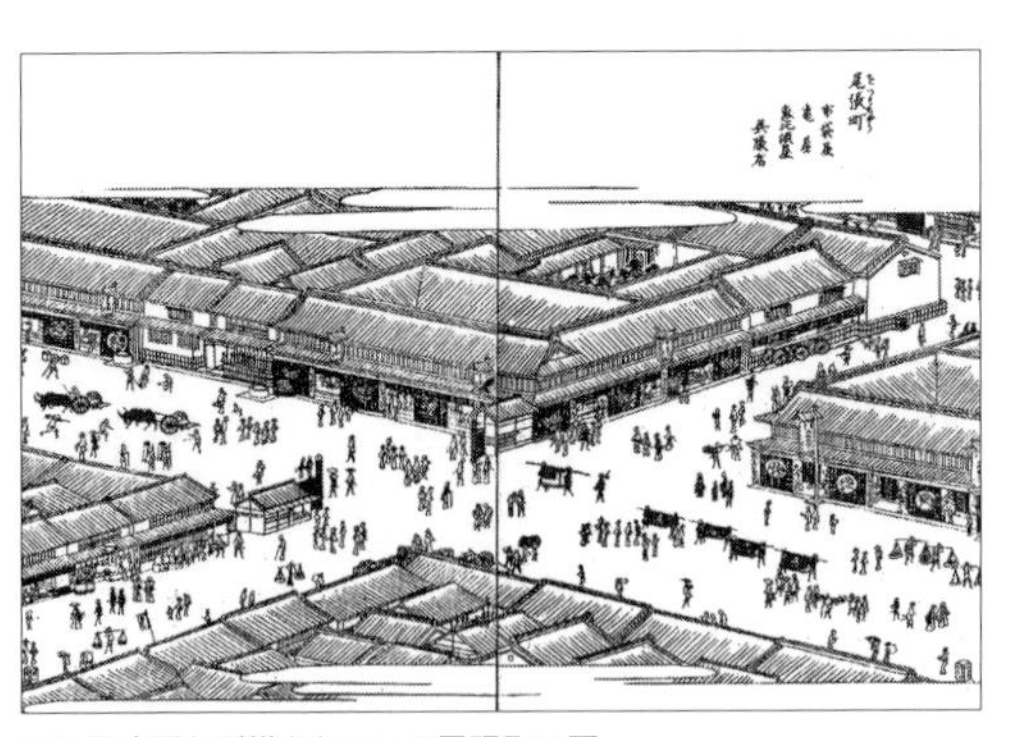

63. 銀座通りが描かれている尾張町の図

どの文豪が集うバー・ルパンがあります。路地はみゆき通りと直交して延びており、明暦の大火後に再編された江戸時代の路地を想起させます。路地の奥には鳥ぎんの店のある路地があります(62)。この路地はどのように考えたらよいのでしょうか。実は『江戸名所図会』に登場する由緒ある道です(63)。絵をじっくりと見ながら考えてみましょう。絵には、広い立派な道が2本交差するように描かれています。そのうちの1本、絵のなかで左から右下がりに通る道は現在の銀座通りです。立派な商家が並びます。絵の左端に大黒様を染め抜いた暖簾が下がり、看板には恵比寿屋の屋号が書かれています。現在の名鉄ニューメルサのあたりに恵比寿屋は店を構えていました。江戸の終わりころは三井呉服店と肩を並べるほどの豪商となり、名鉄ニューメルサの敷地規模まで拡大します。絵は恵比寿屋が敷地を拡大する以前の様子が描かれています。しかしながら、現在の道と重ね合わせてみると、左から右上がりに通る道が現在見当たらずに躊躇します。どうしたのでしょうか。明治初期の煉瓦街建設でこの新道が失われ、銀座通りと平行する裏通りを新しく通したために、銀座で唯一東西方向に延びる新道(現在の裏通りに相当する道)が失われてしまったと思われてきました。あまり意識されていませんが、新道は路地化されながら立派にその痕跡を今に残し続けてきたのです。

花開く江戸独特の文化

興味深い路地を歩いたところで、西銀座通りを抜け、さらにみゆき通りを泰明小学校の方へ進むことにしましょう。通りは左に折れ曲がります（61参照）。銀座で通りが折れ曲がる場所は唯一ここだけです。これからは少しディープな話となります。まず折れ曲がったみゆき通りの歴史を簡単に辿ることで、話を進める糸口にしたいと思います。慶長17（1612）年に銀座が最初に整備された時、みゆき通りは真っ直ぐな道でした。明暦の大火以降、道が山下橋に向けて曲げられます。明治5（1872）年の煉瓦街建設の時には再び真っ直ぐになり、関東大震災以降にもう一度曲げられ今日の姿になります。地震や大火の後の都市再編によって、みゆき通りが道を曲げられたり、真っ直ぐにされたりしてきました。ここでは、明暦の大火を挟む江戸初期と江戸中期、さらに江戸後期を比較することで、都市空間の変化と、道路新設に伴う街区の整備のあり方を検証します（64）。

明暦の大火以降は、幅60間、中央に会所地（かいしょち）を設けた「井字型街区（いじがたがいく）」にこだわらず、南北に新設道路を通す都市再編が進められました。先ほど話に出た西銀座通りです。室町時代以前の京都の格式を重んずるより、豊臣秀吉が大坂で試みた短冊型に敷地割りされた合理的なブロックの仕組みへと変化する流れがありました。

もう少し詳しく町屋敷単位で見ていきますと、都市再編した新設道路（西銀座通り）沿いの町屋敷は寛保（かんぽう）4（1744）年の沽券図（こけんず）にはいずれも京間で表示されています。1710年代（宝永7〜享保4）の間は敷地を測る尺度が京間から田舎間（いなかま）に切り替わる時期です。江戸時代は、現在でいう土地の税金を間口で徴収しましたから、尺度が切り替わったとたんに、8パーセント強の増税となります。それはともかくとして、新設された道路沿いの街区整備は少なくとも明暦以降宝永までの半世紀の間に行われた可能性が高いことになります。

次に、みゆき通りに目を向けてみましょう。山下橋に向かう道路沿いの街区が江戸建設当初の井字型街区の中央を東西にぶち抜くかたちで新たな街区の再構成がありました。その痕跡が江戸後期においてもはっきりと残り続けます。ではなぜこのような乱暴な都市整備に向かわせたのでしょうか。

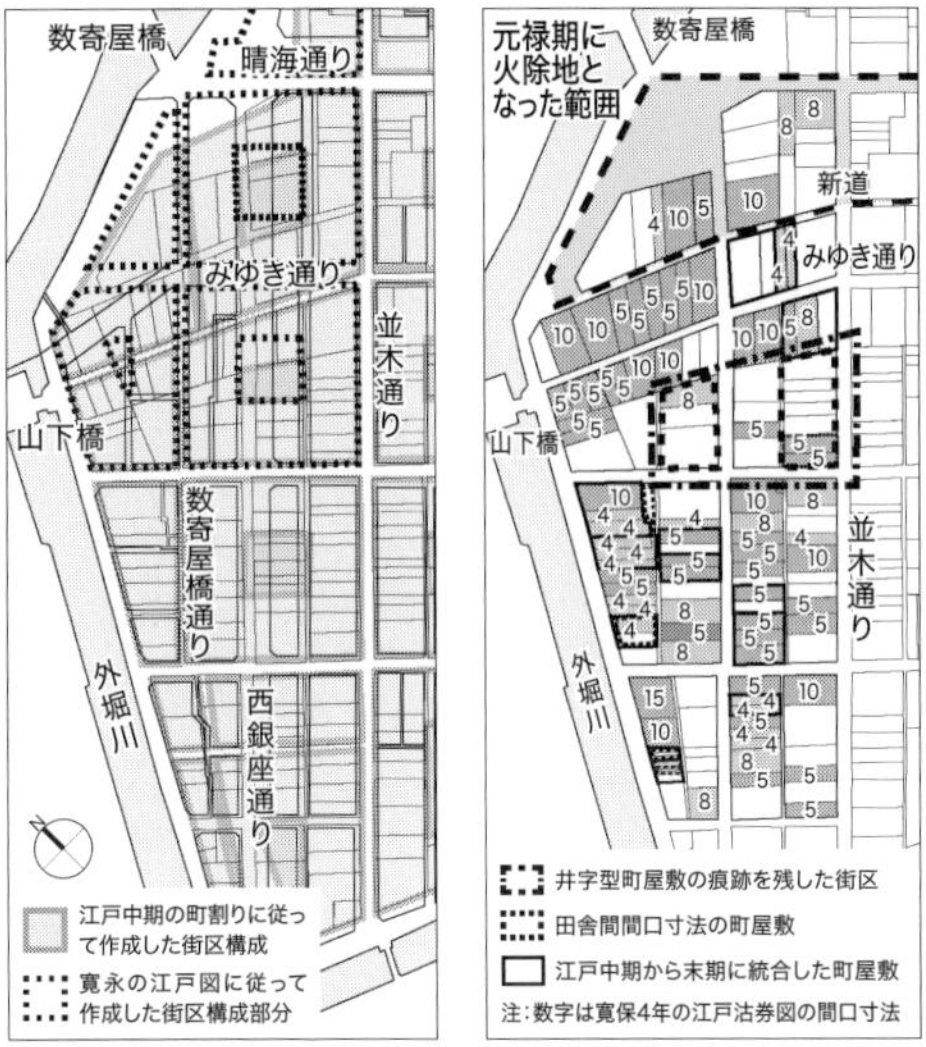

寛永期の江戸図を見ますと、このあたりが他と同様に南北の通りに沿って真四角の街区が整然と並べられている状況を確認できます。江戸建設当初、整然と60間の井字型街区が並べられていたとしますと、その街区の辺をなす横丁（現・晴海通り）と通り（現・数寄屋橋通り）は数寄屋橋で交わることになり、二つの道がいずれも城内に向かう方向軸を示します。少なくとも、寛永期の時点では、みゆき通りと接合がずれる山下橋よりも、二つの道が交わる数寄屋橋の方が遥かに強い求心力があったと考えられます。

64. 江戸期の都市再編手法（江戸時代の初期・中期・後期の比較）

明暦の大火後に数寄屋橋周辺と晴海通り沿いは大きく変化しました。元禄年間（1688〜1703）には、城内に近い数寄屋橋前が広大な空地となり、横丁（現・晴海通り）沿いも数十メートルの幅で火除地としてオープンスペースになります。火除地は元禄16（1703）年の大火の影響と考えられます。広大な空地では、賑わいのある町並みをつくりだすことができません。綱吉の後を継いで徳川家宣（1662〜1712）が6代将軍となった宝永6（1709）年以降、浜御殿が将軍家別邸となり、江戸城から浜御殿に向かうルートが重要視されます。このような流れのなかで、町人地と、城内や武家地との係りをもつ橋として山下橋が浮上したのではないかと想像されます。

幕府は、数寄屋橋周辺に町場をつくれなくなり、明暦の大火以降数寄屋橋に向かう象徴軸を山下橋で補おうとします。その手法として、他の下町では見られない強引な整備手法が用いられたのです。山下橋に向かう道路沿いの街区整備が行われ、通りに商家の建物が顔を向けた賑わいの場に変化しました。みゆき通りが左に曲げられ、通りと橋の関係も密になります。宝永年間（1704〜10）には、数寄屋橋前の空地を一部残し、火除地の大半が再び市街化されます。従いまして、晴海通り沿いが空地となっていた時期はわずか十数年間でした。これにより、都市空間の大きな変化が起きました。もう少し細かく時代を検証してみましょう。晴海通り沿いが火除地となる以前の町界のわかる延宝年間（1673〜81）の地図からは、山下橋に向かう道路周辺の再整備が完成した状況であったとわかります。このことから、元禄期に火除地となる以前に、山下橋に向かう新しい道がすでにできており、それに沿う市街地もできたことになります。とすると、晴海通りが火除地となったために、晴海通りの代替えとしてみゆき通りが山下橋とうまく接続するように左に折り曲げられたわけではなく、東西軸の新たな賑わいの場を創出する狙いがはじめからあったと考えられます。ただ、現状では都市改変してまでなぜ東西軸を整備しなければならなかったかという直接的な要因を明らかにできていません。

第3章
成熟した江戸文化の開花

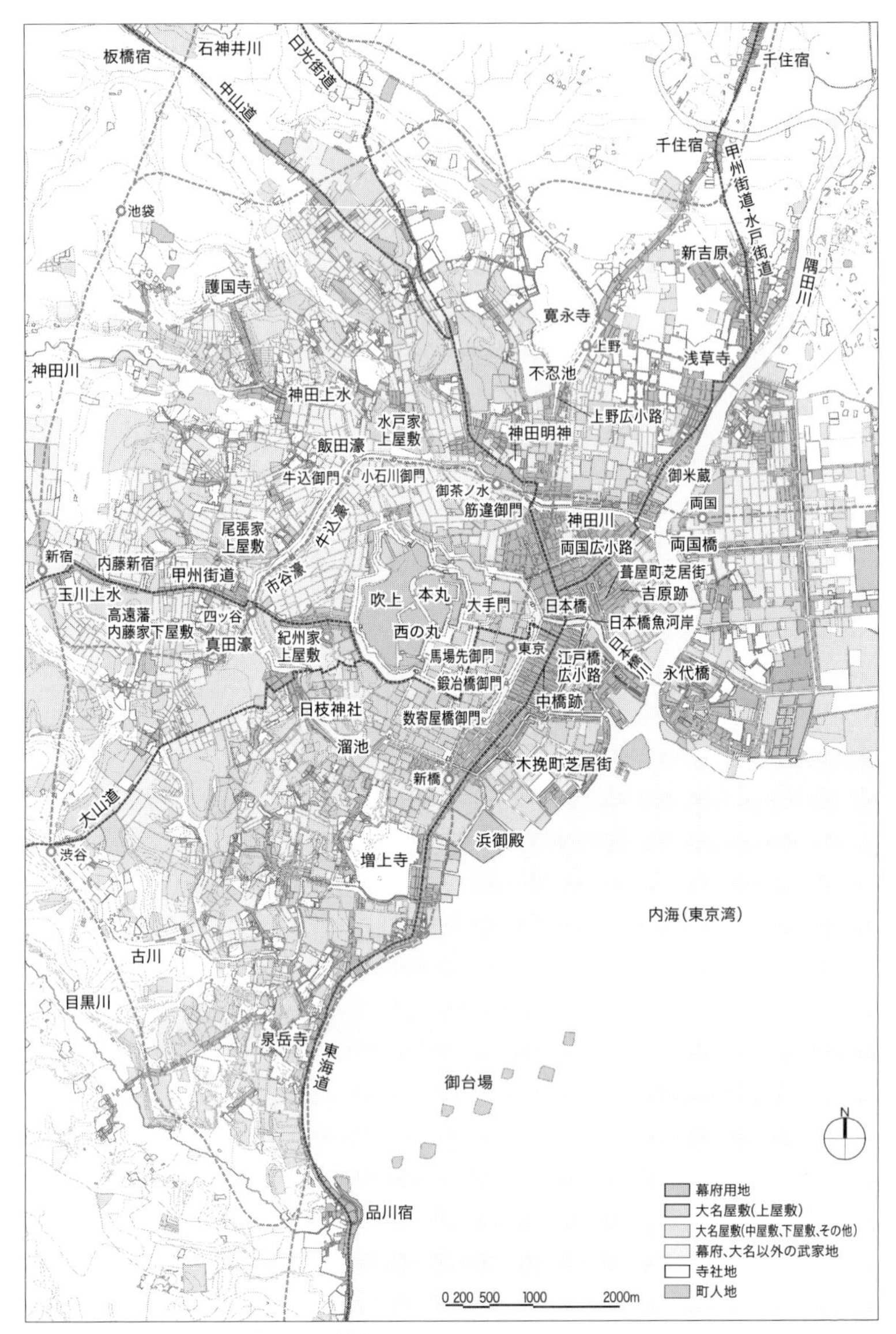

65. 面的に広がる江戸時代後期の町人地

1 江戸庶民の賑わいの場

大店「越後屋」は江戸のランドマーク

江戸の町人地は、商工業のエリアが北から神田・日本橋・京橋・銀座と連続し、しかも面的に広がります。元禄あたりからは、町人の経済的バックボーンに支えられ、江戸の町人地が賑わいを呼ぶ名所としても着目されるようになりました(65)。その中心が日本橋です。日本橋は、五街道の基点として慶長8(1603)年に架けられました。北東の橋詰に高札場が立ち、多くの人たちが集う場となります。その橋のたもとから日本橋川河岸沿いには江戸の台所といわれた魚河岸があり、日々鮮魚が運び込まれました。百万都市江戸でもっとも賑わう場所として、多くの絵師たちが日々賑わう魚市場の様子を描きます(66)。

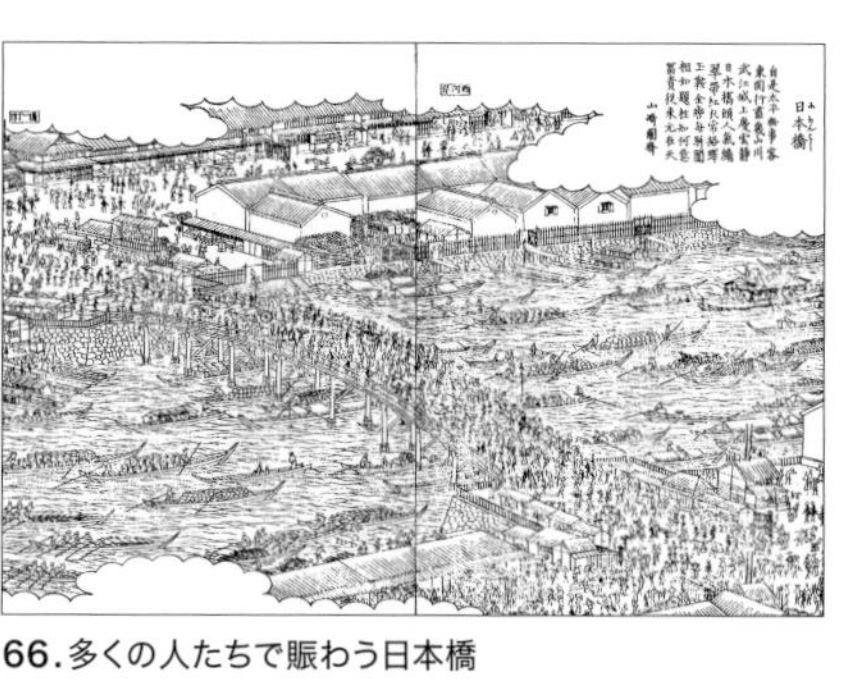

66.多くの人たちで賑わう日本橋

日本橋界隈は、大店が軒を連ねる江戸随一の商業地です。日本橋のメインストリートは薬種問屋や呉服問屋が店を出す本町通りでした。日本橋通りもまた、多くの人で賑わいます。この通りの東側を今川橋から日本橋まで、連続的に描いた絵巻『熙代照覧』には商いにいそしむ商人の姿、往来する様々な風体の人たちが生き生きと描写され、活気に満ちた通りの様子がうかがえます。駿河町の交叉点には繁栄を極める三井呉服店、越後屋が江戸城へ向かう

67.駿河町の町並み

68.朝鮮通信使の行列とそれを見守る観衆

道の両側の土地を大きく占めます。

越後屋は、伊勢松坂町（現・三重県松坂市）出身の三井高利（1622〜94）が創業者です。延宝元（1673）年、江戸本町一丁目（現在の日本銀行所在地あたり）に「越後屋」を屋号とした呉服店が開店します。商いをはじめたころの建物間口は京間9尺（約3メートル）と小さく、借り店舗からの創業でした。開店してから10年後の天和3（1683）年、三井呉服店の「現金掛値なし」を掲げた斬新なスローガンは有名です。現在では当たり前となった正札販売を世界で初めて実現し、富裕層だけが手にできた呉服を広く一般庶民層にまで拡大させることに成功しました。さらに幕府御用達の商人となって以降は、押しも押されもせぬ江戸の大店となり、商いのサクセスストーリーを実現させます。名所絵では、富士山を背景にして、通りの両側に京間1間（約2メートル）の庇に大暖簾が下がる越後屋の大きな店を描く構図が一般化しました(67)。

徳川家康が入府した当初から、江戸の町人地は京間1間の庇を出すことが義務付けられます。現代的に考えれば、店にとっても、通りの賑わいを店に引き入れるには奥の深い庇が何とも無用の長物に思われたかもしれません。ただ朝鮮通信使の行列と、桟敷となった庇下で観覧する人たちの様子を描いた絵を見ますと、どうして家康が執拗に京間1間の庇を義務づけたかがわかります(68)。まさに、賑わいを呼ぶイベント空間の道具として、家康は通りに面した庇下を考えていたのでしょう。

空地から賑わいの場へ、変貌する広小路

明暦の大火以降、火事対策の一つとして建物の密集する町人地に空地が設けられます。江戸橋、両国橋、上野などにできた広小路です。江戸幕府は大火が起きるごとに、火除地として広大な土地を更地にし、延焼を食い止めようとしました。ただ、いつまでも空地のままであったわけではありません。仮設の小屋が次第に建ちはじめ、賑わいの場に変化します。江戸橋広小路の江戸橋、両国広小路の両国橋のように、特に橋と結びついた広小路は非日常化した大イベント空間に変貌していきました。

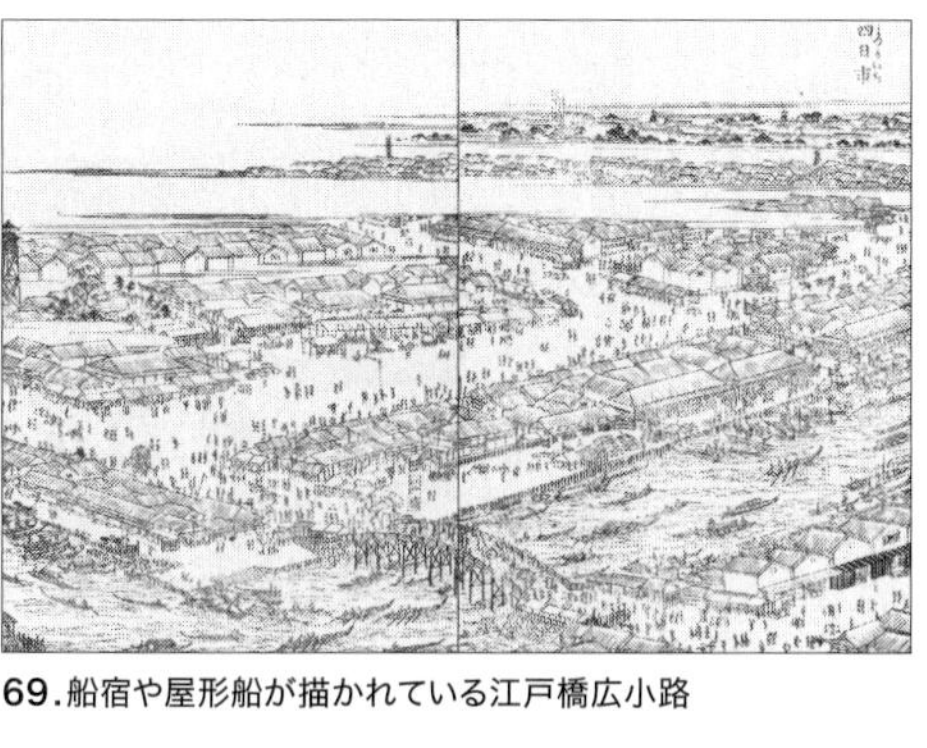

69. 船宿や屋形船が描かれている江戸橋広小路

『江戸名所図会』の「江戸橋広小路」の挿絵からは、江戸橋の橋詰に漁船や乗合の船が雑多に集まる様子がうかがえます(69)。南側の橋詰には船宿があり、隅田川へ舟遊びに繰り出す屋形船が停泊しています。南西側は木更津河岸と呼ばれる河岸湊があり、江戸湾を隔てた木更津から木更津船が発着しました。この江戸橋から東に位置する日本橋までの南側一帯が

70.双六の「上がり」にも描かれた両国の花火

明暦の大火後防火のための空地となった江戸橋広小路です。江戸の商業の中心地・日本橋界隈ということもあり、幕府はいつまでも空地のままにしておけず、その後仮設小屋の建設を許可しました。元禄7(1694)年には日本橋川河岸沿いに限って恒久的な建築が許可されます。享保5(1720)年になると、江戸橋広小路の内側にも許可の範囲が広がり、不燃化された建物が建てられました。東西に延びた広い道の両側には狭い間口の床店が軒を連ね、その中央南側付近に遊興の場が設けられ、賑わいの中心となります。

隅田川沿いに目を向けますと、両国橋のたもとに両国広小路が設けられました。明暦の大火の時は、隅田川にはばまれて逃げ場を失い、多くの人たちが火にのまれ死傷する大惨事となります。それを機に、千住大橋の他、隅田川に架かる第2の橋として大橋(両国橋)が万治2(1659)年に架けられました。当初幕府は大橋と名づけますが、通称として武蔵と下総の二つの国の境界に架かることから両国橋と呼ばれるようになります。貞享3(1686)年以降、下総国だった南葛飾郡が武蔵国へ編入されても、両国橋の名は残り続けました。「両国」の名は広小路などに残り続け江戸庶民に親しまれてきたのでしょう。

両国橋が架設された時、江戸が隅田川の東側、本所深川方面への市街拡大の足がかりとなります。享保18(1733)年になりますと、江戸で多くの人たちがコレラの流行と大飢饉に見舞われます。その慰霊と疫病退散の祈願を目的に、両国の川開きの日に水神祭が実施され、その時に打ち上げ花火が恒例化しました(70)。両国広小路には仮設の見世物小屋や茶屋などが建ち並び、人々が集う場としてさらに拍車がかかります。名所双六の「上がり」に両国橋広小路と隅田川の花火が多く選ばれており、両国橋周辺が江戸を代表する賑わいの名所だった証しといえます。

娯楽の殿堂、芝居と遊廓

芝居街と花街は、江戸を彩り、賑わいを象徴するアミューズメント空間として、虚構の世界をつくりあげました。芝居の役者は現代のトップスターをしのぐ人気があり、参勤交代で江戸に住まう大名や江戸城の大奥の女性たちをとりこにします。柳沢吉保の孫にあたる柳沢信鴻は、早々に隠居し、芝居見物三昧と洒落込みました。その様子が『宴遊日記』に書かれています。また遊廓の花魁も、流行を先導するファッションを着こなす現代のスーパーモデル顔負けの象徴的存在でした。町方の若い娘たちはそのファッションに一喜一憂し、着こなしや髪型を日常の生活に取り入れて真似ます。花街は男たちだけの娯楽の場ではなかったようです。

江戸の芝居小屋は、京の都で猿若舞を創始した猿若勘三郎が中橋南地に猿若座の櫓を寛永元(1624)年にあげます。中橋は、現在の中央通りと八重洲通りが交差するあたりにありました。八重洲通りはかつて船入堀の紅葉川が掘られており、その上に架けられた橋です。

興行に成功していた猿若座でしたが、中橋が江戸城に近く、風紀上がよろしくないとのことで移転させられます。寛永9(1632)年には禰宜町へ、さらにそこからほど近い堺町(現・中央区日本橋人形町三丁目)に慶安4

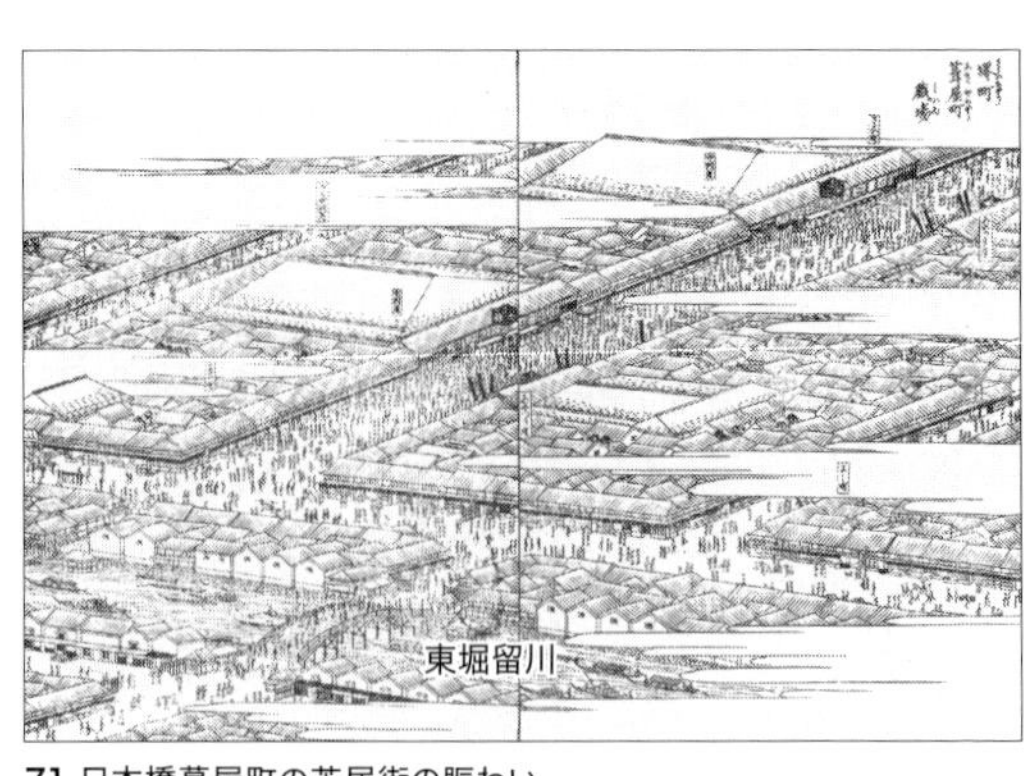

71.日本橋葺屋町の芝居街の賑わい

（1651）年移転して落ち着きます。その時、座元の姓である中村を座名に変更して中村座と名乗りました。中村座の移転に先立つ寛永11（1634）年には、堺町の隣の葺屋町に村山又三郎が村山座の櫓をあげます。経営があまりうまくいかず、市村羽左衛門が承応元（1652）年に興行権を買い取り、市村座を起こしました(71)。

日本橋とともに、木挽町にも芝居街が形成されます。山村小兵衛が寛永19（1642）年木挽町四丁目（現・中央区銀座五丁目昭和通り東側）に山村座の櫓をあげ、それがはじまりとなります。その後の慶安元（1648）年、河原崎権之助が木挽町五丁目（現・銀座六丁目昭和通り東側）に河原崎座、万治3（1660）年には森田太郎兵衛が同じ木挽町五丁目に森田座の櫓をあげます。一の橋（木挽橋）を挟み両側の木挽町四、五丁目界隈は、一時日本橋の堺町・葺屋町に匹敵する芝居町として賑わいました。しかし寛文3（1663）年になりますと、変化が起きます。河原崎座が座元の後継者を欠き休座となり、森田座が吸収合併しました。さらに正徳4（1714）年には、大奥仕えの江島が山村座の役者・生島の開いた宴の門限を過ぎたことに発端した江島生島事件に連座し、山村座座元の5代目山村長太夫が伊豆の三宅島に遠島となり、山村座が廃座します。この事件が起きた背景には、いろいろな憶測がうごめきました。少なくとも、歌舞伎が庶民の娯楽の領域を越えて大奥まで浸透するほどの社会的な強いパワーとなっていたことは確かです。幕府も一個人の問題にとどめず、関係者の大量処罰へと向かわせるほど、風紀上の問題が表面化した事件といえます。

さて、木挽町の芝居街は、森田座がただ一座残るのみとなり、木挽橋の南側、木挽町五丁目に芝居街のエリアが縮小してしまいました。その森田座も経営が年々悪化し、享保19（1734）年にはついに休座に追い込まれます。幕府は芝居街の灯を消すと治安の面からも望ましくないと判断したようで、町奉行所が座の再興を図りました。その妙案が控櫓による一時的な代行でした。控櫓とは、かつて官許を得ながら廃座になった河原崎座、都座、桐座がピンチヒッターとして櫓をあげることです。河原崎座は享保20（1735）年に森田座を代行しており、延享元（1744）年には再興した森田座に興行権を返還しました。これ以降は、控櫓が本櫓をサポートする江戸独自のシステムを確立し、江戸の芝居街の経営が持続的になります。

72.現在の銀座六丁目付近にあった木挽町芝居街

『江戸名所図会』の「木挽町芝居街」と題された絵には、木挽町五丁目（現在の銀座六丁目付近）の森田座の小屋を中心に、芝居で賑わう様子が詳細に描き込まれます（72）。『江戸名所図会』は1830年代に出版されますが、絵が描かれた時期は40年ほど前の寛政期といわれています。芝居で賑わう多くの人たち光景の左中央下には、一の橋（木挽橋）が見え、三十間堀川には客を乗せた屋形船が浮かびます。その後天保の改革（1840〜43）を進める水野忠邦（1794〜1851）によって浅草寺

73.寛永期の吉原周辺

の北、猿若町に天保13（1842）年移転を命じられるまで、長らく日本橋と木挽町が芝居街の二大拠点として、江戸の賑わいの中心でした。

次に、江戸の遊廓を見ることにしましょう。大坂の陣（1614・15）の大きな戦乱が終わり、徳川幕府は江戸城の大普請を進める一方で、全国を支配する天下の城下町にふさわしい江戸にするために、風紀を乱す遊女屋に対してたびたび移転を命じました。移転の多さに困った遊女屋は、庄司甚右衛門が代表となり遊廓設置の陳情をします。ただ、直ぐには許可がおりませでした。数度陳情が繰り返された後、慶長17（1612）年にやっと受理されます。それからがさらに大変で、5年が過ぎた元和3（1617）年になり、何とか江戸初の遊郭「吉原（葭原）」の設置が許可されました。幕府からは、葦屋町とよばれる二丁（約220メートル）四方の区画、東堀留川の東側河岸の裏手（現在の日本橋人形町あたり）の埋立地が提供されます（73）。隅田川河畔の湿地帯を埋め立てて誕生させた土地には、吉原の他、幕府の御材木蔵、大名屋敷、寺院などが次々とつくられていき、外縁にあったはずの吉原がいつしか江戸市街に取り込まれるかたちとなりました。大名屋敷や町人地が隣接する吉原は、火事で幾度か焼失します。大火になる恐れもあり、幕府は明暦2（1656）年に吉原の移転をすでに命じていました。翌年の明暦の大火による類焼が原因となり、浅草寺裏の日本堤への移転が具体化します。吉原が移転するまで、東堀留川の東側には芝居街が隣接しており、四半世紀ほどの間、文化発信の拠点であり続けました。想像を絶する華やかさと賑わいが充満した世界をつくりだしていたのでしょう。当時にタイムスリップしてみたい気持ちが湧いてきます。

江戸庶民の遊興としての宿場町と「縁切り榎」

慶長9（1604）年に五街道が整備され、すべての街道は日本橋を基点に放射状に延び、全国につながります。それらの街道沿いには宿場町が設けられます。江戸から最初の主な宿場町が千住、品川、内藤新宿、板橋の四宿でした（65参照）。地方から江戸を目指す時は、四宿が最後の宿場となり、江戸から出発する場合は最初の宿場となります。しかし江戸の宿場町は旅人のためだけにあったわけではありません。江戸にもっとも近い四つの宿場には、江戸に住まう人たちが訪れ、遊興を楽しむ場でもありました。日本橋から各宿場まで8キロメートル程度ですから、車に乗ることに慣れてしまっている現代人と違い、日々歩くことが基本の江戸の人にとって、日帰りで訪れるには充分可能な距離です。江戸の周縁にある宿場は、江戸の人たちの遊興の場にふさわしい環境を備えていました。

四宿の規模を天保15（1844）年ころの宿内人口と家数から比較しますと、千住宿（9556人、2370軒）、品川宿（７０００人、１６００軒）、内藤新宿（２３７７人、６９８軒）、板橋宿（２４４８人、５７３軒）の順となります。四宿のなかでは、千住宿がもっとも大きな規模の宿場町でした。千住宿は、宿場となる以前から水上交通の要所でもありました。享徳の乱（１４５５～８３）で下総国を追われた千葉氏嫡流の武蔵千葉氏が浅草付近の武蔵石浜城に拠点をおき一帯を支配するとともに、意図的に千住の物流拠点を掌握しています。千住は古くから水陸の重要な拠点だったのです。

徳川家康が江戸に入府して間もない文禄３（１５９４）年には、千住大橋が唯一隅田川に架けられました。江戸城の守りとして、初期の段階で大きな川に橋を架けない方針が広範囲に貫かれます。ただし、千住は軍事的な優位性以上に、江戸にもたらされる経済効果が上回ると考えたのかもしれません。その後の千住は、架橋の恩恵を受け、日本橋から延びる日光街道と奥州街道の最初の宿場として急速に発展します。その背景に、水上交通がありました。隅田川上流には荒川や新河岸川があり、川越など現在の埼玉方面から江戸に運ぶ物資輸送の中継地として千住宿が重要な位置を占めます。享保年間（１７１６～３５）には、野菜市場や地元近隣でつくられた米を専門に扱う米問屋街ができ、食文化を充分武器にできる環境が千住宿にはありました。

次に江戸の北に位置する千住宿から南下し、東海道沿いにある品川宿を訪ねてみましょう。品川宿は、中世から繁栄する品川湊を受け、慶長６（１６０１）年に短冊状の町割りが東海道沿いに再整備されます。長く延びた宿場町が形成され、内陸側には街道から参道を通して古代、中世に起源を持つ寺社が数多く配置されました。宿場は目黒川に架かる品川橋から北が北品川、南が南品川となります。後の享保７（１７２２）年には、茶屋町だった北品川歩行新宿が新たに加わり、三つの宿に規模を拡大させます。

品川宿は、東海道を参勤交代で江戸に向かう武士たちがここで身支度を整える場所でした。同時に、日本橋からは2里(1里=約4キロメートル)と日帰り可能な距離にあり、江戸の人たちを見込んだ飲食関係の店が多く建ち並びました。『江戸名所図会』の「品川驛」と題した挿絵を見ますと、当時の品川宿が海に面して成立していたことがよくわかります(74)。海面との高低差が数メートルあり、旅籠は高低差を利用して地先に宴会や宿泊のスペースを広げ、海の眺望を売りにしました。絵には眺望を楽しみながら宴に興ずる人たちの姿が見て取れます。視線を街道に向けると、武士や町人が籠に乗り、あるいは徒歩で行き来する人たちが丹念に描写されています。物売りや馬に乗った侍も見受けられます。街道沿いの店先には、新鮮な魚介類がならべられ、宿場近くに漁師町があることを暗示させます。品川宿は、四宿のなかで唯一漁師町を抱え、内海(東京湾)との結びつきが強い環境にあり、祭の時神輿を海中で担ぐ勇壮な海中渡御が行われることでも江戸庶民に知られた場所でした。南品川の荏原神社が南の天王社、それに対して牛頭天王社は北の天王社と呼ばれました。天王祭の時、牛頭天王社の神輿は北品川の宿を抜け品川橋の上で荏原神社の神輿と行きあい、神輿が海中渡御のために海へ向かいます。

甲州街道では、慶長7(1602)年日本橋から数えて最初の宿場が高井戸宿でした。高井戸宿は、品川宿のように日帰りできる行楽地でもなく、他の千住や品川と比べて倍の距離です。江戸の人が利用するには大変不便でした。江戸の遊興の場にもならないことから、日本橋から高井戸宿間の伝馬役

74. 海に面していた品川宿

を引き受ける日本橋伝馬町と高井戸宿の負担は大きかったようです。高井戸に宿が設けられた時は、まだ玉川上水が整備されておらず、甲州街道沿いで水の供給など宿場としての最初の適地が高井戸宿くらいでした。玉川上水が通されると、宿場の適地の選択肢が広がります。元禄10（1697）年には、高松喜兵衛など5名の浅草商人が甲州街道の日本橋と高井戸宿の間に新しい宿場の開設を幕府に願い出ました。翌年に宿場開設の許可がおります。2年後には、甲州街道が青梅街道との分岐する付近、内藤新宿に新たな宿場が開設されました。浅草商人がわざわざ宿場開設を願い出た理由は、この地を新たな遊興地・行楽地として利益を上げる狙いがあったからです。宿場内は次第に旅籠屋や茶屋が増え、岡場所としての賑わいも見られるようになりました。ただ風紀取締を強化する享保の改革により、内藤新宿は宿場開設から20年足らずで廃止に追い込まれます。その後、10代将軍徳川家治の治世（1760〜86）となり、消費拡大政策を推進する田沼意次（1719〜88）が幕府内で実権を握ったことから、新たな展開がありました。明和9（1772）年、内藤新宿は五十数年ぶりに再開することができ、再び江戸庶民の遊興の場に変貌します。

四宿の最後は板橋宿です。この宿場は、石神井川に架かる「板橋」が宿場の名となりました。背後には加賀藩前田家の下屋敷が広大な敷地を占めます。中山道を使う大名行列も、加賀藩など極めて限られており、宿場の規模は四宿のなかでもっとも小規模でした。しかしながら、江戸時代の東海道は幾つもの川に渡しがあり、何日も足止めさせられることがありました。旅の行程に大きな支障があり、内陸側を通る中山道を経由する旅人も多く見られました。幕末には、徳川将軍家に嫁ぐ皇女・王女が甲州街道を通ります。10代将軍徳川家治の正室となる五十宮（閑院宮直仁親王の第6王女）、12代将軍徳川家慶の正室となる楽宮（有栖川宮織仁親王の第6王女）、14代将軍徳川家茂の正室となる和宮（仁孝天皇の第8皇女）は、ともに板橋宿の本陣に泊まり、江戸城に向かいました。言い伝えによりますと、板橋宿には不吉な名所がありました。街道の目印として植えられた樹齢数百年の榎の大木が街道を覆うように枝を張っており、その下を嫁入り・婿入りの行列が通ると必ず不縁になると信じられ、縁切榎と呼ばれていました。板橋宿に入る皇女・王女の一行も縁切榎を不吉としたのでしょう、それを避けるようにまえもって普請された迂回路を使って板橋本陣に入っていきます。江戸後期、板橋宿を経て江戸城に向かう皇女・王女たちは、皇室と幕府の関係を深める重要な役割を担い江戸に向かったのです。

2 将軍も見物した神田祭と山王祭

江戸市中を巡る神田祭

江戸は日本橋を中心とした商業空間が面的に広がり、芝居や色事に享楽する街の喧噪がありました。江戸特有の火事の多発により広小路など多くの空地が生みだされますが、その後は江戸庶民の娯楽の場に変貌します。ある種固定した場所での賑わいの他に、移動する賑わいとして祭がありました。祭の時には、山車や神輿が各町内を巡ります。浅草神社（現・台東区）の三社祭、富岡八幡宮（現・江東区）や荏原神社（現・品川区）の例大祭など、江戸市中で祭が繰り広げられました。特に、神田祭と山王祭は、祭礼の時に行列が江戸城内へと練り込み、将軍が御上覧する「天下祭」として有名です。町人地では京間1間（約1・97メートル）の庇下が桟敷に変貌

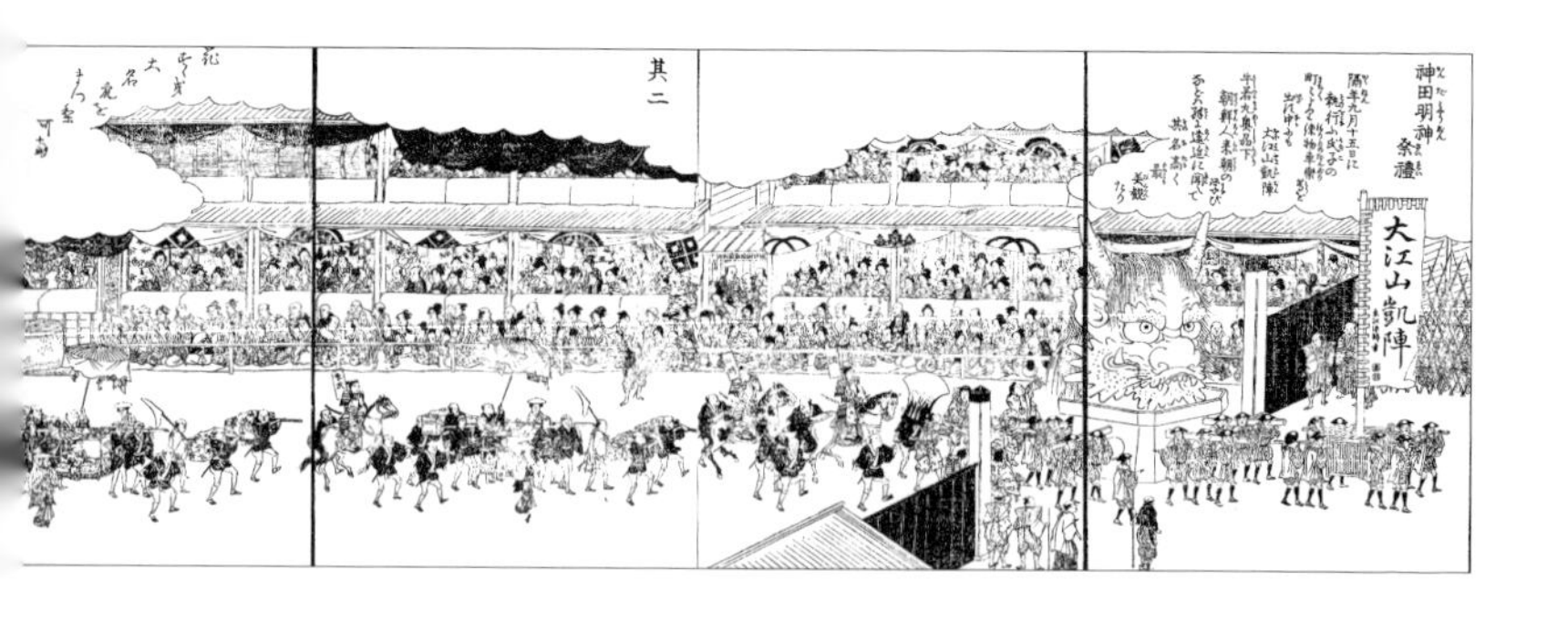

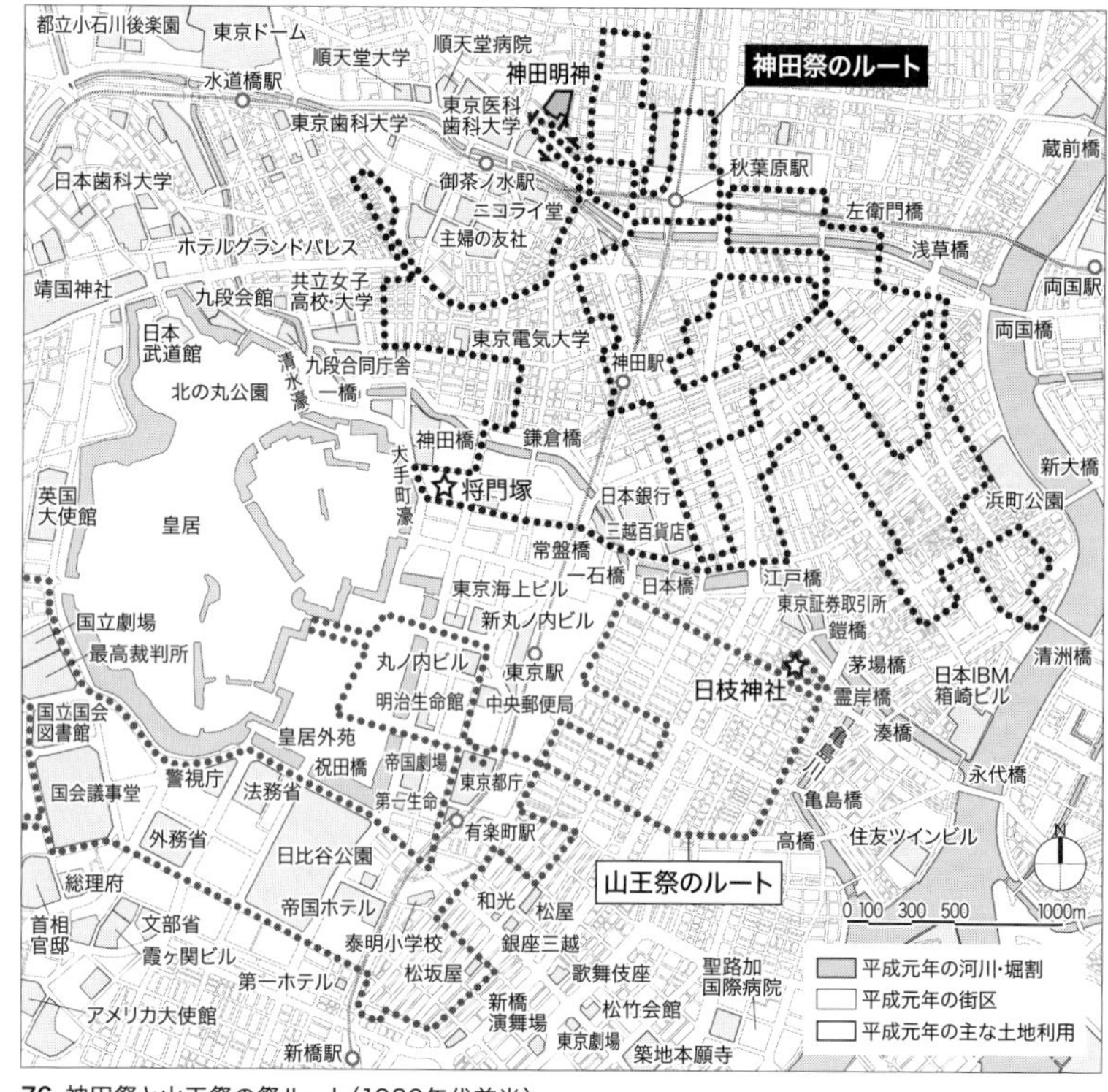

76. 神田祭と山王祭の祭ルート（1980年代前半）

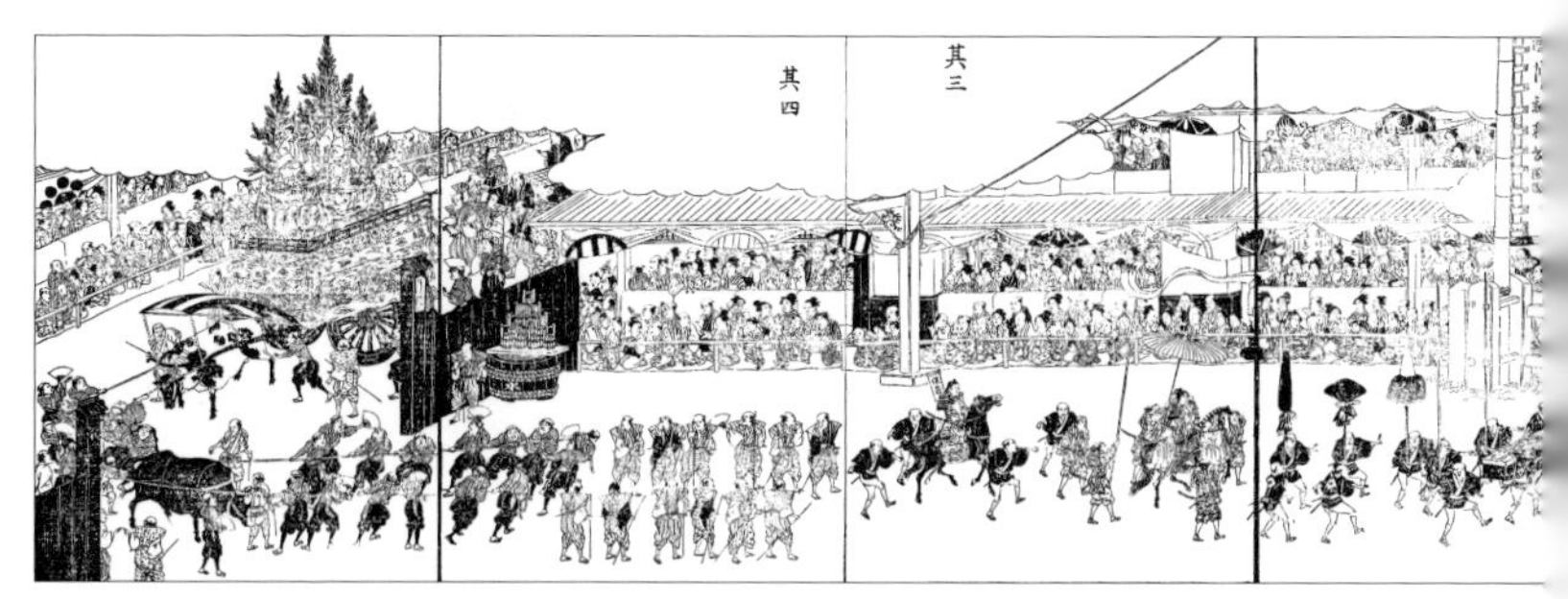

75. 神田祭の行列を眺める桟敷の人々

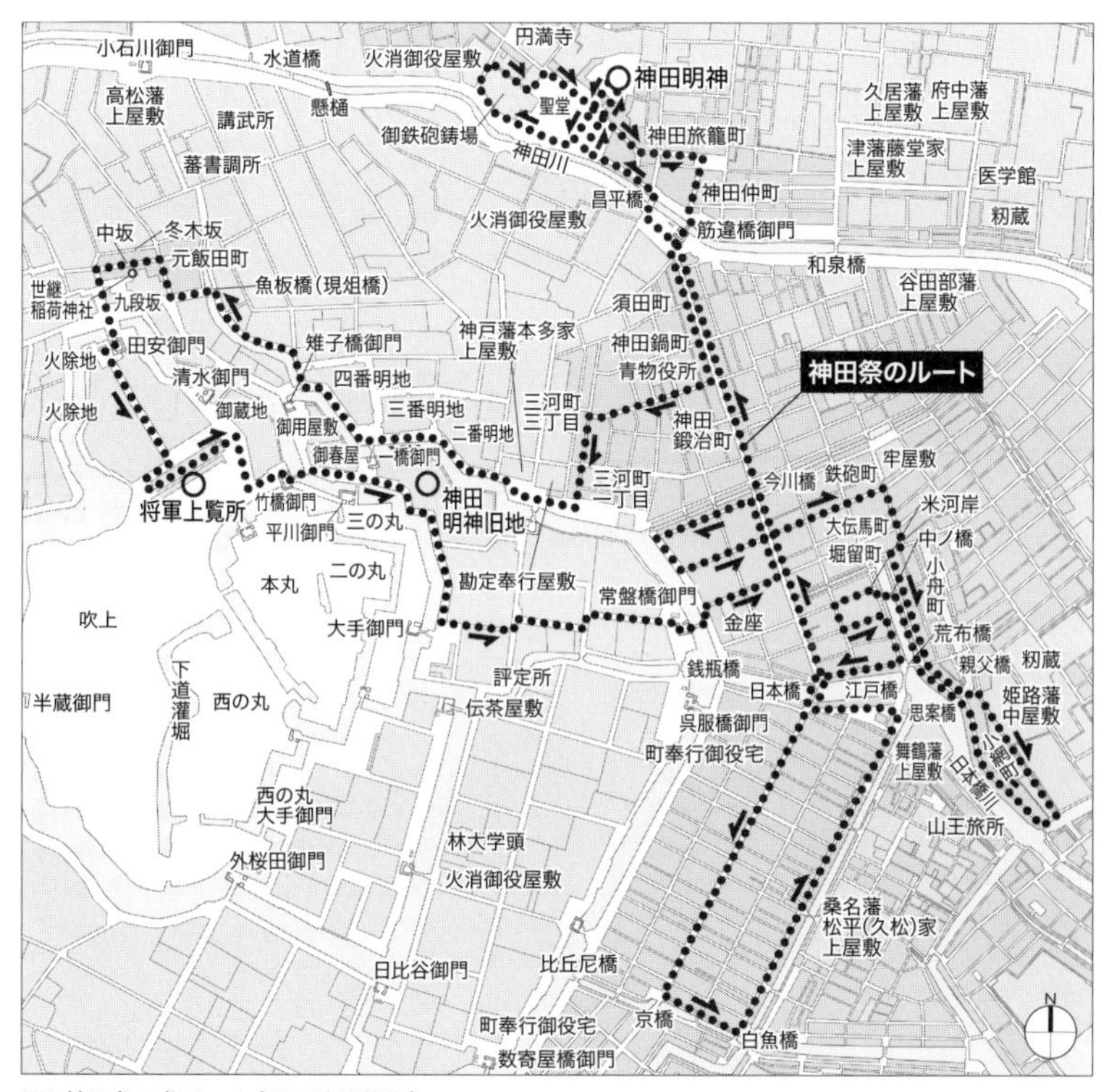

77. 神田祭の祭ルート(江戸時代後期)

し、祭を楽しむ場に変わります。大名屋敷地の沿道にも仮設の桟敷が設けられ、祭を見守る人たちで溢れかえりました(75)。仮設の桟敷から見物する人たちは一日がかりで江戸城内、武家地、町人地と江戸市中を練り歩く祭の行列を盛り上げます。「天下祭」と呼ばれた江戸時代の神田祭と山王祭に思いを馳せ、祭のルートをこれから巡ります。現在も、二つの祭は東京下町を神輿や山車が盛大に巡ります(76)。現在の変化した祭ルートと重ねながら、江戸時代の祭に加わることにしましょう。

神田明神の神田祭は、日枝神社（山王権現）の山王祭と隔年で祭が行われます。二つの神社に共通する氏子が多く、祭が盛大になればなるほど大きくなる負担を軽減する策でした。さて、神田明神から出発する祭のルートは、江戸市中をどのように練り歩いたのでしょうか。『江戸名所図会』が出された2年後に刊行された『東都歳時記』に、山車練り物の記述があります。それを参考に祭ルートを再現し、一緒に歩くことにしましょう。ルートを示したベースの地図は、『東都歳時記』が出版されてからほぼ20年後、安政年間（1854〜60）の土地利用をあらわす江戸後期の江戸地図を使っています。ルート周辺の町の様子を紹介しながら、江戸時代後期の江戸に思いを馳せてみましょう(77)。

『江戸名所図会』の解説によりますと、神田明神は御祭神として大己貴命と平将門の二霊だけを祀るとの記載から、将門への強い関わりとこだわりがうかがえます。『東都歳時記』が刊行された数年前、旧暦天保5年2月7日（1834年3月16日）には、神田佐久間町から発した火事が大火となります。幕末の江戸は火事が多発しますが、特に神田佐久間町が火元になる時はよく大火となりました。安政3（1856）年から安政5（1858）年にかけて制作された広重の『名所江戸百景』に「神田明神曙之景」と題された1枚の絵があります

(78)。祭の日の朝、神迎えをする明るい衣装の神官、巫女、仕丁たちは、眼下に旧暦安政2年10月2日（1855年11月11日）に起きた安政大地震後に各所から出火して、江戸市中を焼き払う大火となり、その爪痕が残る下谷あたりから隅田川に向けた市街を見ています。絵からは、手前の鮮やかな色と灰色を帯びた市街の暗がりとを対比させ、祭が復興の起爆剤になるようにとの願いが込められているかのように感じます。

地震が起こり、火事が多発する時世に、暗い世情を吹き飛ばすかのように神田明神の祭が盛大に繰り広げられました。神田祭の山車と神輿は、神田明神を未明に出発します。その後は、儒学者・林羅山（1583〜1657）がはじめた学問所、元禄4（1691）年にこの地に移った湯島聖堂の敷地沿いに祭の行列は進み、神田川の方へ向かいます。御茶の水河岸沿いの道を北上し、湯島聖堂に祀られる孔子の生まれ故郷、中国魯の国の昌平郷にちなんでつけられた坂名、昌平坂を上り切って右に折れます。鉄砲製造所の敷地に沿いながら、その先にある本郷竹町手前の道を右左右と曲がりながら湯島聖堂を一周し、神田明神前の道を通過していきます。

78.神官、巫女が描かれた「神田明神曙之景」

神田明神を過ぎた行列は湯島の坂を下りていき、外神田の町人地に入ります。旅籠町を通り、右に折れ仲町の脇を抜けます。東側の佐久間町あたりは、火事の出火元で名が知られており、行列をつくる人たちも、時に幾つもの焼け跡にできた原っぱの脇を抜けたのではないのでしょうか。

祭の行列は、神田川に架かる筋違橋を渡り、筋違御門を抜けます。将軍が寛永寺や日光東照宮へ出向く際にこの門を通ることから別名御成御門とも呼ばれました。ここから、井字型街区がつくりだす町人地、内神田に入ります。旅籠が多く集まる須田町を通り抜け、職人の町に入っていきます。神田鍋町を過ぎ、神田鍛冶町に入る手前の道を右に曲ります。慶長期にはすでに野菜を扱う市場だった青物役所を右に見て、祭の行列はさらに先を目指します。三河町三丁目を突き当たり左に曲がります。三河町は徳川家康が江戸入府の際、三河の下級武士を住まわしたことが地名となりました。後に武家地から町人地に変わります。神田は、町割りがされた当初、武家地と寺社地が多くを占めるエリアでしたが、明暦の大火を契機に、低地部分は次第に町人や職人が住む町に拡大していきました。

三河町一丁目を抜け、行列は日本橋川沿いにある神田河岸に出ます。道を隔てた河岸の右側には勘定奉行の屋敷、その先に神戸藩本多家の上屋敷があります。左に日本橋川を見ながら進むと、本多家の塀の先は「護持院ヶ原」と呼ばれる空地が長く続きます。「護持院ヶ原」とは、一番から四番までの番号が付けられた明地でした。かつて二番明地のあたりには、5代将軍綱吉の建立した真言宗の護持院がありましたが、享保2(1717)年の大火で護持院の7伽藍が焼失します。その後広大な土地が火除地となった時、以前あった寺院の名がつけられました。護持院ヶ原の周囲には防風林と排水溝が取り囲み、将軍の鷹狩場となりました。使われない時は、庶民の憩いの広場としてもおおいに利用されたといわれます。一番明地は先に通った神戸藩本多家の上屋敷です。

雉子橋御門あたりで護持院ヶ原の空地は終わります。山車と神輿の行列はさらに日本橋川沿いを北上します。魚板橋（現・俎橋）に至ったところで、橋を渡り元飯田町の中坂を登ります(79)。中坂の中ほどには嘉吉元（1441）年創建とされる古い由来を持つ世継稲荷神社が鎮座します。元禄のころまでは屋敷稲荷として幕臣の松平主計頭近鎮（1645〜1716）の屋敷内にあったと伝えられてきました。中坂を登り切ったところで左に曲がり、田安御門から江戸城の御曲輪内へ入ります。御三卿である田安家と清水家の上屋敷の間に通された道を進むと馬場に至ります。この馬場に御上覧所が設けられ、将軍が山車や神輿などで仕立てられた行列を御上覧します。ここで神田祭のクライマックスを迎えます。

79.飯田町の中坂と九段坂

将軍への御上覧が終わると、祭の行列は竹橋御門から江戸城外に出ます。行列は平川御門を出て右に曲がり、一橋御門を左に見て進み、一橋家上屋敷の正門前まで来ます。神輿だけが屋敷内へ入り奉幣します。これは、神田明神が現在地に移転する以前の旧地だった縁によります。現在の神田明神は千代田区外神田にありますが、この千代田区大手町から2度移転して、元和2（1616）年に現在地に落ち着きました。奉幣が終わり一橋家上屋敷を出た後、祭の行列は大手御門前を出て左に曲がり、姫路藩酒井家、小倉藩小笠原家といった譜代大名の上屋敷の長い塀に添って練り歩きます。武家屋敷の塀沿いの道を延々と通ります。これらの道が殺風景かといいますと、そうではありませんでした。祭の時には仮設の桟敷が設けられ、普段人通りの少ない道がこの時とばかり賑わいの場に変貌します。武士も、僧侶も、町人も、同じ桟敷に集い、祭の行列を楽しみました(75参照)。親藩である福井藩松平(結城)家上屋敷の立派な門の前を抜け、常磐橋を渡るころには夕方となり、行列に加わっていた山車の役目が終わり退散します。

その後は、神輿のみが行列を新たな気持ちで揃え、大店が軒を並べる日本橋町内を巡りはじめます。ここからは町人たちだけが楽しむ祭に変貌します。本町の越後屋呉服店前を通り、本石町、鉄砲町、大伝馬町、堀留町から西堀留川沿いの蔵が建ち並ぶ河岸地の小舟町を抜け、小網町へと向かいます。東堀留川に架かる思案橋を渡り、東堀留川に沿って北に少し行きすぐ右に曲がりますと、いずれも譜代の姫路藩酒井家中屋敷と平藩安藤家中屋敷の間の道に出ます。この道を抜けますと、折り返しは小網町河岸に沿う別ルートを辿ります。再び小舟町に戻ってきた行列は、西堀留川に架かる中ノ橋を渡り、伊勢町、瀬戸物町、小田原町、本船町を巡ります。西堀留川沿いの河岸は、江戸時代初期主に米が荷揚げされたことから米河岸と呼ばれ、江戸時代初期からの江戸湊の中心でした。ただ、米俵は火の粉が移って火事を拡大させる要因となることから、明暦の大火以降は米の荷揚げはされなくなります。米河岸を南に下り日本橋川に出ると、そこから魚河岸の前を通り抜けます。普段は魚の売り買いでごった返す魚河岸ですが、さすがに行列が通過する時は商いが中止され、祭風景一色になります。このあたりでは、すでに夜も更けています。商いをすでに終えた状況かもしれません。あるいは、祭の様々な場面がコラージュされた絵として仕上げられたものかもしれません。実際にどうだったのか、現時点ではわからないところが多々あります。

それはともかく、夜の火の取り扱いには厳しい制限がありました。大都会江戸といえども、夜ともなれば闇夜に包まれます。ただ、祭の時だけはそれぞれの商家が明かりを灯し、行列の提灯の明かりと相まって普段味わえない幻想的な光のペイジェントを繰り広げていたと思われます。

魚河岸を過ぎ左に曲がり、行列は日本橋を渡ります。通一丁目から京橋までは東海道を南に目指し、京橋まで各氏子の家々を廻ります。現在コレド日本橋のあたりは、江戸の三大呉服店の一つ、白木屋がありました。祭の行列は、京橋まで来たところで、橋を渡らず手前を左に曲がり京橋川沿いに進みます。楓川まで出て、白魚橋北詰東の河岸にある炭町を左に曲がります。楓川沿いにある材木本町七丁目から一丁目まで続く河岸を北上します。このあたりはかつて木場でしたが、大火のために深川に移されます。かつては9本の入り堀が新たに掘られ、大坂に向け大量の物資を効率的に運ぶ急造の湊が整備されました。その後、大坂の陣が終わると早々に堀が埋め立てられていきます。さて、行列は材木町から四日市を経て日本橋に再び戻ります。日本橋からは中山道を北上し、今川橋を渡ると内神田に入ります。さらに北上を続け、通町筋違に架かる昌平橋を渡ると外神田になります。湯島の河岸から聖堂脇の坂を上がり、神田明神に戻り還輿し、長い祭の一日が終わります。

山王権現と山王祭の賑わい

天下祭を行うもう一つ、日枝神社（山王権現）の山王祭はどうでしょうか。神田祭と同様に『東都歳時記』の山車練り物の記述を参考に江戸時代後期の山王祭の祭ルートを巡ることにしましょう(80)。山王祭は幕府の手厚い保護があり、費用や人員が出ました。その一方で、ルートなど厳しい定めがありました。祭の賑わいを演出

80.山王祭の祭ルート（江戸時代後期）

する上で、幕府が主導的な立場にあったと考えられます。

スタート地点の山王権現は、明暦の大火の2年後、万治2（1659）年に、4代将軍家綱が赤坂の溜池を望む松平忠房（1619〜1700）の島原藩邸地を社地に定め、社殿を権現造で新しく造営しました(81)。山王権現が立地する場所は江戸城から見て裏鬼門に位置します。将軍の産土神として保護された神社は江戸第一の大社に位置付けられてきました。山王権現に集結した山車や神輿は、武家屋敷地が一帯を占めるエリアを通り、高低差のある道を左へ、右へと曲がって行き、井伊家上屋敷の裏手に出ます。ここから永田町梨木坂を下り、桜田濠のダイナミックな風景を目の当たりにします。この濠の端の通りから桜田濠の先に見える半蔵御門に山王祭の行列がねり込む様子は広重の「糀町一丁目山王祭ねり込」の絵が今に伝えてくれています(82)。桜田濠沿いの播磨明石藩松平家上屋敷(現在の隼町にある国立劇場附近)には、2代将軍秀忠の代に江戸城大改造の際、日枝権現が城内の紅葉山から江戸城外に社殿を新しく建てた場所です。その後、先に述べた現在地に移ります。

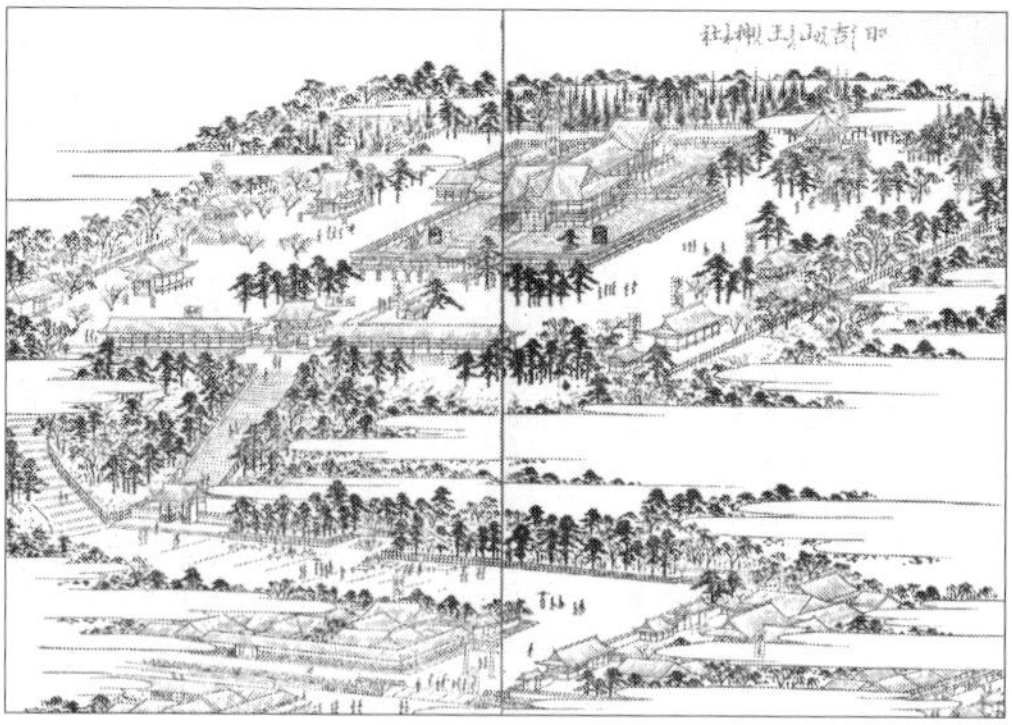

松平家上屋敷の先を右に折れ、半蔵濠を眺めながら半蔵門へと進みます。半蔵濠は、武蔵野台地を削り取り、人工的に掘った濠です。掘り出された土砂は江戸城の土盛りに使われました。江戸城は、土盛りされて濠の水面との高低差の違いを意図的につくりあげた城郭です。半蔵御門あたりの高低差を想像してみて下さい。半蔵御門を抜けると江戸城内に入ります。吹上の広い庭園内の脇を濠に沿うように進み、将軍が待つ御上覧所に向かいます。御上覧所から常磐橋御門までの祭ルートは神田祭と変わりませんが、縁のない一橋家上屋敷には寄りません。山車は神田祭と同様に常磐橋御門で退散します。しかしなが

81.赤坂の溜池を望む山王権現

82.半蔵御門に入る山王祭の行列と桜田濠

ら、『江戸名所図会』には日本橋の町人地を巡る行列にしっかりと山車も描かれています(83)。祭の賑わいを意図的に演出する狙いがあったのでしょうか。そのあたりは慎重に検証する必要がありそうです。ただ、行列の様子、雰囲気を知るには興味深い絵ですし、観衆がどのように祭に参加していたかがよくわかります。

その後は、神輿が江戸庶民の待つ江戸市中を喧噪と祝祭の渦に巻き込みます。行列は神田祭と同様に越後屋の前から、本町一丁目、二丁目を抜け、左に曲がり十軒店を過ぎて右へと方向を変えて列を進めます。その先は、神田祭と異なり、本石町一丁目、二丁目へは向かいません。すぐに本石町三丁目、四丁目、鉄砲町を廻り、鉄砲町と大伝馬町の間を右へ曲がります。大伝馬町一丁目、同二丁目と行き、田所町を右へ、堀留二丁目、一丁目より左に曲がります。行列は、西堀留川沿いの小舟町を通り、小網町の親父橋を渡り、さらに小網町を東に進みます。右に曲がり、湊橋を渡って霊岸島に入ります。霊巌寺は埋め立てによってできた島に寛永元(1624)年に創建された広大な境内がありましたが、明暦の大火後には深川へ移転しました。その境内跡には、豪商で建築・土木に長けた河村瑞賢の手によって万治3(1660)年に開削されたといわれる新川が掘られます。その両岸は酒問屋が集まる酒の集積場所となりました。

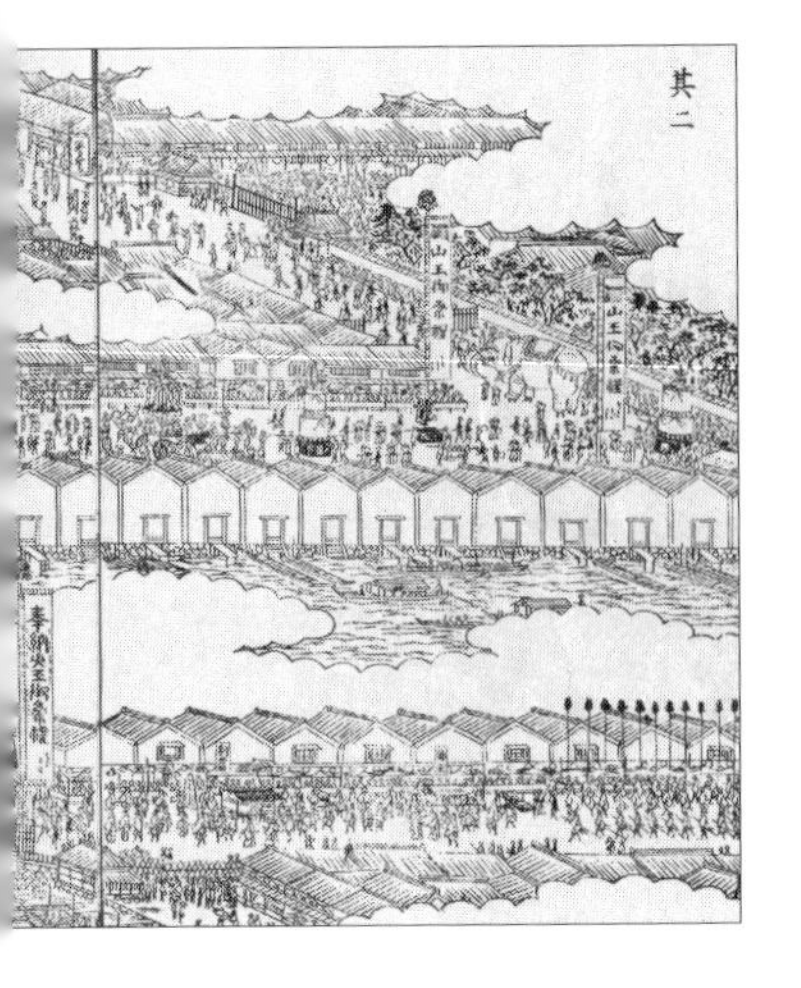

『江戸名所図会』には、日本橋川沿いと箱崎橋、湊橋、霊岸橋を渡り御旅所に向かう一連の行列がパノラマ状に描き込まれます。その絵をじっくりと観ていきますと、道の両側を埋め

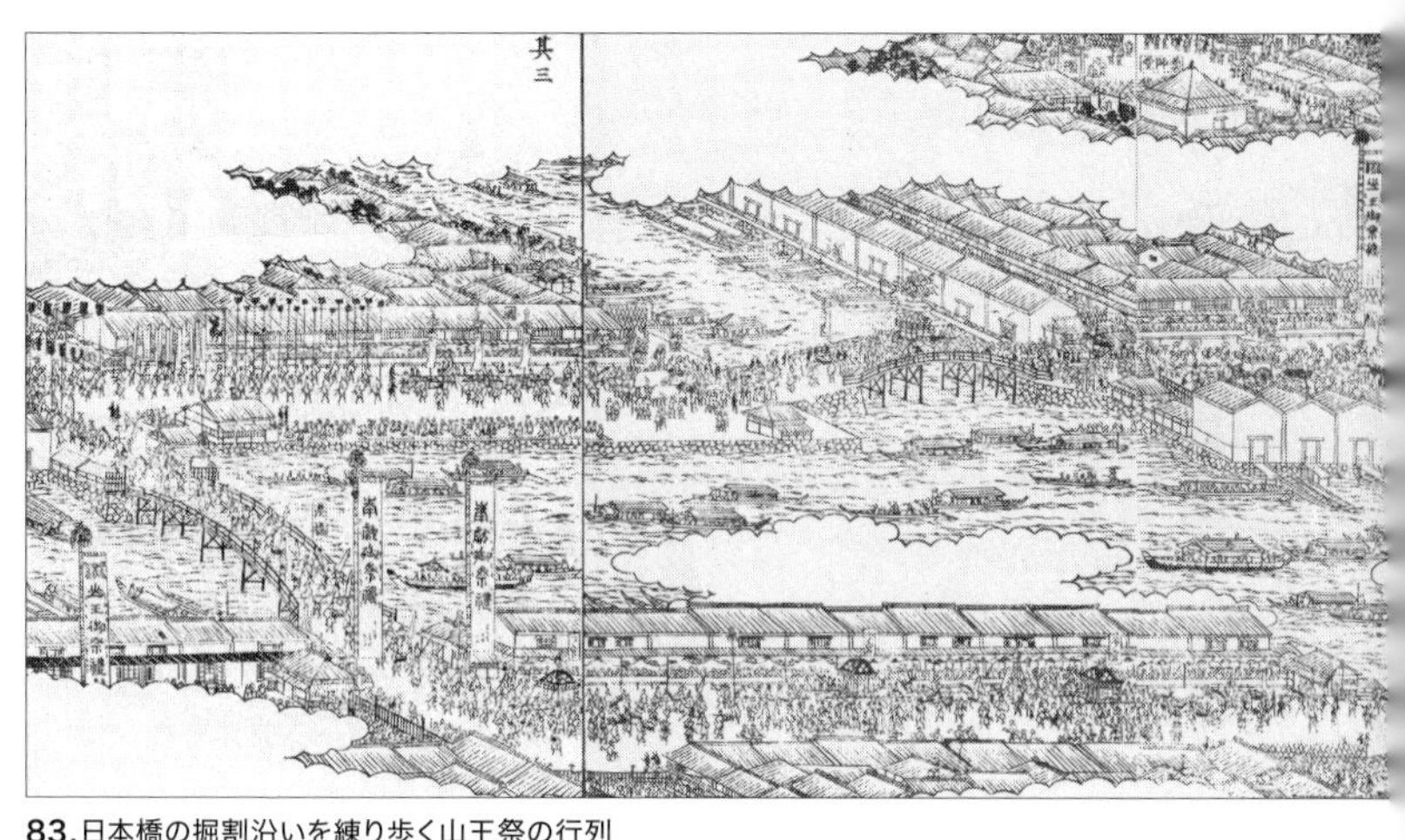

83. 日本橋の掘割沿いを練り歩く山王祭の行列

尽くす観衆の間、趣向を凝らした山車や神輿の長い列が抜けていく様子を描き込みます。行列には象も登場します。商家の庇下はどこも桟敷に変わり、祝祭を演出します。祭の行列と交差する道には柵が施され、庇下の桟敷に加われない見物人が溢れかえります。祭の時は、商いがないのでしょうか。河岸の蔵に着けられた船は荷を積んでおらず、働く人の姿も見あたりません。川に浮かぶ小舟はどれも屋形船で、船上からのんびりと祭見物と洒落込む人たちです。行列は、茅場町から霊岸橋を渡り、左に曲がると御旅所に着きます。現在も同じ場所に、ビルに囲まれて日枝神社日本橋摂社があります。江戸時代は同じ境内に薬師堂が隣接してあり、普段の日でも茶店が出るなど、参拝者が多く訪れる場所でした。寛永年間（1624～44）にはここが山王祭の御旅所に定められ、以降祭の行列はここに立ち寄りました。奉幣があり、神饌を献上します。このあたりで、空が暗くなり、宵闇での祭が進行していきます。

　御旅所を出た神輿は、海賊橋を渡り、青物町から通一丁目へ出て、大通りを尾張町まで行きます。現在の銀座通りとみゆき通りが交差する尾張町の角地（現・ニューメルサ）には、恵比寿屋の屋号を持つ呉服屋がありました。明治初期、銀座煉瓦街ができかけたころに倒産してしまい、その名も忘れられていきます。しかしながら、幕末のころは越後屋と肩を並べるほどの大店でした。みゆき通りは銀座から東に向かう木挽町の芝居街があり、賑わいのある道でした。東海道から右へ曲がり、その道を山下町に至って山下御門を抜けていきます。ここから霞が関の武家屋敷に入り、山王権現を目指します。日比谷御門の濠端に沿い、外桜田御門前にさしかかったところで祭の行列は左に曲がります。山王権現までは主に大名の上屋敷が続きます。広島藩浅野家上屋敷の御門前の道を通り抜け、屋敷の塀の角を右に曲がり、福岡藩黒田家上屋敷を左手に見ながら坂を登っていきます。さらに屋敷沿いを西に進むと山王権現（日枝神社）の参道に着きます。神社の境内に入り、長くエキサイティングな祭の一日が終わります。

3 江戸の名所に遊ぶ

絵地図はイラスト入りのガイドマップ

江戸時代には、色々な種類の絵地図が刷られました。年代の違いとともに、大判といわれた大きな地図からコンパクトサイズまで、大きさも多種多様でした。古い方から少し年代順に幕末まで眺めますと、大名屋敷地と寺社地の表示に変化があると気付きます。例えば「新版江戸安見絵図」（1797年発行）と「文化江戸図」

（1811年発行）を比べてみるとよくわかります。江戸中期後半に刷られた「新版江戸安見絵図」は、大名の上屋敷地に家紋が描かれています。しかも家紋が朱色に塗られており、それぞれの大名屋敷の位置が目立ちます。江戸には、参勤交代で地方から江戸に来た、江戸をほとんど知らない武士たちが多く居住していました。役目柄、他の大名屋敷を訪ねる際には、土地勘もなく不案内で困ったはずです。その時のガイドとして、絵地図の役割が大きかったと考えられます。家紋が向いている頭の部分、あるいは屋敷名を記した文字の頭の部分は正門がある位置を示します。屋敷の近くに到着しても、門と反対側に出てしまうと、数百メートル、場合によっては1キロメートル近くもさらに歩かなければならなくなります。江戸絵地図を片手に歩けば、見知らぬ江戸でも安心して歩けるように工夫されていました。

一方の江戸後期に刷られた「文化江戸図」は、大名上屋敷の家紋が単色の黒となり、あまり目立たなくなります。それに対して、寺社が目立つように建物や池、周囲の森などがイラスト入りで丁寧に描かれ、彩色してあります。武士が大名屋敷を訪れるために活用した絵地図の役割は、市場の価値を失い、町人たちの行楽用に比重が置かれて制作されたとわかります。もちろん、地方から出て来た武士たちも、大名屋敷を訪れる目的として、少々不便になった絵地図を手に入れたと思われます。ただ、休みの時は行楽地として賑わう寺社に行き、息抜きをしたかもしれません。江戸での町人文化が花開き、庶民の行楽が日常としても定着していた時代ですから、大名上屋敷よりも行楽地や名所としての寺社をアピールする方が販売増進につながったのでしょう。

このような名所や行楽を扱った名所記が数多く出版されました。その中で、天保年間（1830〜1844）に7巻20冊が刊行された『江戸名所図会』と、安政3（1856）年から1年9カ月の歳月をかけて制作された『名所

84.桜田濠沿いの糀町付近の風景

江戸百景』があげられます。『江戸名所図会』の挿絵は長谷川雪旦(1778〜1843)・雪堤(1813〜82)の親子が担当しました。彼らは、江戸の市街の賑わい、周縁部の寺社やそれらを取り巻く自然といった風景的特色を名所として切り取ります。『江戸名所図会』に登場する大名屋敷は、江戸の土地利用の7割弱を占めるにもかかわらず、数百点以上あるうちのわずか数点です。江戸の庶民にとって、長い塀で囲われた大名屋敷などは興味の対象となりにくく、数の少なさは当然かもしれません。一方歌川広重(初代、1797〜1858)の『名所江戸百景』には「外桜田弁慶堀糀町」と題した、桜田濠(弁慶堀)の背後にある彦根藩井伊家の上屋敷(現・桜田門駅付近から最高裁方面を望むあたり)が描かれているくらいでしょうか。この絵も、桜田濠の水面と土手の緑が主役で、大名屋敷ではありません(84)。

寺社の方はどうかといえば、『江戸名所図会』の挿絵の大半を占めます。ただし、広重の『名所江戸百景』では、寺社を前面に押し出すというより、むしろ自然の水や緑が絵の重要なシーンとして力点が置かれました。自然豊かな郊外地に立地する寺社が行楽の場として注目されていく変化を伝えています。寺社は江戸の地に画一的に分布しているわけではありませんでした。その場所の歴史を背負いながら、江戸周縁の地形や川、緑といった自然と解け合いながら立地しました。寺社は、江戸の地形的な特徴である台地と低地が組み合わされ、多様な自然環境のなかに溶け込みます。ここでは、上野台地の先端にある寛永寺を訪ねてみましょう。

東に延びる江戸の台地のなかで、上野台地は一番北東側に位置します。北東側が急斜面となり、寛永寺のあるあたりの上野の山が突端部となり低地に張り出しています。この広大な土地が寛永期以降一大行楽地となりました。寛永寺は、徳川歴代将軍15人のうち6人が眠る徳川将軍家の祈禱所・菩提寺です。江戸時代には、日光山、比叡山も管轄する天台宗の本山として強大な権勢を誇りました。ただ寺の名前からもわかるように、寛永寺の歴史は浅く、天海が初代住職として開山した寺院です。2代将軍秀忠は、元和8（1622）年に上野の台地にあった津藩主・藤堂高虎（1556〜1630）、弘前藩主・津軽信枚（1586〜1631）、村上藩主・堀直寄（1577〜1639）の3大名の下屋敷を寺地と定め、江戸に天台宗の拠点となる大寺院の造営を願う天海に広大な土地を与えました。寛永2（1625）年、3代将軍徳川家光は現在東京国立博物館が建つあたりに本坊を建立し、この年が寛永寺の創立年とされます。

寛永4（1627）年、法華堂、常行堂、多宝塔、輪蔵（経蔵）、東照宮が建てられていき、寛永8（1631）年には清水観音堂、五重塔などが建立されます。開山から70年以上が過ぎた元禄11（1698）年、5代将軍徳川綱吉の時世になりますが、寺の中心となる根本中堂が現在の

85. 徳川将軍家の菩提寺・寛永寺の根本中堂

博物館南側の大噴水広場あたりに建立され、寛永寺の全体像が整います。最盛期の寛永寺は、現在の上野公園の2倍もの広さを誇る境内を保持し、子院が36院にも及ぶ大寺院でした(85)。

寛永寺の西斜面下に不忍池が位置します。池の中央には琵琶湖に浮かぶ竹生島の弁天に倣い、池に中島を築き弁財天が安置されました。寛文年間(1661~72)ころになりますと、参詣の便をはかり太鼓橋が架けられ、観光地としての整備も進められます。享保年間(1716~35)ころからは、不忍池の蓮が有名になり、初夏のころから花見客で賑わいはじめます。池の南側には料理屋が多く建ち並び、のんびりと蓮を愛でながらの会食が楽しめました。春には上野の山が桜で満開となり、多くの人たちが見物に訪れるようになります。

アウトドアも楽しんだ江戸庶民

広い意味での双六は、中国やヨーロッパなどで古くから親しまれてきました。日本の双六は、奈良時代に中国から渡来したとされます。ただ江戸中期までの双六は、囲碁将棋などと同じように、勝負事に使われた盤双六が一般的でした。18世紀の前半ころになり、この盤双六が娯楽として遊ぶ紙製の絵入り双六に変化していきます。はじめ一色摺りだった絵双六も、次第に華麗な多色摺りへと展開します。江戸時代後期からは、木版による印刷技術が向上し、極彩色の錦絵が刷られるようになります。絵双六も多色摺りが可能になりました。

絵双六のなかでは、道中双六が人気で、特に東海道双六が多く刷られました。この双六は、江戸の日本橋をふりだしに東海道を西へ向かい、京都を上がりとする点が共通しています。途中、日本地図をデフォルメさせながら、富士山や伊勢神宮など様々な場所に立ち寄り、趣向を凝らします。享和2(1802)年に出版された十返舎一九の『東海道中膝栗毛』が大流行した後、歌川広重が天保４（１８３３）年に刊行した「東海道五十三次」によって東海道が名を馳せました。それらの題材を双六仕立てにした「浮世道中膝栗毛滑稽双六」（１８５５）、「東海道五十三駅道中記細見双六」（江戸時代後期）が刷られるなど、時代を敏感にとらえた絵双六が誕生していきます。絵双六を手掛けた有名な絵師は、広重だけではなく、他に葛飾北斎（１７６０〜１８４９）や国芳（１７９７〜１８６１）などがおり、錦絵と同様に絵双六が芸術性の高いものとして評価されるようになります。

江戸時代後期は、江戸の名所を題材とした双六もつくられます。葛飾北斎の門人であった岳亭丘山春信画の「新版狂歌江戸花見双六」（１８２５）は、日本橋をふり出しに、江戸における花見の名所に遊び、一巡して再び日本橋に戻る絵双六です。「八重」「ソメイヨシノ」などといった桜の種類が記されるとともに、寺社など名所の特性を狂歌によって場所の魅力を補います。

多くの寺社で桜を楽しめましたが、まとまった桜を愛でることができる名所は限られました。最初の桜の名所は、３代将軍家光の時代まで遡ります。将軍の命により、住職の天海が吉野山の桜を寛永寺境内に植樹し、娯楽の少なかった庶民のために花見の場を整備したのがはじまりです。上野の山は桜の名所として庶民の一大行楽地に発展しました。寛文年間には、御殿山にも桜の移植が行われ、その後花見の名所に定着します。品川沖の海岸を望む台地上の御殿山は、雄大な内海の自然を背景に桜を親しむ絶好の名所でした。ただ江戸までは２里あり、江戸庶民が気軽に花見見物と洒落込むにはやや遠すぎたかもしれません。吉宗の治世まで、江戸庶民が集える桜の名所は寛永寺くらいに限られ、花見の時期には風紀が大いに乱れるほど寛永寺に殺到しました。

86. 飛鳥山からの眺望

8代将軍となった吉宗は、庶民が安心して花見のできる場所を増やそうと、江戸市中から近距離にある隅田川河岸の墨堤と飛鳥山に目を付けます。享保期に徳川吉宗が断行した財政再建などとともに、享保の改革の一環として桜の名所が整備されました。隅田川河畔の墨堤に桜が植えられた時期は享保2（1717）年のこと。堤防保護と風流をドッキングさせます。桜の名所となった墨堤には、山本新六により考案された「長命寺桜もち」がそこを訪れる人たちの評判を得ました。それは土手に植えられた桜の葉を樽で塩漬けにし、あんこを包んだ餅に巻き付けた菓子として、長命寺の門前で売られ、今に継がれる東京の名代の一つです。

一方の飛鳥山は、元文2（1737）年に近所の植木の里から1270本のソメイヨシノの苗木を植え、王子権現に寄付するかたちで江戸庶民に開放されました(86)。その時、吉宗自らが飛鳥山に宴席を設け、桜の名所をアピールしたといわれます。飛鳥山は寛永寺と異なり、規制がゆるかったことから、桜の季節には江戸の人たちが集い、花より団子でしょうか、大いに楽しんだようです。『名所江戸百景』の「飛鳥山北の眺望」には、飛鳥山の桜とともに、筑波山を遠景に中景として広大な田園地帯を描いた歌川広重の作があり、多くの絵師が飛鳥山を画題にしてきました。

第4章
幕末の動乱とその後の近代化（明治期）

1 近づく文明の足音

虚像と化した徳川幕府の終焉

嘉永6(1853)年の百万都市・江戸。その海の表玄関にあたる内海(東京湾)に大きな波頭がたちます。M・C・ペリー(1794〜1858)の率いる軍艦4隻、いわゆる「黒船」が浦賀沖に来航したからです。はじめ縁日の見世物でも見るかのように、見物人が浦賀に溢れかえりました。しかし、幕府が警戒を呼びかけると一転、平和を謳歌してきた人たちの間に不安が広がります。その騒ぎを揶揄した狂歌「泰平の眠りを覚ます上喜撰たった四杯で夜も眠れず」が詠まれました。開国を要求するペリーに脅威を感じた幕府は、品川沖に海上砲台である御台場を建設します。11の御台場が計画され、そのうち八つの御台場が着手されました。最終的には6台だけが完成します。2度目の来航となった翌年、ペリー艦隊は測量結果をもとに江戸湾内奥深くまで入りますが、品川沖に建設された御台場を見て、安全を期して横浜まで引き返しました。御台場の建設は幕府にとって一定の役割を果たしたといえるでしょう。

最初のペリー来航から7年の時を経て、日本はさらに大きな時代のうねりへと向かいます。旧暦安政7年3月3日(1860年3月24日)、水戸藩士を中心とした18人の浪士が雪の桜田門外において大老の井伊直弼(1815〜60)を襲撃し殺害する事件が起きました。大老に就任間もない当時の井伊直弼が開港を迫る諸外国に動揺し、天皇の勅許を得られないまま安政5(1858)年に日米修好通商条約を結びます。その後他の諸外国とも同様の条約が結ばれ、不平等条約として後々禍根を残します。開港場となった横浜、神戸などの港では、すでに外国との交易で賑わっていました。ただ、開港後の急増する輸出に国内生産が追いつかず、市場の混乱をまねき、諸物価が高騰します。加えて、江戸では地震とともに、火事が多発して社会不安を煽ることになり、徳川政権にとって自然災害が大いに逆風となって吹き荒れました。

江戸幕府の虚像化した絶大な権威が表面化します。15代将軍となった徳川慶喜（1837〜1913）は、逆流しはじめる時の流れを食い止める意図を込め、大政奉還（旧暦慶応3年10月14日［1867年11月9日］）を決意します。これは、内戦を避けるために徳川幕府の独裁制を修正し、公議政体による権力集中体制の再構成を図ることが目的でした。大政奉還後、徳川将軍家を筆頭に諸大名からなる会議が持てないまま、薩摩藩を中核とする討幕派の朝廷クーデターが起きます。穏便に荒波を回避したいと願う公家や幕府の思惑は大きく瓦解し、急激な変革の渦に巻き込まれていきます。

旧暦慶応4年1月3〜6日（1868年1月27〜30日）に起きた鳥羽・伏見の戦いでは、15代将軍徳川慶喜の率いる幕府軍が敗れます。しかも、戦いの途中で徳川幕府のトップが開陽丸で江戸に逃げ帰る後味の悪い状況をつくりだし、江戸を戦場と化す流れが生まれました。それを回避する最後の手段として、西郷隆盛（1828〜77）と勝海舟（1823〜99）の会見が旧暦慶応4年3月13日・14日（1868年4月5日・6日）に開かれ、江戸全体が焦土と化す最悪のシナリオは何とか回避します。上野で戦闘が繰り広げられますが、同年の旧暦4月11日に江戸城が無血開城し、江戸市中が戦火で焼き尽くされることはありませんでした。その後、江戸城を明け渡す事務手続きが丸の内にある南と北の両町奉行所で行われ、徳川政権は完全に終焉を迎えます。

「東京遷都」の決定打は江戸の土地利用

新政府の実権を掌握する薩摩藩出身の参与・大久保利通(1830～78)は、総裁・有栖川宮熾仁親王(1835～95)に天皇の大坂行幸を打診します。ほぼ無血開城したとはいえ、荒廃した江戸に未練も、価値も見いだせない人たちには、江戸など議論の対象になりませんでした。大久保の大坂遷都の発言は、新しい時代を切り開く上で、宮廷内の世界にとどまる天皇を脱却させる狙いとともに、何よりも経済面で大坂商人の莫大な財力を必要としたからでしょう。

江戸への遷都は大坂に比べ絶対的に不利な状況にありました。そのなかで一人の男が江戸の価値を謳い上げます。後に郵便制度の創設者となる前島密(1835～1919)です。旧暦慶応4年3月10日(1868年4月2日)に建白書のかたちで大久保利通に直訴しました。建白書は、大坂との比較から、江戸への遷都の必要性を的確に論じていきます。不透明な時代の趨勢を読み切り、日本国土全体の関係のなかで、江戸が中心となる必然性を示すものでした。東北諸藩の不穏な動きに対応する政略的な意味を踏まえ、蝦夷地開拓の急務を述べ、新政府誕生後の国土のあり方へと言及します。日本における江戸の位置付けを語った後、首都としての土地利用にも及びます。市街の規模が狭く、高密度の人口を維持し続ける大坂と比べ、江戸は空家となった広大な武家地があり、役所、学校、役人の邸宅は大名屋敷などの武家地をそのまま利用でき、天皇が住まう皇居は江戸城をそのまま活用すればよいと、不利な環境を逆手に取ります。商業都市・大坂に欠けている政治と経済が一体化した都市空間の有利さが江戸にあると指摘しました。さらに、河川の土砂堆積に悩む大坂と比較して、江戸は諸外国から来る巨大船を碇泊させる港を容易につくり得ると力説します。

前島の建白書が出された後、「天皇東幸」の詔書が旧暦慶応4年7月17日（1868年9月3日）に突然出され、「江戸」から「東京」へと宣言されます。ただ、東京遷都は正式な詔書ではありませんでした。睦仁親王（在位1867～1912）は旧暦同年8月27日（10月12日）に天皇即位の御大礼をあげます。東京府庁舎が旧大和郡山藩柳沢家上屋敷に開庁した6日後、旧暦9月8日（10月23日）には元号が「慶応」から「明治」と改められました(87)。

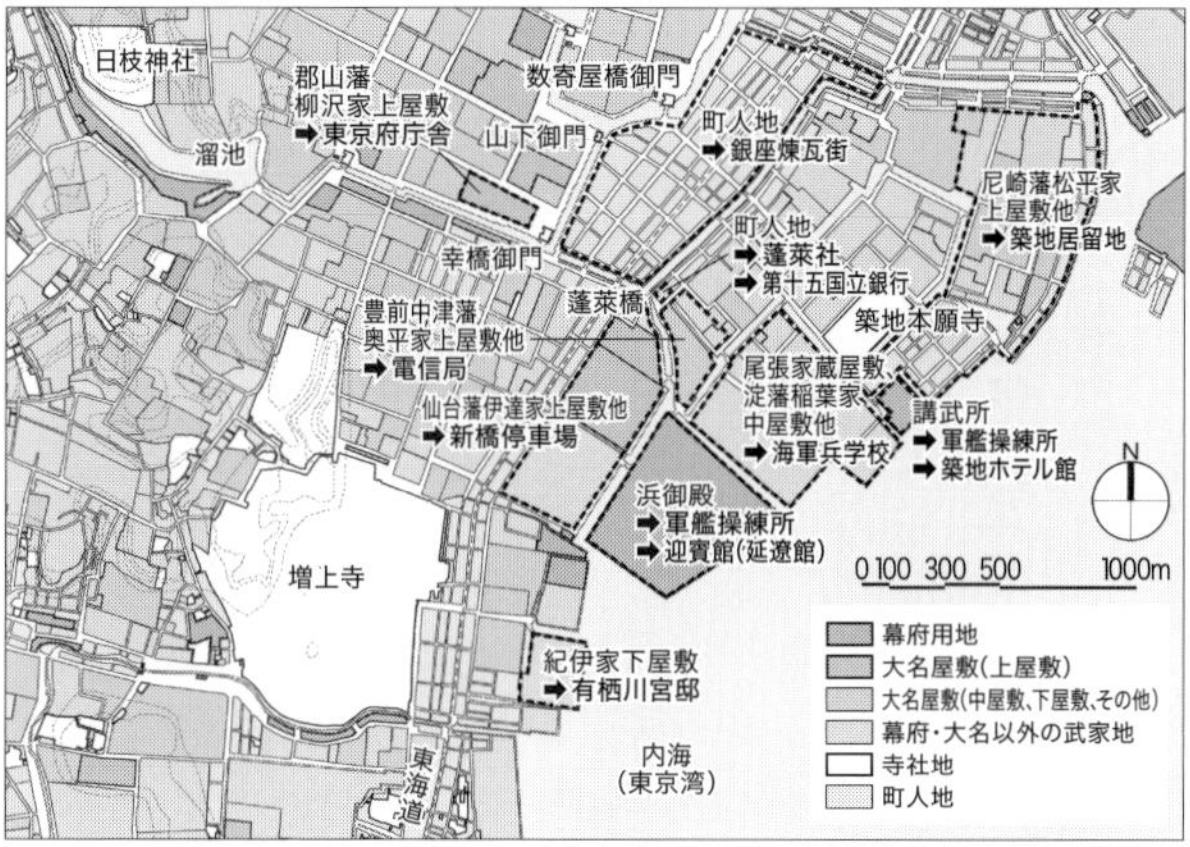

87. 近代に向け変化する江戸後期の土地利用

明治となった旧暦明治元年9月20日、若き明治天皇（1852～1912）が京都を後にします。江戸城に入城した旧暦同年10月3日には江戸城を東京城と改称しました。その後天皇は京都に一旦戻り、翌旧暦明治2年2月24日（1869年4月5日）には、司法・行政・立法を司る最高国家機関、太政官を東京に移させます。旧暦同年3月28日に京都を発った天皇は再び東京城に入城し、これ以降京都に帰ることはなく、事実上の「東京遷都」となりました。しかし、京都の人たちの反発を配慮して、「東京遷都」の正式な詔書が出されないまま、日本の首都を単に東京に定めた「東京奠都」の言葉が後々も使われ続けます。

明治の迎賓館、延遼館内部は見事な和の様式

黒船来航以来、江戸幕府は海軍の強化を図ります。最初の本格的な海軍教育機関は、長崎に海軍伝習所が安政2(1855)年に設置されました。2年後には築地にある幕府の武芸訓練機関にも海軍教育部門を設置し、講武所内に軍艦教授所が開かれ、後に軍艦操練所と名を変えます。しばらくは二つの施設が並立して存在しましたが、長崎海軍伝習所は江戸から遠く、財政上維持する負担が大きくなっていきます。そのような状況のなか、西洋式軍事技術の導入に消極的な井伊直弼が大老に就任し、長崎海軍伝習所が安政6(1859)年に閉鎖され、築地の軍艦操練所が幕府海軍教育の中心的な役割を担います。

軍艦操練所は、教育だけでなく行政機関としての機能が慶応2(1866)年に加わります。名称も軍艦所となり、最終的に海軍所と改称されました。慶応3年には火災に遭い、焼失した海軍所は築地から浜御殿へと移転します。3世紀近く続いた徳川政権が瓦解する直前に海軍所の建物を新たに浜御殿の園内に着工しました。鳥羽・伏見の戦いの途中、15代将軍・徳川慶喜が軍艦・開陽丸で江戸にたちかえった先が江戸幕府海軍の新たな拠点になりつつあった浜御殿でした。擬洋風建築で建てられたコの字形をした海軍所の建物は、明治2(1869)年に幕府海軍の施設から「延遼館」と名を変え、鹿鳴館が明治16(1883)年に完成するまでの間、迎賓館として使用され、明治天皇が度々訪れました。

内海を望む浜御殿が外国に開かれた迎賓館となるなかで、日本最初の鉄道が明治5(1872)年に開通します。その路線の終着駅、横浜停車場(後の桜木町駅)と新橋停車場(後の汐留貨物駅)は、いずれも居留地近くに設け

られました。開港場として繁栄する横浜居留地と明治に入って開市した築地居留地をつなぐ意図が強くあったと考えられます。この鉄道は英国人エドモンド・モレル（1840〜71）の尽力により敷設されましたが、モレルは完成を見ずに他界しており、建築副役だったジョン・ダイアックらに受け継がれ完成します。横浜と新橋、二つの停車場の駅舎は、横浜外国人居留地内に土木建築事務所を開くアメリカ人建築技師のリチャード・ブリジェンス（1819〜91）が設計しました。彼は、義姉がイギリス領事夫人であったことから、イギリス仮公使館（1866年竣工）、イギリス領事館（1869年竣工）といったイギリス関連施設の建設に携わった他、数多くの建築を日本で手がけました。日本に建てられたブリジェンスの建築作品は、初期段階からナマコ壁や瓦屋根など、日本の伝統技術と素材を使いながら、日本に西洋建築を建てる様々な工夫がなされます。後に擬洋風建築といわれる建築表現の先駆け的な存在でした。

同時に、ブリジェンスは西洋建築を知らない日本の大工や職人たちを育てていきます。明治時代初期の中央官庁営繕を主導した林忠恕（1835〜93）など多くの日本人が彼の弟子となって西洋建築を学び、擬洋風建築を日本全国に広めました。ブリジェンスが設計したイギリス公使館は横浜港の埋め立て事業を手掛けて横浜の発展に寄与した高島嘉右衛門（1832〜1914）、築地ホテル館は清水組を率いる2代目清水喜助（1815〜81）がそれぞれブリジェンスに協力して完成したものです。

ここで少し気になることがあります。明治5（1872）年に竣工した新橋停車場がどこを向いて建てられたのかということです。銀座煉瓦街の建設が開始された段階でしたが、新橋停車場は新しくつくられつつある銀座煉瓦街にどうもそっぽを向けています。その後の銀座の繁栄を知る私たちにとっては意外に感じます。ただ、

88. 明治10年代の新橋ステーション周辺

銀座煉瓦街は当時の新政府にとって単に東京を不燃化する一環にすぎず、象徴的な位置付けではありませんでした。新橋停車場の正面玄関から真っ直ぐ先を見ると、明治7年（1874）に竣工した石橋、蓬莱橋が架けられています。木骨石造の新橋停車場は、むしろ汐留川に架かる蓬莱橋、橋のたもとに建てられた蓬莱社（後の第十五銀行）に向けられていました。そして汐留川を下った先には浜離宮があり、延遼館への道筋が見えてきます（88）。

蓬莱社の建物は、新橋停車場を設計したブリジェンスの設計です。竣工年は定かではありませんが、新橋停車場が完成する前後と考えられます。その後、明治7年5月（旧暦は旧暦明治5年12月2日［1872年12月31日］まで）に蓬莱社が出資して木橋が石橋に改架され、蓬莱橋と名付けられました。蓬莱社は後藤象二郎（1838〜97）が野に下った時代（1870〜76）に、政府から払い下げを受けた長崎の高島炭鉱をもとに設立された会社です。土佐藩士出身で、後に政治家、実業家として活躍した後藤象二郎は、攘夷派志士が東禅寺にあったイギリス公使館を襲撃した事件（1861）から、イギリス公使・ハリー・パークス（在任1865〜83）を守った功労者の一人として名が知られます。しかし、蓬莱社は放漫経営による業績悪化のために明治9（1876）年早くも閉社、三菱の初代社長・岩崎彌太郎（1853〜85）に売却されました。蓬莱社の建物は、明治10年に岩倉具視（1825〜

83)の提唱で設立された第十五銀行に引き継がれ、改装します。
　ここまで来て、再び延遼館に戻りましょう。時代背景、残された1枚の写真と明治23(1890)年時点の図面から推測すると、延遼館は木骨石造の擬洋風建築と考えられます(89・90)。イギリス公使館の書記官であったアルジャーノン・ミッドフォード(1837〜1916)は日本の幕末明治維新を体験し、浜離宮内に建つ延遼館に関する記述を日記に残しました。彼は洋館風の外観を見栄えのしない建物と低い評価をしますが、和風の仕上げである内部空間は「見る人の目を楽しませ、驚嘆の連続」であると絶賛します。ミッドフォードは明治3(1870)年に日本を発ちイギリスに帰りますから、この記述は竣工して直ぐの様子を伝えたものです。

89.迎賓館として使用された後、コンドルが改装した延遼館

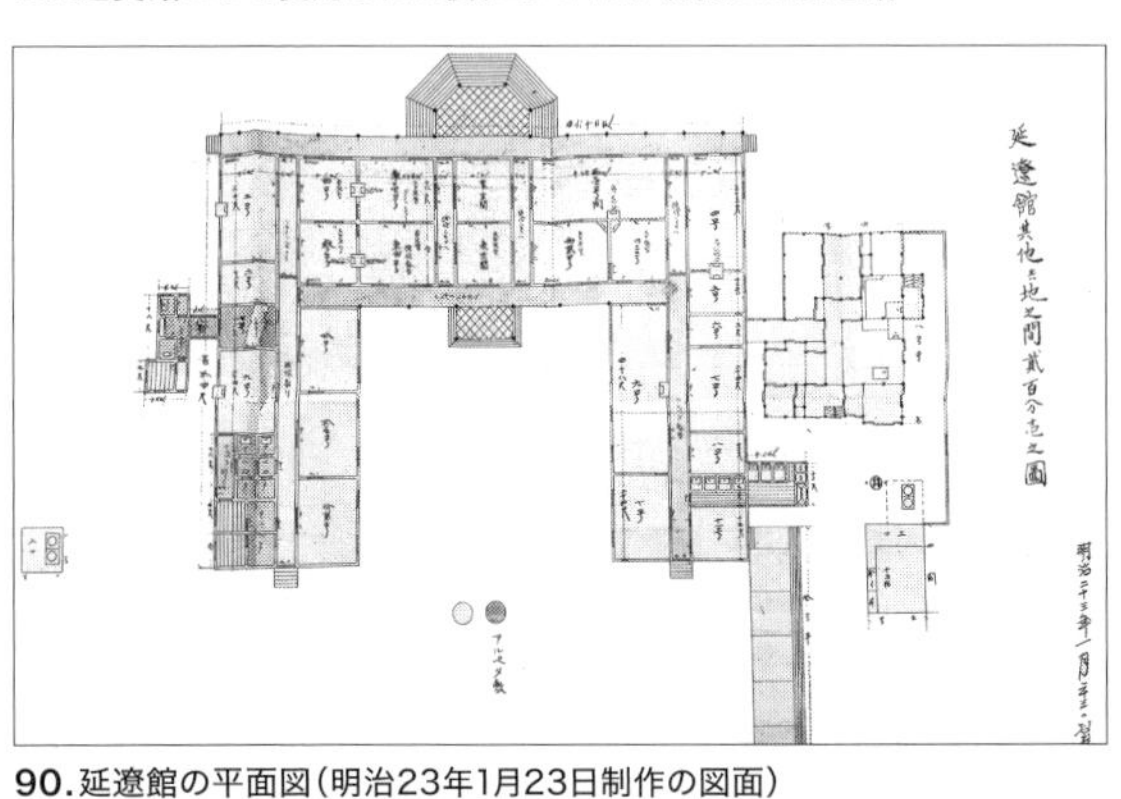
90.延遼館の平面図(明治23年1月23日制作の図面)

　延遼館はその後外務省の仮庁舎として一時使われます。外務省は、明治3年に銀座から霞が関に移転し、江戸時代に建てられた大名屋敷跡の福岡藩黒田邸をそのまま使用しました。明治10(1877)年にその

建物が焼失し、外務省は明治14（1881）年にフランス人建築家・ボアンヴィル（1850〜97）の設計による新庁舎が完成するまで、延遼館など転々と仮庁舎住まいとなります。延遼館は、明治12（1879）年のドイツ皇太子や18代アメリカ大統領グラントの来日を機に改装されますから、少なくとも明治12年までに外務省は延遼館を立ち退きます。建物の改装は、お雇い外国人建築家のジョサイア・コンドル（1852〜1920）がその内部装飾とともに家具の設計を行いました。椅子は和風を意識したデザインとします。お雇い外国人として、明治10年に来日したコンドルは、自国で許されないオリエンタルなデザイン意匠を自在に取り入れた建築を日本に建てました。上野博物館（1881年竣工）、鹿鳴館（1883年竣工）にそれが見られます。また日本庭園や日本絵画など、日本文化に強い関心を持ち、敬意を持って接し続けた人物でもありました。そのように考えていくと、延遼館は内部空間を大規模に改修することなく、和風の内部をより活かしたかたちで改装し、最小限の修復にとどまったと考えられます。

ブランド学校は築地が発祥だった

築地が外国人に開放され居留地となる時期は、幕末に開港場となった横浜などに比べかなり遅れ、明治に入ってからです。それに先立ち、日本最初の本格的なホテルである築地ホテル館が慶応から明治に変わる年に開業しました。

ロンドン覚書（1862年発行）には、旧暦慶応3年12月7日（1868年1月1日）までに、江戸を外国人に向けて開市することが明記されていました。江戸に滞在する外国人の増加が予想されたことから、初代在日イギリス公使のラザフォード・オールコック（在任1859～65）の後任として2代在日イギリス公使となったハリー・パークス（在任1865～83）は、在任早々ホテルの建設を幕府に要請します。幕府は、築地本願寺の南（現・築地六丁目）にあった軍艦操練所を浜御殿に移転させ、その跡地を築地ホテル館の建設用地にあてました。移転前の築地中央卸売市場の立体駐車場があるあたりです。ホテルの設計はブリジェンスが担当しました。

91.トイレは水洗、ビリヤードも完備し見物客に沸く築地ホテル館

築地ホテル館の建設には、清水組（現在の清水建設）2代目の清水喜助（1815～81）が協力しており、ナマコ壁や瓦屋根といった日本の伝統技術を積極的に西洋建築に取り入れます。ホテルの開設には、旗本の小栗忠順（1827～68）がかかわります。幕府の経済力が衰退しているなか、民間活力を大いに期待し、幕府が土地を無償で提供することで、資金調達、運営を民間に任せる考えでした。清水喜助は、工事だけでなく、ホテル経営も引き受けます。

ホテル建設は旧暦慶応3年8月9日（1867年9月6日）に着工し、ほぼ1年後に完成しました。完成した前の月に江戸が東京と改名、完成翌月年号が明治に改元されます。正式な開業日は東京開市に合わせた旧暦明治元年11月19日（1869年1月1日）でした。予定より1年遅れでしたが、その前に仮営業がされており、宿泊客をすでに受け入れていたようです。

完成したホテルの規模は、延床面積1619・7坪（約5354・4平方メートル）であり、部屋数が102室でした（91）。建物は2階建の本館（一部3階、塔屋付き）を中心に東京湾を望むように配置され、海と建物の間には日本庭園と芝生の庭が設けられました。建物内は、当時の日本では考えられない設備が整います。トイレは水洗で、他にビリヤード室、シャワー室、バーがありました。100種以上もの錦絵(にしきえ)が刷られ、連日見物人が築地ホテル館に押し寄せる東京の新名所に浮上します。

築地ホテル館への関心の高さの一方で、築地居留地自体はあまり発展しませんでした。それは、幕府が瓦解(がかい)した後の明治2(1869)年に築地に設けられた外国人居留地(現・中央区明石町一帯)は開港場ではなく、港を持たない開市場だったからです。横浜は安政6(1859)年に開港場となり、山下町(やましたちょう)を中心とする居留地はその後4年を経て完成しました。商いと住む場が整う横浜の外国商社は築地に居留地ができても動くことはありませんでした。ただ、キリスト教宣教師(せんきょうし)の教会堂やミッションスクールが築地居留地へと動きます。聖書やキリスト教神学を科目として教え、礼拝(れいはい)などのキリスト教活動を主体とした学校が設立されました。現在の青山学院、女子学院、立教学院、明治学院、女子聖学院、雙葉学園(ふたばがくえん)の発祥地(はっしょうち)は築地居留地です。また、首都となった東京に位置する有利さから、外国公館も多く置かれるようになります。明治8(1875)年にはアメリカ合衆国が築地居留地に公使館を設置し、明治23(1890)年に現在大使館が置かれている赤坂に移転するまで続きました。明治32(1899)年の治外法権撤廃(ちがいほうけんてっぱい)で築地居留地が廃止(はいし)されると、公使館や学校は次々に東京西方の山の手方面に場所を移します。

再び築地ホテル館に話を戻しましょう。築地ホテル館の経営は明治に入り次第に厳しさを増します。明治3(1870)年に喜助が経営から退き、旧暦明治5年1月14日(1872年2月22日)にホテルの建物は海軍の手に渡ります。それから数十日後に丸の内で発生した銀座大火で類焼し、築後わずか4年足らずで灰燼(かいじん)に帰しました。この明治5（1872）年の大火は、丸の内、銀座、築地が火の海となり、江戸の町並みをつくりだしてきた多くの建物が焼失します。それを受けて、丸の内と銀座は西欧風の街並みに変貌していきます。一方、築地は築地ホテル館の焼失とともに公使館、ミッションスクールが移転していきますが、その後は外国人の住む西洋風の独特な街並みとなります。近代東京に向け、それぞれに都市空間の新たな展開がはじまります。

2 御三家と井伊の屋敷に辿り着いた宮様

宮家の東京サクセスストーリー

武家地処理と西方の人たちの受け入れ

年号が慶応に変わり、15代続いた徳川泰平の世は大政奉還（旧暦慶応3年10月［1867年11月］）、江戸城明け渡し（旧暦慶応4年4月［1868年5月］）とドラスティックに時代が変貌していきます。江戸城は、年号が明治となり、31歳で最後の将軍として徳川幕府を終焉させた徳川慶喜から、睦仁親王が14歳で即位した明治天皇へと主を代え、江戸城は東京城と名を変えます。江戸城が無血開城されたとはいえ、百万都市と謳われた江戸は明治初年に人口を半減させていました。多くの武家屋敷は主を失い、荒廃した屋敷は盗賊の住処となり、治安が悪化します。特に、譜代や親藩の大名、旗本が集まる神田の城北エリアで目立ちました。それに比べ、芝・白金といった城南エリアは、薩摩、長州など、明治政府の核となる旧藩の中屋敷や下屋敷が多く、比較的良好な治安が維持されます。

東京を新たな首都に定めた明治新政府は、全国の大名が集まった特殊な江戸のポテンシャルを利用し、東京城（現・皇居）を取り巻く大名屋敷を欧米に倣った近代施設とすべく再配置を試みます。明治に年号が替わってからの数年間、明治新政府は江戸の7割を占める広大な武家地跡を処理し、近代東京として土地利用をどのように転換していくかが重要な課題となっていました。ただ、首都東京の青写真を描く重要な課題にもかかわらず、武家地の利用方法は当初場当たり的な対応が目立ちます。さしたる基準もなく、必要に応じて空いている武家地を分配したに過ぎませんでした。

明治3（1870）年に、武家地の利用制限の指針を明確化したことから転機が訪れます。皇室地、官公庁や軍の施設用地を充分に確保できる目処がつき、東京の近代化に向けた土地利用転換が軌道に乗ります。東京での受け入れ態勢が整いつつあるなか、京の都をはじめ西方からは多くの人たちが東京に押し寄せ始めます。京の有力公家、薩長を主体とした官軍の兵士、それらに付随した商人や職人たちが東京に流入してきました。この激動する時代に、宮家もまた天皇の藩屏として、東京に移り住みます。

世襲四親王家　天皇を継承する可能性のある宮家として、世襲四親王家があります。そのうち、南北朝時代から続く伏見宮家が親王家のなかでもっとも古い家柄でした。また、伏見宮家、有栖川宮家、閑院宮家からは江戸時代に天皇を出しています。天皇を出せなかった桂宮家は、正親町天皇（1517～93）の第1皇子である誠仁親王の第6皇子・智仁親王（1579～1629）が起こした宮家です。智仁親王は豊臣秀吉の猶子となりました。その後秀吉に実子が生まれたことで豊臣家を離れ桂宮（八条宮）家を創設し、数寄屋建築の傑作といわれる桂離宮を子の智忠親王と親子2代で築きます。この桂宮家は江戸時代を通じて空主となる時期が多かったのですが、どうにか存続し続けます。しかし、明治14(1881)年には当主が絶え桂宮家が断絶します。

閑院宮家は幕末に当主(閑院宮家5代愛仁親王は天保13年に薨去)を欠きましたが、伏見宮家20代邦家親王(1802~72)の第16王子・載仁親王(1865~1945)を6代目として迎え入れることで家が再興します。大正12(1923)年に断絶した有栖川宮家を、大正天皇の第3皇子である高松宮宣仁親王(1905~87)が有栖川宮の祭祀など部分的に継承し存続します。

伏見宮20、23 邦家親王
- 伏見宮21 貞教親王
- 伏見宮22、24 貞愛親王 ― 華頂宮3・伏見宮25 博泰王 ― 博義王 ― 伏見宮26 博明王 / 華頂宮4 博忠王
- 山階宮1 晃親王 ― 梨本宮2・山階宮2 菊麿王 ― 山階宮3 武彦王 / 芳麿王
- 久邇宮1 朝彦親王
  - 賀陽宮1 邦憲王 ― 賀陽宮2 恒憲王 ― 邦寿王
  - 久邇宮2 邦彦王 ― 久邇宮3 朝融王 ― 久邇宮4 邦昭王 / 香淳皇后
  - 梨本宮3 守正王
  - 久邇宮分家 多嘉王 ― 梨本宮4 徳彦王(梨本宮守正王妃・梨本宮伊都子の養子となる)
  - 朝香宮1 鳩彦王(允子内親王)― 孚彦王 ― 朝香宮2 誠彦王
  - 東久邇宮1 稔彦王(聡子内親王)― 盛厚王(成子内親王(昭和天皇第1皇女))― 東久邇宮2 信彦王
- 小松宮1 彰仁親王
- 北白川宮2 能久親王
  - 竹田宮1 恒久王(昌子内親王)― 竹田宮2 恒徳王 ― 竹田宮3 恒正王 / 恒治王 / 恒和王
  - 北白川宮3 成久親王(房子内親王)― 北白川宮4 永久親王 ― 北白川宮5 道久親王
- 華頂宮1 博経親王 ― 華頂宮2 博厚親王
- 北白川宮1 智成親王
- 閑院宮6 載仁親王 ― 閑院宮7 春仁親王
- 東伏見宮1 依仁親王

明治天皇・昭憲皇太后(一条忠香の3女)― 大正天皇、允子内親王、聡子内親王、昌子内親王、房子内親王

大正天皇・貞明皇后(九条道孝の4女)― 昭和天皇、秩父宮 雍仁親王、高松宮 宣仁親王、三笠宮1 崇仁親王

昭和天皇・香淳皇后 ― 今上天皇、常陸宮 正仁親王

今上天皇・美智子皇后(正田英三郎の長女)― 皇太子、秋篠宮 文仁親王

三笠宮1 崇仁親王 ― 三笠宮2 寛仁親王、桂宮 宜仁親王、高円宮 憲仁親王

注:「伏見宮系列宮家と天皇家の関係略図」は、『古地図で歩く　天皇家と宮家のお屋敷』(平凡社、2011年)に掲載されている「宮家略系図」を参考に作図

92.伏見宮系列宮家と天皇家の関係略図

後継者が不在となる家系を出す宮家がある一方で、伏見宮家は直系の血筋を保ち続けます。特に、伏見宮家20代の邦家親王は子沢山の家系でした。

その孫、ひ孫たちが宮家を継承するだけではなく、明治天皇、大正天皇の皇女と姻戚関係を結び、次々と宮家を創設する流れをつくります。邦家親王の第４王子である朝彦親王（久邇宮家初代、１８２４〜９１）もまた子沢山だったこともあり、久邇宮家は多くの新しい宮家を輩出していきました。昭和22（１９４７）年に、昭和天皇の弟にあたる直宮家３家（秩父宮家、高松宮家、三笠宮家）以外、傍系宮家11家が皇籍離脱することになります。これら傍系宮家全てが伏見宮の系統でした(92)。明治期以降の宮家は、結局のところ伏見宮家の家系によって支えられ続けたことになります。

宮家の東京デビュー（明治初期〜明治10年ごろ）

低地に甘んじる世襲王家　明治初年、新政府軍が江戸城を無血開城した時、江戸市中が安全な環境にはなく、江戸城を取り巻く大名屋敷の多くが天皇を護衛する軍の施設となります。天皇が住む皇居の西側の一等地、永田町などの高台（現在の国会議事堂南側とその周辺）は、三条実美邸、西郷隆盛邸、伊藤博文邸など、有力公家や維新功労者が広大な武家地跡を邸宅地としました。明治新政府の主要な官庁は丸の内とその周辺に置かれます。

それらに比べ、東京に移り住むことになった宮家の邸宅地は、多くの場合、彼らの満足のいくものではありませんでした。その一つに、邸宅地を３０００坪以内とする敷地規模の制限があり、１万坪を越える大名屋敷を手に入れることができない状況にありました。加えて、宮家の住まいとした場所は、東京の中心部からはじき出されるように、皇居の北東側にある神田の低地となります。慣れない土地でもあり、宮家の人たちにとっては処遇に不満が絶えなかったのではないでしょうか。

伏見宮家は、京を離れることがなかった伏見宮20代邦家親王、その第6王子・伏見宮21代貞教親王（1836～62）と代が受け継がれます。再び23代当主となる邦家親王の第14王子・貞愛親王（1858～1923）の代になり、東京に移住します。貞愛親王が東京で得た最初の土地は、旧平川だった低地の飯田町堀留あたり、幕末に幾つかの旗本屋敷があった場所（1871～73年の間居住）でした。明治初期はまだ華やいだ宮家を想像することはできません。次に移転した先は神田区富士見町です。幕末に禄高5500石の旗本寄合・酒井求次郎の屋敷だった2452坪の土地（1874～79年の間居住）を得ます。ここにきて、3000坪以下ですが、伏見宮家は低地から台地に屋敷を構えます。

93.宮家の屋敷地分布1（明治前期）

他の邦家親王の王子たちが住んだ邸宅地も見ることにしましょう。第１王子・晃親王（あきらしんのう）（１８１６〜９８）は元治（げんじ）元（１８６４）年に山階宮家（やましなのみやけ）を創設します。その邸宅地は、神田錦町（かんだにしきちょう）にある幕府の火除地でした(93)。後に、神田古本屋街になるあたりです。第13王子・智成親王（さとなりしんのう）（１８５６〜７２）によって北白川宮家（きたしらかわのみやけ）が明治３（１８７０）年に創設されます。智成親王の遺言により第９王子・能久親王（よしひさしんのう）（１８４７〜９５）が北白川宮家の２代目として後を継ぎますが、その屋敷ははじめ神田西小川町の旗本の土地を幾つか集めた土地でした。

同じ神田エリアでも、第８王子・彰仁親王（あきひとしんのう）（１８４６〜１９０３）が明治３年に創設した小松宮家（こまつのみやけ）は少し状況が異なりました。維新の功労が認められ世襲王家に格上げされた彰仁親王は、堀田山城守など４００から９００坪ほどの七つの旗本屋敷を合わせた、敷地規模の制限を越える５２６７坪の広さの邸宅地を得ます。屋敷を台地の平坦地に構え、斜面を利用して庭園がつくられました。神田駿河台下にある現在の錦華公園（きんかこうえん）がかつての庭園跡の一部となっており、庭園の面影もわずかに感じられます。だいぶ遅い時期、明治36（１９０３）年に東伏見宮を創設した第17王子の依仁親王（よりひとしんのう）（１８６７〜１９２２）は、旗本屋敷の土地でしたが、駿河台の神田川近くの台地に屋敷を構えました。

高台にある江戸時代のステータスを目指す

伏見宮家を中心とした宮家は、明治前期神田のエリアを離れることはなかったとしても、時代が過ぎるとともに、低地から台地への変化がありました。神田エリア以外にも、伏見宮家系列の宮家邸宅地が見られます。邦家親王の第12王子・博経親王（ひろつねしんのう）（１８５１〜７６）は慶応４（１８６８）年、年号が明治となる年、華頂宮家（かちょうのみやけ）を創設しました。明治３年にはアメリカへ留学し、明治６

（1873）年に帰国します。華頂宮家の最初の邸宅地は、高島藩諏訪因幡守（いなばのかみ）の蔵屋敷跡地、隅田川河岸の湿潤（しつじゅん）な土地でした。病弱であった華頂宮は、すぐに屋敷地の移転を願い出ます。翌年の明治7年に移ることができた先は、東京湾を見渡せる芝・白金の台地でした。ここでも、宮家の低地から高台への変化が見られます。移転先は、田沼藩土岐美濃守（ときみの）下屋敷から、一時的にイギリス公使館となっていた土地でした。この高台は、病気がちな博経親王にとって、最適な邸宅地だったと思われましたが、風光明媚（ふうこうめいび）な避暑地での療養も叶（かな）わず、明治9（1876）年に26歳の若さで世を去ります。

四親王家の一つである有栖川宮家9代目当主・熾仁親王（たるひとしんのう）（1835～95）は、東征軍大総裁として、明治新政府樹立の重要人物でした。そのこともあり、元号（げんごう）が明治となる年に明治政府軍との連携を取り易い、芝浜崎町の紀州藩徳川家下屋敷（以前は小田原藩大久保家上屋敷）に邸を構えます。敷地規模も、約1万4778坪あり、他の宮家に比べ破格の広さでした。ここは一等地のはずでしたが、内陸の京に生まれ育ったからでしょうか、潮風が吹く海の近くでの生活は有栖川宮家の人たちにとってあまり良い場所と感じなかったようです。海に面して湿潤な土地であるとの健康上の理由と、家族が多く狭いことをあげ、早々に引っ越しを希望します。明治8（1875）年には霞が関の高台にある黒田家上屋敷跡の南半分と周辺の九鬼長門守（くきながとのかみ）屋敷跡などを加えた広大な邸宅地を得て移り住みます。邸宅は現在の国会議事堂の前庭あたりにあり、庭園の面影を残す公園となっています。現在国会議事堂から延びる広幅員の道路を隔てた向かいも公園があり、測量の基準となる日本水準原点が明治24（1891）年に設置されました。

有栖川宮熾仁親王は、かつて孝明天皇の妹・和宮（かずのみや）（1846～77）と婚約した経緯があります。しかし、朝廷

（公）と幕府（武）が合体して政局の混乱をおさめようとする公武合体論が強化されるなか、和宮は14代将軍徳川家茂（1846〜66）のもとに降嫁します。嫁いでわずか4年後、慶応2（1866）年には未亡人となり、仏門に入り静寛院宮と名を変え、明治2（1869）年京都に戻ります。時代の大きなうねりのなかで、朝廷と旧幕府の関係を取り持つ重要な役割を担うために再び東京に戻った静寛院宮は、麻布市兵衛町（現・港区六本木一丁目）の皇族賜邸地に身を寄せました。江戸時代は八戸藩南部家上屋敷でした。その静寛院宮も、明治10（1877）年に31歳の若さでこの世を去ります。主を失った邸宅地には、梨本宮家が移り住みます。梨本宮家は、伏見宮家19代当主貞敬親王の第9王子守脩親王（1819〜81）が創設した宮家です。伏見宮家20代当主邦家親王は守脩親王の兄にあたります。

徳川御三家から宮家へと住み替わる紀尾井町（明治中期）

西南戦争が終わり、社会情勢が安定しはじめる明治10年から、明治憲法が公布される明治22（1889）年に至る十数年間、明治政府が主導する土地政策の基本が確立します。明治15（1882）年には3000坪以下とした宮家の邸宅地規模の制限が撤廃されました。その後、憲法制定前には国有財産の土地の多くが憲法の枠外である皇室財産に移管され、宮家は広大な邸宅地を確保できるようになります。明治という新しい時代に天皇の象徴性が増し、宮家も皇位継承権を持つ血筋として世の中にクローズアップされ、時代の花形にふさわしい地位を得るようになります。

明治22年2月に公布された大日本帝国憲法は、明治23（1890）年11月に施行されました。公布された大日本帝国憲法には「皇室典範」が盛り込まれ、皇族の諸制度が確立されます。これにより、天皇家と皇族の地位が定められ、天皇とともに宮家が絶対的な力を持ちはじめます。宮家の邸宅地も、東京の低地から台地へと大移動し、広大な邸宅地を得ます。

貞愛親王（伏見宮家22代、1858～1923）の代になると、伏見宮家は小川町、富士見町と、神田付近を転々とした後、江戸時代に大老職を幾度も務めた井伊家の中屋敷跡（現・ホテルニューオータニ）にやっと明治12（1879）年落ち着きます。敷地規模も1万8032坪と破格の広さとなり、四親王家のなかでもっとも古い歴史を誇る宮家の面目が保たれました（94）。伏見宮家は、皇室離脱の戦後までこの地に住み続けます（95）。富士見町にあった伏見宮邸の後には、山階宮家を創設した伏見宮邦家親王の第1王子・晃親王（1816～98）が入りました。

94．宮家の屋敷地分布2（明治中期）

95．伏見宮家の屋敷と庭園

北白川宮家2代当主の能

久親王は、伏見宮家より3年早い明治9（1876）年に神田の西小川町から紀尾井町に移ります。江戸時代は2万4548坪ある紀伊藩徳川家の上屋敷の半分弱、1万700坪の土地を手に入れました。明治17（1884）年には、ジョサイア・コンドルが設計した煉瓦造2階建、一部3階の洋館が建ちます（96）。その敷地は現在複合市街地と銘打った「東京ガーデンテラス紀尾井町」として平成28（2016）年にオープンしています。

赤坂見附御門を隔て北白川宮邸の向かいには、閑院宮家の邸宅がありました。6代目として閑院宮家を継承した伏見宮邦家親王の第16王子・載仁親王（1865〜1945）が明治29（1896）年に麴町一番町から、江戸時代終わりに松江藩松平家の松平出羽守定安（1853〜82）の上屋敷だった場所に移ります。慶応元（1865）年生まれの載仁親王はその後昭和20（1945）年5月20日に薨去するまで、閑院宮家の本邸として住み続けました。現在は衆議院議長公邸です。

96.洋館建築が建つ閑院宮家の屋敷

明治中期には、紀伊藩徳川家上屋敷跡（現・紀尾井町）の南側の土地が北白川宮家の邸宅、彦根藩井伊家中屋敷跡（現・紀尾井町）が伏見宮家の邸宅、松江藩松平家上屋敷跡（現・永田町）が閑院宮家の邸宅と、江戸時代に幕府の重要な地位にあった家系の屋敷が宮家のものとなります。明治天皇をサポートし、皇位継承権を持つ宮家は、江戸時代将軍の継承権を持つ御三家が住んだ場所に辿り着き、サクセスストーリーの主役を演じることになります。

皇室と宮家の関係を深めた武家屋敷跡地(明治後期から)

高輪・白金エリア

明治後期になりますと、神田エリアから麹町西側エリアへと変化してきた宮家の邸宅地は、西南の郊外地に広がります。エリアも、高輪・白金エリアと麻布・渋谷エリアに二分されていきました(97)。年号は明治から大正に変わります。

明治天皇御崩御の後、その第3皇子である嘉仁親王(1879~1926)が大正天皇となります。大正時代の東京は、モダン都市の香りを漂わせていきます。武蔵野台地から延びる高台は、渋谷川によって削り取られ、北の赤坂・麻布台地と南の芝・白金台地に分かれ、異なる地形となります。襞のように入り組む赤坂・麻布台地と東京湾にせり出す急な斜面地となる芝・白金台地。

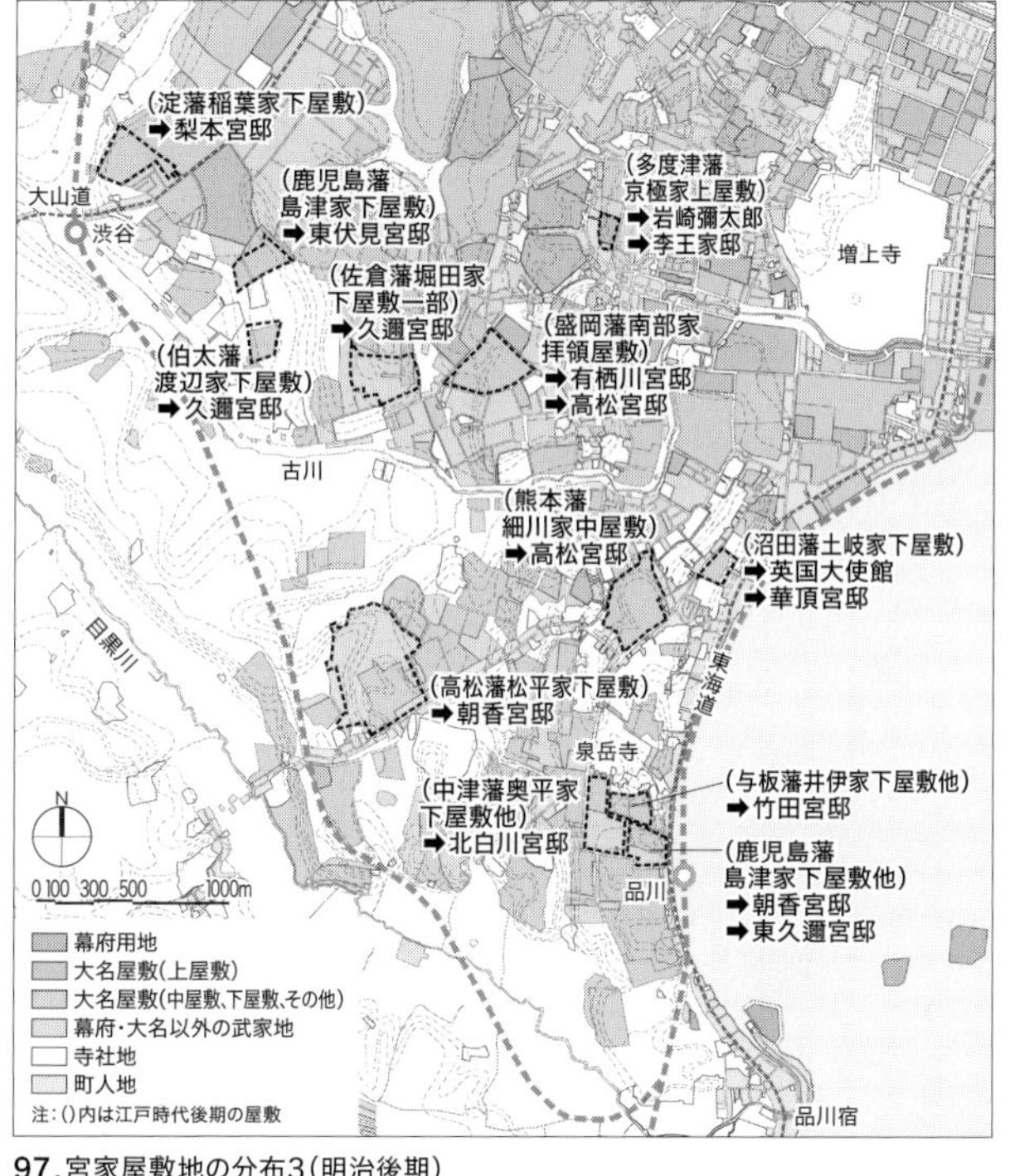

97.宮家屋敷地の分布3(明治後期)

それらの台地は、近代東京にあっていずれも高級住宅地となり、皇族たちが集まり住む地域ともなります。

明治28（1895）年、成久王（1887〜1923）は父宮・能久親王の薨去により北白川宮家を相続し3代目となります。明治42（1909）年には明治天皇の第7皇女・周宮房子内親王（1890〜1974）と結婚し、翌年の明治43（1910）年6月新居として芝区高輪南町（現・グランドプリンスホテル新高輪）を拝領し、本邸を明治45年に竣工させました。紀尾井町の邸宅地には、大正13年に梨本宮3代・守正王（1874〜1951）の第1王女・方子王女（1901〜89）の嫁いだ、李垠（1897〜1970）が本宅とします。昭和5（1930）年には、15世紀末から17世紀初頭にイギリスで流行った木造住宅であるチューダー様式の洋館が建ちました。この建物は後にグランドプリンスホテル赤坂の別館として使用され、移築後の現在も同地に保存され残ります。

北白川宮家は、第3代目となる成久王の他にも明治天皇の皇女との縁組みが行われました。北白川家2代目能久親王の第1王子の恒久王（1882〜1919）は、明治39（1906）年に竹田宮家を創設し、明治天皇の第6皇女・昌子内親王（1888〜1940）と明治41年に結婚します。その後成久王とともに、明治43年に高輪の地（現・グランドプリンスホテル新高輪）を賜り、邸宅地としました。

北白川宮家と同様に、久邇宮家の家系から分かれた人たちも、皇室と宮家の関係を深めます。久邇宮家初代朝彦親王の第8王子・鳩彦親王（1887〜1981）は、朝香宮家を明治39年に創設し、明治43年に明治天皇の第8皇女・允子内親王（1891〜1933）と結婚します。北白川家、竹田宮家とともに、高輪の地（現・京急EXインホテル）に新居を構えました。朝香宮家と同年に、朝彦親王の第9王子・稔彦親王（1887〜1990）が東久邇宮家を創設します。大正4（1915）年には明治天皇の第9皇女・聡子内親王（1896〜1978）と結婚し、大正9年から15年までフランスに留学します。

麻布・渋谷エリア　赤坂・麻布台地エリアの場合は、芝・白金台地のように集住せず、宮家の邸宅が分散立地します(97)。このエリアでは、有栖川宮家が明治29(1896)年に別邸を構えます。江戸時代の終わりころに2万8000坪ほどの盛岡藩南部美濃守利剛(1827~96)の拝領屋敷があった場所です。南西3分の2の敷地を邸宅地としました。有栖川宮は大正12(1923)年に断絶しますが、大正天皇の第3王子・高松宮宣仁親王(1905~87)が祭祀とともに有栖川宮家から麻布御用地や葉山別邸などを引き継ぎます。有栖川宮家別邸だった麻布御用地は、有栖川宮没後20周年(1934)を期に、引き継いだ高松宮家の手を離れ東京市に下賜されました。有栖川宮記念公園として整備がなされ、隣地には東京都中央図書館が戦後併設されます。

このエリアに、梨本宮家も移り住みます。麻布市兵衛町から麴町一番町と住まいを変え、渋谷区美竹町の地(現・東京都児童文化会館周辺)に邸宅を明治43年に構えました。江戸時代の終わりころに約5万坪もの広さがあった淀藩稲葉長門守正邦(1834~98)の下屋敷のうち、西側の約1・4万坪が梨本宮の邸宅地となります。この敷地は御料地として確保されてきた土地です。明治17(1884)年ころは李の林が広がる田園風景でした。明治3(1870)年、伏見宮第19代貞敬王の第10王子・守修親王(1819~81)が創設した梨本宮家は、明治14(1881)年に守脩王が薨去された後、本来なら一代で絶えるところでしたが、山階宮晃親王の第1王子・菊麿王(1873~1908)、次いで久邇宮家初代当主朝彦親王の第3王子・守正王(1874~1951)がともに養子となり後を継ぎます。梨本宮家を継いだ守正王は、明治33(1900)年、侯爵鍋島直大の次女・伊都子(1882

〜1976）と結婚し、後に朝鮮の李王家に嫁ぐ方子王女（1901〜89）を授かります。現在、渋谷区立宮下公園に唯一残る「宮下」の地名は、梨本宮邸の下に位置したことから付けられました。

明治後期からは、伏見宮家系列の数ある宮家のなかで久邇宮家が存在感を放ちます。久邇宮家は、伏見宮20代当主邦家親王の第4王子・朝彦親王（1824〜91）が明治9（1876）年に創設した宮家です。朝彦親王は、父宮同様に子沢山でした。明治天皇の皇女を妻に迎え入れた王子たちが新たに朝香宮家、東久邇宮家などの宮家を創設します。朝彦親王は京住まいのままこの世を去りますが、明治25（1892）年4月に18歳で2代久邇宮家当主となった朝彦親王の第3王子・邦彦王（1873〜1929）は、京都から東京に本邸を移します。はじめに住むことになる土地は井上馨邸（麻布東鳥居坂町の924坪の屋敷）の跡地でした。明治42（1909）年には麹町区一番町に引っ越します。空家となった鳥居坂町の屋敷は三菱4代目社長岩崎小彌太（1879〜1945）が手に入れます。大正8（1919）年になると、久邇宮家2代の邦彦王は有栖川宮家の別邸（現・有栖川宮記念公園）がある場所と谷を隔てた向かい側の台地、渋谷区宮代町に移ります。この邸からは大正13（1924）年に良子女王（1903〜2000）を昭和天皇の皇后として嫁がせ、久邇宮家は宮家の中で際立つサクセスストーリーを展開します。

久邇宮邸は、戦後の昭和23（1948）年に聖心女子大学のキャンパスとなります。現在も保存されているクニパレスは、香淳皇后の実家・久邇宮家御常御殿として、大正13年に建てられた和風建築です。大学創立に伴い校舎として使用後、翌年新校舎を建設するために現在地に移築保存されました。簡素な外観ながら、内部空間の欄間や飾金物には手の込んだ細工がほどこされ、襖絵、杉戸絵などにも華麗な演出が見られます。建材には台湾産の美材がふんだんに使われました。

関東大震災後の宮家

大正12（1923）年9月1日、マグニチュード7・9の直下型の大地震、関東大震災が東京を襲いました。昼時の火を使う時間帯でしたから、その後火事が多発し、下町を中心に東京は甚大な被害を被りました。しかしながら、宮家の場合は東京に起きた悲惨さと少し状況を異にします。麹町三番町に留まった賀陽宮家（2代目恒憲王）が被災し、紀尾井町の伏見宮邸や高輪の朝香宮邸に建物の倒壊が見られた他、東京市中の大惨事から較べれば被害は少なかったといえるでしょう。それは、明治42、43年ころまでに芝・麻布、あるいは渋谷方面の高台に邸宅地をすでに構えていたためです。

98.旧朝香宮邸だった東京都庭園美術館

関東大震災で建物が倒破した朝香宮家は、邸宅地を白金台に移します。鳩彦王本人は大正11（1922）年から14（1925）年までパリに留学しており、被災にあうことはありませんでした。パリ郊外で交通事故にあい、長期滞在を余儀なくされたからです。そのことが幸いしてか、留学中の大正14年に開かれたアール・デコ博（パリ万国博覧会）を視察します。それ以来、アール・デコに大変興味を持つようになり、白金台の新居はアール・デコ様式で建てられました。内装の基本設計をインテリアデザイナーのアンリ・ラパン

（1873～1939）が担当しています。女神像のガラスレリーフやシャンデリアは宝飾デザイナーとして活躍したルネ・ラリック（1860～1945）に直接依頼して制作させる熱の入れようでした。現在は、東京都庭園美術館として、家具も含め当時の趣を伝えており、多くの人が訪れます(98)。高輪にあった朝香宮家の邸宅地は、東久邇宮家が引き継ぎました。

高輪には、他に大正天皇の第3皇子・宣仁親王（1905～87）が創設した高松宮家の邸宅地もあります。この土地は、江戸時代熊本藩細川家下屋敷でした。赤穂浪士四十七士のうち、大石良雄（内蔵助）ほか16人が切腹した屋敷です。明治期に高輪御領地となり、後に明治天皇の第6皇女・常宮昌子内親王（1888～1940）の御所としても使われました。昭和6（1931）年になると、宣仁親王が邸宅を構え、昭和62（1987）年に薨去するまで住み続けます。

昭和6年、東伏見宮家は渋谷町常盤松の土地を邸宅とします。常盤松町の由来となった松の木は、邸宅地内にあったものです。この松は見事な枝振りの老木だったと伝えられてきました。その由来には2説あって、源義朝の側室・常磐御前が植えたというもの、世田谷城主・吉良頼康の側室・常盤が植えたというものですが、定かではありません。「常盤松御用邸」（現・渋谷区東4―9）は、江戸時代の薩摩藩島津家の下屋敷から、明治時代に入り御料地（御料乳牛場）となります。その後、神田に邸宅があった東伏見宮家が関東大震災で被災して移り住み、第二次世界大戦（大東亜戦争）終焉まで住み続けます。東伏見宮家の屋敷は、昭和25（1950）年から皇太子時代の今上天皇（1933～）の御殿（東宮御所）、昭和39（1964）年になると戦後最初の宮家として創設された常陸宮正仁親王（1935～）の邸宅となっていきました。

3 大名上屋敷から近代都市センターへ

濠の埋め立てを回避した日比谷公園の建設

霞が関から丸の内にかけての一帯は、明治10年代、皇居を護衛する目的から陸軍の練兵場で占められます。明治政府には、天皇を守護し、国内の不穏な動きを封じ込めるとともに、もう一つの大きな役割がありました。旧幕府が米国との日米和親条約(1854年締結)など、諸外国と結んだいわゆる不平等条約の改正という政治課題です。外務卿寺島宗則(1832～93)の後を受けた井上馨(1836～1915)がその折衝の矢面に立ちます。彼は、西欧の文明を享受するだけでなく、かたちだけでも文化、習慣を疑似体験し、欧化政策を強力に押し進めようとしました。鹿鳴館の設計をお雇い外国人建築家のジョサイア・コンドル(1852～1920)に依頼し、明治16(1883)年に国際的な社交場を完成させます。鹿鳴館で開かれる夜会でダンスを踊る元帥の山縣有朋(1838～1922)など、政府高官の姿が滑稽だったとしても、日本にとっては不平等条約改正という切実な願いがその姿に込められていました。

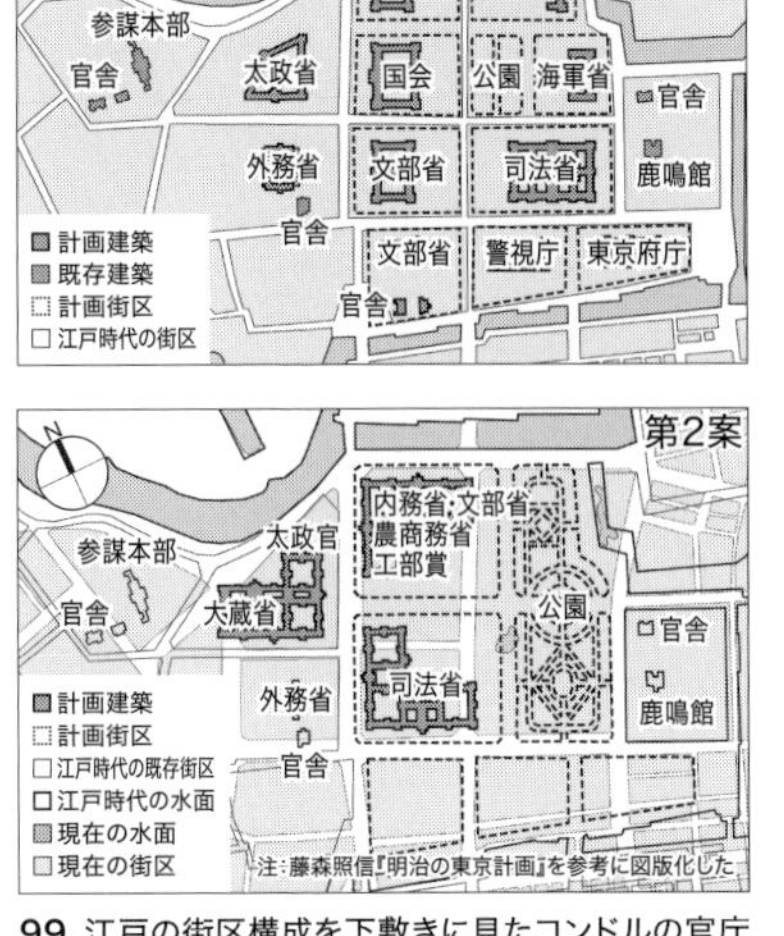

99. 江戸の街区構成を下敷きに見たコンドルの官庁集中計画

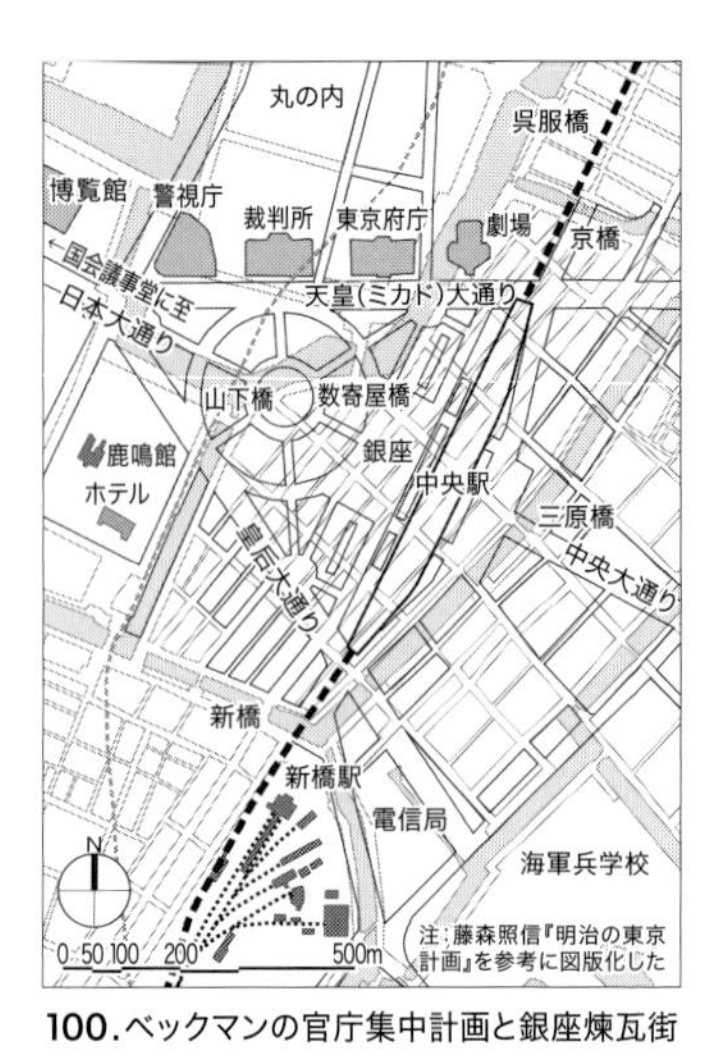

100. ベックマンの官庁集中計画と銀座煉瓦街

井上は都市にまで目を向けます。西欧諸都市の壮麗な街づくりを新首都となった東京の中央に出現させる「官庁集中計画」を具体化する建築家として、再びコンドルに白羽の矢が立てられました。しかしながら、コンドルは井上の意に反して江戸の大名屋敷を下敷きに、内濠と外濠をそのまま残しながら官庁の施設配置計画案を提案します。特に明治18(1885)年1月の第2案では、地盤の軟弱な場所に大規模な公園が計画されました(99)。現在の霞が関の官庁街と日比谷公園の配置とあまり変わらない計画図です。現代の視点からすれば実に利にかなった計画であるように思えますが、西欧化に邁進する為政者の目には物足りなさがあり、不満が募ったのでしょう。

コンドルに見切りを付けた井上は、ドイツ連邦のプロシア王国で一流建築家としてすでに名声と地位のあった、ヘルマン・エンデ(1829~1907)とウィルムヘルム・ベックマン(1832~1902)に官庁集中計画を依頼します。彼らは、クライアントである井上馨をはじめとする明治政府高官の意向を汲み取り、内濠と外濠を埋め立てることで江戸の風景を消し、パリ大改造を思わせる壮大なバロックの都市空間を描いて見せました(100)。山王権現、半蔵御門あたりから浜離宮におよぶ壮大なエリアでの計画は、内濠を埋め立てた後で中央広場とし、明治10(1877)年に完成したばかりの銀座煉瓦街に中央駅が配されました。

この壮大な計画は、具体化の一歩手前までいきます。しかし、財政難とともに、極端な欧化政策を試みた井上馨の失脚によってあえなく頓挫し、縮小を余儀なくされました。同時に軟弱な地盤の問題が浮上し、明治22（1889）年市区改正設計（旧設計）において日比谷公園の計画が浮上します。日比谷公園が明治36（1903）年に完成してみると、コンドルが示した官庁集中計画の第2案とほぼ変わらない公園規模に驚きます。興味深い点として、ドイツ式庭園を目指して計画されたはずの公園内には、本多静六の意見もあって公園北東角の敷地に江戸の石垣を保存し、濠の水面を心字池として残したことです。明治に整備された近代公園である日比谷公園は、現在も江戸の風景がうまく融合し、時代の架け橋となり続けています。

ストリート景観にこだわった曾彌達蔵

丸の内に目を向けますと、明治23（1890）年に三菱が軍用地の払い下げを受けた後、8万4000坪もある丸の内の広大な土地は、市区改正計画に基づき、道路整備がされます。江戸時代からあった馬場先通りが20間（約36メートル）幅に拡幅し、仲通りが新規に通されました（101）。建物は、馬場先通りと大名小路が交差する角地に、第一号館が明治27（1894）年に竣工します。それを皮切りに明治末までには一丁倫敦と呼ばれる、西洋建築が建つ街並みがつくられていきます。ただしこの開発区域は、馬場先通りが中心で、全体から見ればほんの一部に過ぎませんでした。

101. 明治23年に三菱の岩崎彌之助に払い下げられた土地

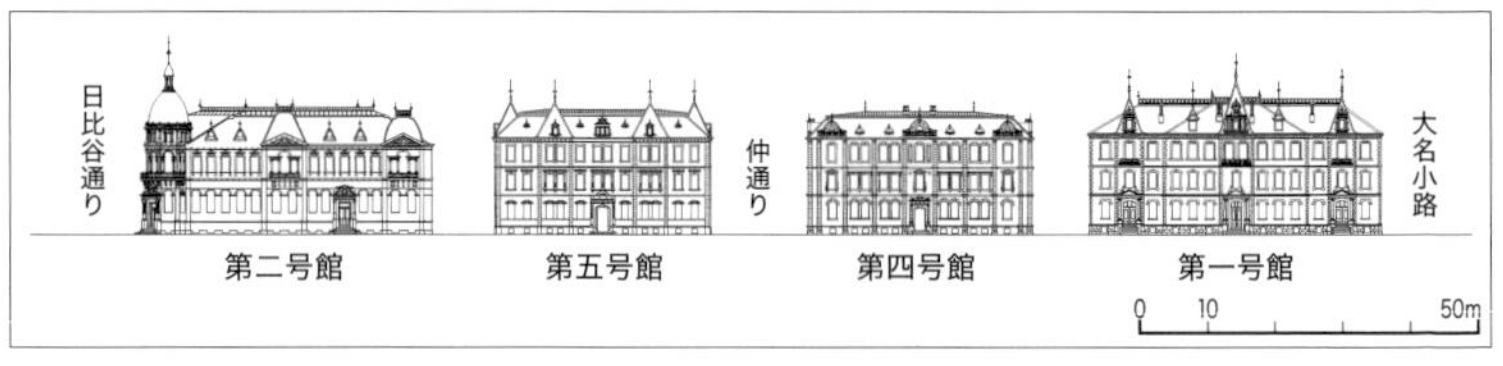

102.馬場先通り北側の連続立面

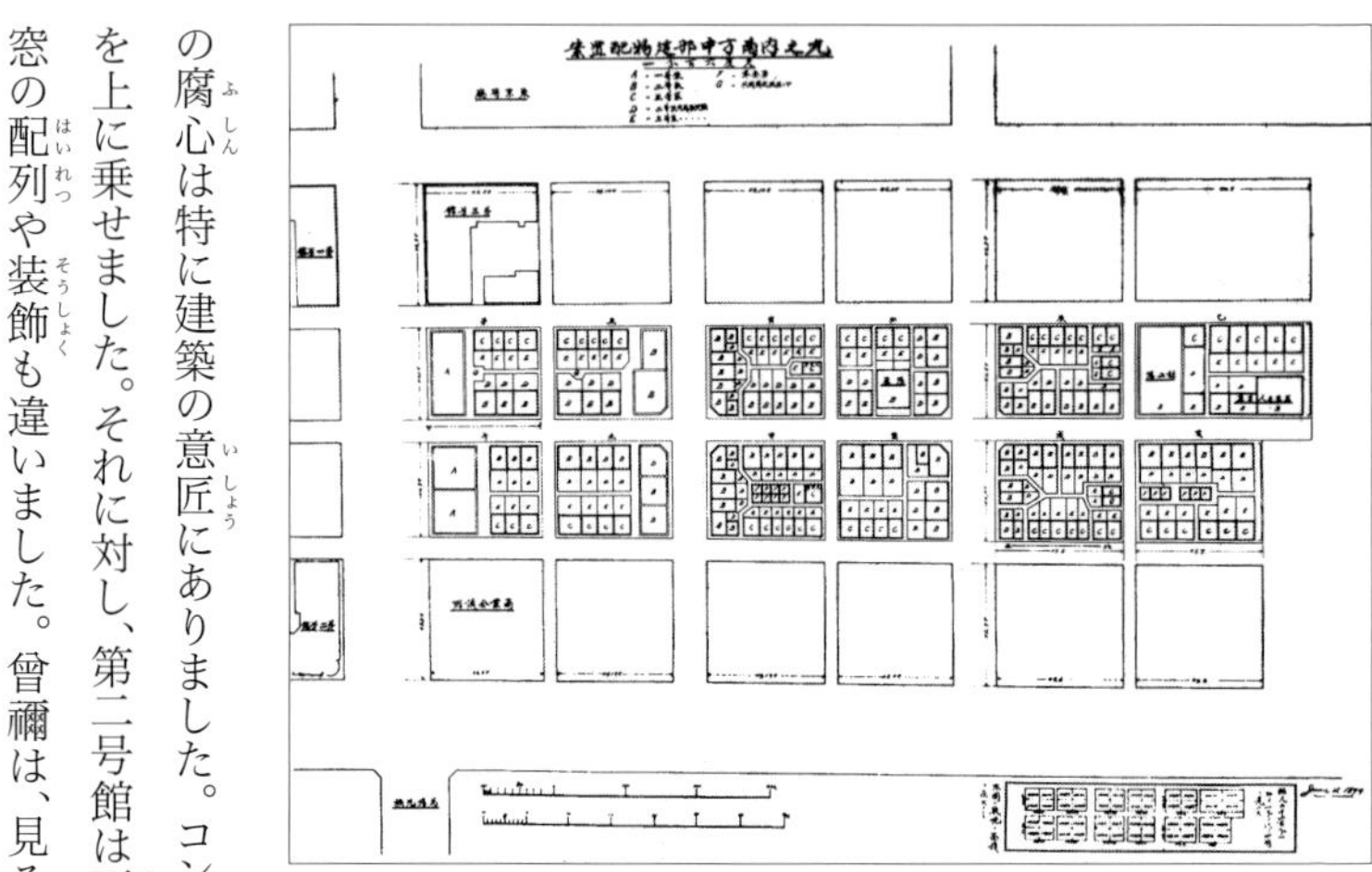
103.丸之内南方中部建物配置案

明治30年代も終わろうとするころに、東京商業会議所を加えて第一号館、第二号館、第三号館（第三号館の設計は曾禰達蔵）が馬場先通りの四隅を占め、四軒長屋といわれます。第一号館と第二号館を設計したコンドルは、丸の内における設計の仕事から身を引き、バトンタッチした曾禰達蔵（１８５３～１９３７）が第四号館、第五号館を建て、馬場先通り北側に連続したストリート景観を完成させました（102）。馬場先通り北側沿いの四つの建物は、意識的に軒高50尺に揃えられます。軒高を揃える考えは当初からあり、曾禰の腐心は特に建築の意匠にありました。コンドルは第一号館を煉瓦造とし、尖った屋根を上に乗せました。それに対し、第二号館は石造で、角に立派なドームの塔を配します。窓の配列や装飾も違いました。曾禰は、見るからに異なる二つの建築をうまく取り込み、馬場先通りをストリート性のある街並みにする工夫がされたのです。それは、馬場先通りの両端角を占めるコンドルの建築よりも全体的に地味に押さえながらも、第四号館が第二号館、第五号館が第一号館を似た建築デザインとするよう心がけ、全体のストリート景観に統一感を持たせました。

曾禰は、このような単体のオフィスビル設計や街並みの配慮に加え、さらに丸の内における新たな都市空間の可能性として、街のあり方、職住近接の住のあり方を模索しました。オフィスビルを建てることで馬場先通りに象徴性を持たせましたが、このスタイルで8万坪以上の土地を埋め尽くせるのかという疑問が曾禰の脳裏をかすめたようです。その一つの解決策として、コンドルが死ぬまで事務所としていた銀座をヒントに丸の内の都市プランを描きました。銀座煉瓦街の基本的な仕組みを移植することで解決しようと試みた向きがあります。確かに、明治期の銀座は「形態としての洋」と「空間としての和」をうまく混在させ豊かな街を育て上げており、西洋を模倣しただけではない、活きた街の姿がそこにありました。街のあり方として、曾禰は一つの図面を残します。明治32(1899)年6月4日と記載された「丸之内南方中部建物配置案」(有楽町寄りの馬場先通り以南の丸の内)には、小さな建物が建て込むように軒を連ね、湯屋や勧工場の用地も用意され、銀座煉瓦街が下敷きとなっているように思われます(103)。曾禰が示した都市プランは、勧工

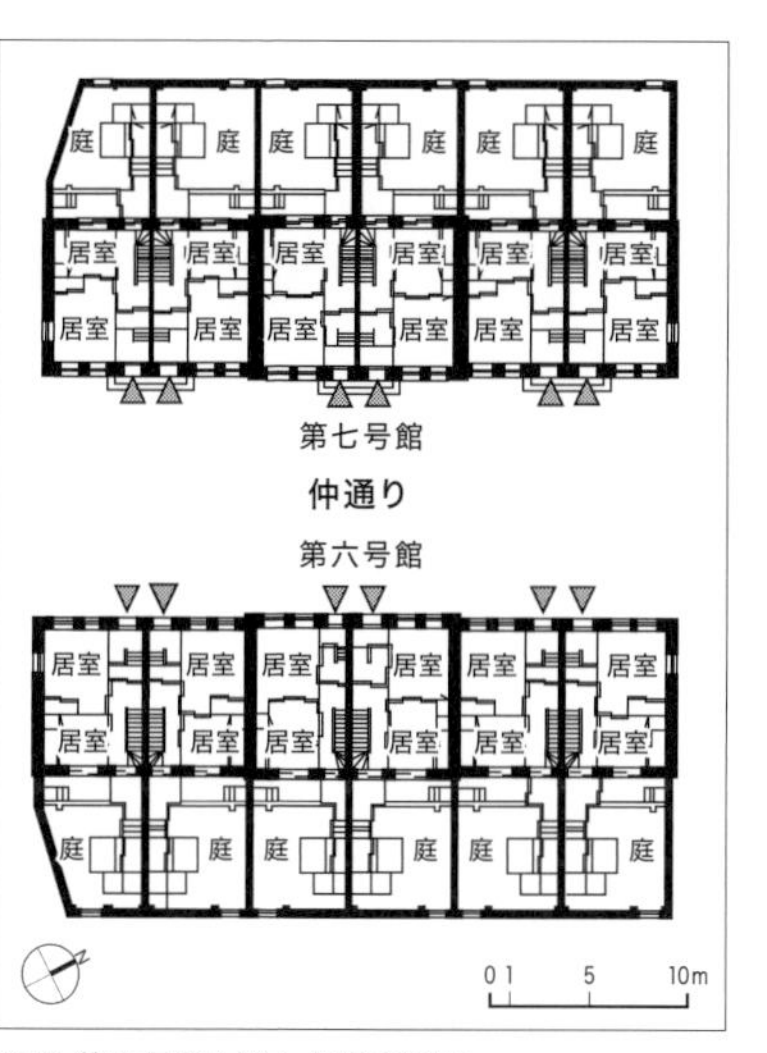

104.第六号館と第七号館の平面

場があり、輸入品を並べた店々をウィンドーショッピングする人たちの賑わいや、裏通りや路地での活き活きとした居住生活、そのバランスが魅力を増してきた銀座にヒントを得ようとしたのでしょう。

職住近接に関しては、賃貸住宅兼用事務所が検討されました。第四号館の竣工とほぼ同じ時期、仲通り沿いには第六号館と第七号館が竣工します。これらの建物は煉瓦造で建てられた事務所と住宅とを兼ねた形式でした(104)。第六、第七号館の両館とも、6戸建高級棟割長屋の住宅として設計がされます。各戸には玄関、床の間、便所、台所、浴室、物置などを設け、畳敷き、襖の押入れが付いた部屋でした。

洋風の建物に和風の部屋が設けられた不思議な試みに、明治37(1904)年5月9日付の『人民新聞』はやや戸惑いを見せながら記事にします。「丸ノ内所有地内に、このほどさらに住宅向け貸家として極めて簡単なる2階建て煉瓦家数棟を新築し」と報じました。「極めて簡単」としていますが、当時日本に都心居住するアパートメントの意識があまりなく、立派な洋館をイメージしているようにも思えます。また、交通の便が悪い丸の内を意識したのでしょうか。記事は「特に場所柄市内の中心当たりにいることとて、一般の会社、銀行、商店等への通勤者には至極便利なり」と結びます。

第六、第七号館が完成に近づいたころ、日露戦争の戦況が日本に有利に展開します。経済界の状況がにわかに好転しはじめ、東京への経済集中が活発化しました。東京の中心部には会社・商店の新築が相次ぎ、丸の内への事務所需要も増大します。一方で、住居利用の希望は少なく、第六、第七号館の建物は間もなく事務所専用の仕様に改修され、貸オフィスとなりました。丸の内に出現するはずのアパートメントは幻に終わります。時代が変化するなかで、丸の内は事務所中心の街となっていきました。

霞が関から日比谷にかけての変化

岡本かの子は『丸の内草話』（1939作）において「私の子供だった時分、明治30年くらいまでの丸の内は、三菱ヶ原と呼ばれて、八萬餘坪は一面に草茫々として野原だった。和田倉橋の邊に立って日比谷の森が見渡せた」と書き残します。その森は、丸の内同様軍用地とされていた日比谷の練兵場跡地で、練兵場時代は森ではありませんでした。ただし、市区改正事業の一環として明治36年6月1日にはモダンな近代公園、日比谷公園に生まれ変わります。半世紀以上前の記憶を辿って書かれていますので、岡本かの子は新たに出現した公園の森をイメージしていたのかもしれません(105)。

105．練兵所跡地に誕生したモダンな日比谷公園

日比谷公園東側には明治6（1873）年に発足した華族会館がありました。華族会館は、浅草本願寺、旧二本松藩邸、神田錦町の学習院内、上野公園内文部省官舎と転々とした後、明治23（1890）年に鹿鳴館を借り受けます。明治27（1894）年には土地建物を買い取りました。華族会館の隣接地には帝国ホテルが明治23年11月に竣工します。帝国ホテルは、当初エンデやベックマンと関係が深い建築家、チーツエとメンツが設計を担当するはずでしたが、基礎工事の不備を理由に中止となります。エンデは官庁集中計画で地質の不備を指摘した人物です。本当にそれが理由だったのかは疑問が多少残りますが、ドイツ留学から帰国したばかりの渡辺譲（1855〜1930）が代わっ

て担当しました。渡辺譲は明治13（1880）年に工部大学校を卒業しており、コンドルのまな弟子の一人です。明治20年代は、お雇い外国人から日本人建築家へと、国家的建築を担う人材がシフトする時期であったとも考えられます。

帝国ホテルから日比谷公園を隔てた霞が関側には、ベックマンが手掛けた明治28（1895）年竣工の司法省（現・法務省）と明治29年竣工の東京裁判所（後の最高裁判所）の建物が建てられました。明治31（1898）年にはコンドルが設計した海軍省の建物が竣工します。桜田通り沿いはお雇い外国人として活躍し、奇しくも井上馨の要請で官庁集中計画も手掛けた二人が設計した建築が霞が関に建ったことになります。

明治37（1904）年5月8日、日露戦争での九連城陥落の祝賀会が皇居前で行われました。その時、熱狂した群集が江戸の名残りをとどめる枡形の馬場先門に殺到し、狭い木橋上で死者が出るほどの騒ぎが起きます。この事故の反省から、西の丸下一帯は、多くの人が集まれる場所とし、公園式の皇居前広場に改められました。この時馬場先門の枡形が撤去され、馬場先・桜田・大手の内濠の一部が埋め立てられます。公園を横断する道路が整備され、濠の外側にある既存道路と結ぶ連絡路も整備されました。

お濠端に出現した帝劇と警視庁は帝都の新名所

馬場先通り両側の街並み景観を完成させるべく、保岡勝也（1877〜1942）の設計により第十二号館（1911）と第十三号館（1912）が丸の内で最後の煉瓦造建築として建ち、構造は以降鉄筋コンクリートに変わります。もう少し建設時期が遅ければ、鉄筋コンクリートで建っていたかも知れません。

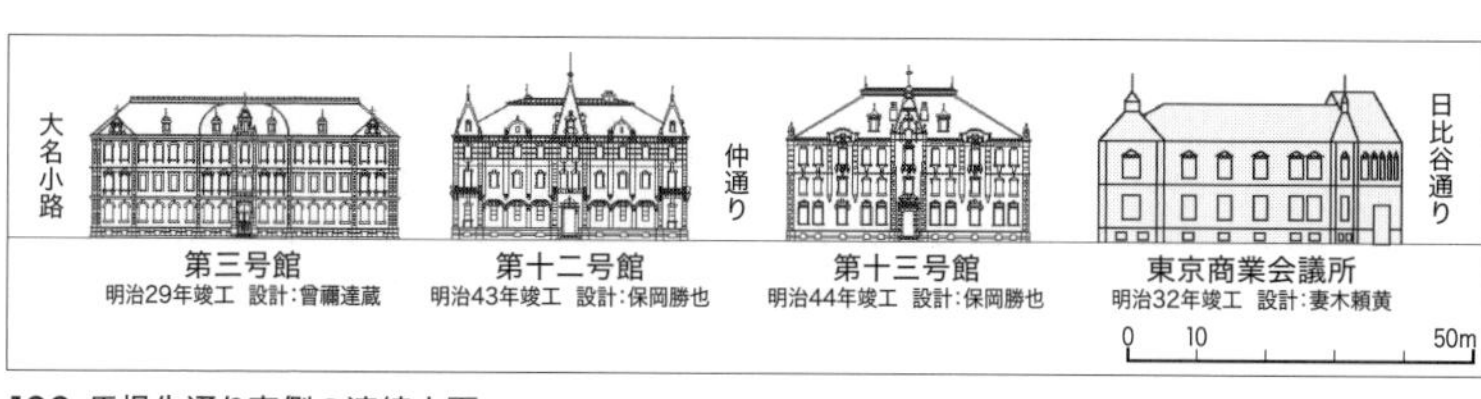

106.馬場先通り南側の連続立面

馬場先通りに面して建つ第十二号館、第十三号館の設計には、第一号館、第二号館、第三号館、第四号館と軒を揃えるようにとの注文が保岡にあったといわれています。三菱側の注文か、あるいは顧問としての曾禰の注文かは定かではありませんが、軒高50尺で街並みをつくりだす建築の基準が強く生き続けているとわかります。同時に、建物ファサード（建物の正面）の窓や意匠、屋根のデザインや塔部分の装飾も、意識的に関係性を持たせるように設計がなされたように見えます（106）。

煉瓦造のビルが建ち並ぶ馬場先通りの街並みが完成し、外国人の法律事務所、外資系企業などもビルのテナントとして入居します。第十三号館が完成する3年前、明治41（1908）年には、東京商業会議所が主催する日米商工会議所の交歓会が開かれました。丸の内が国際的なビジネスセンター街となりつつあることをうかがわせます。第十三号館が竣工した明治44（1911）年には、事務所ビル以外に二つの特徴的な建物が丸の内に完成しました。帝国劇場と警視庁です。丸の内は業務機能が集中するだけでなく文化的な機能が加わります。三菱は、はじめから事務所ビル中心の街を目指していたかといえばそうではありません。丸の内の土地を払い下げられた明治23（1890）年、岩崎彌之助はコンドルに西洋風の劇場を計画させました。図面だけが引かれ実現しませんでしたが、芸術・文化、商業、住居が複合した都市空間を思い描いていたのです。

帝国劇場は、コンドルが西洋の劇場を計画してから20年もの歳月を経て、明治39

107.白亜の帝国劇場（左）と警視庁

（１９０６）年10月にようやく福沢諭吉（１８３５～１９０１）らが提唱して発起人総会の開催まで辿り着きます。代表取締役には澁澤栄一（１８４０～１９３１）が選任され、帝国劇場株式会社が発足しました。劇場の実現に向けて大きく動きだし、欧米諸国の大劇場と比べ、見劣りしない劇場づくりを目指す財界人の思いが実現に一歩近づきます。帝国劇場の設計は横河民輔（１８６４～１９４５）でした。明治40（１９０７）年5月から建築工事が始まり、建坪６４５坪、地下付き5階建の帝国劇場が明治44年2月に竣工します。すべて椅子式の１７００席ある劇場は、人工照明が採用され、食堂を施設内につくり、切符制を導入するなど、従来の日本の劇場には見られない西欧の本格的な建物が誕生しました。

一方の警視庁は、煉瓦造3階建の建物が明治44年3月に竣工します。設計には辰野金吾の他、警視庁技師の福岡常次郎、後に明治生命館を設計することになる建築家岡田信一郎が加わりました。地下には、軟弱な地盤に対応して数多くの杭が打ち込まれます。ドイツ風の重厚な赤煉瓦建築の警視庁は、隣に建つフランス風の軽やかな白亜の帝国劇場と対照的な外観が話題となり、絵葉書にもしばしばセットで登場しました(107)。お濠端の通り沿いは、第一号館、東京商業会議所に加え、帝国劇場と警視庁の二つの近代建築が新たに登場し、内堀通り（現・日比谷通り）に市電が敷設されるとともに丸の内の新たな風景として人々になじみはじめます。後に、東京会館も加わり、お濠の水面に映るイルミネーションが幻想的な景観をつくりだしました。

第5章 サラリーマンの誕生と郊外生活（大正期）

1 帝都の顔・東京駅と東京中心部を貫く架設橋

市街地に建設された鉄道高架線

日本の鉄道は、明治中ごろまでに全国くまなく張り巡らされ、人や物を運ぶ交通の中心的な役割と地位を確立させました。全国に鉄道網をネットワーク強化する目的で、明治39（1906）年10月1日から明治40（1907）年10月1日までの1年の間に、鉄道の国有化が進められます。しかしながら、首都である東京では中心部への鉄道の乗り入れがまだされていませんでした。東海道本線は汐留川の手前の新橋駅で止まり、東北本線は上野が終着駅です。隅田川以東からの鉄道は隅田川を渡ることなく、両国駅で止まっていました。中央本線は新宿駅から四ツ谷駅を経て、外濠や神田川の土手を利用しながら、御茶ノ水駅まで延伸できただけにとどまる状況でした(108)。

東京では、江戸以来の狭い道路、上水道など都市基盤整備の遅れとともに、頻発する火事の対策として都市の不燃化も重要な課題でした。こうした都市改造の必要性から、東京市街全体を視野に入れた市区改正計画が議論されます。明治21（1888）年、内務省によって市区改正条例が公布され、東京市区改正委員会（委員長は元東京府知事の芳川顕正）が設置されました。市区改正計画による事業化のおおまかな経緯を見ますと、明治22年から32年の間は、主に上水道事業を主体に進みました。明治33（1900）年以降は主に江戸時代からの主要道路を拡幅し、市街鉄道（市電）を通す事業が開始されます。ただ、財政的な要因から計画が思うように

108.外濠沿いを走る甲武鉄道

進みませんでした。新たな展開を模索するかのように、明治39年に新設計速成事業が実施されます。神田須田町から京橋間の道路拡張がなされ、第1期事業は明治43年に終了しました。翌年から第2期速成事業に入り、下水道事業が市区改正計画の目玉として整備が進められます。この事業も思うように進展せず、大正7(1918)年には市区改正計画の事業に終止符が打たれました。それでも市区改正による事業の教訓を踏まえ、大正8年には都市計画法とその姉妹法である市街地建築物法が成立し、都市基盤の整備についての基本的な制度の確立を見ます。こうした事業の流れのなかで、東京都心部の鉄道敷設も計画されていきました。

東京中心部への鉄道乗り入れに関しては、市区改正計画を審議する東京市区改正委員会が明治22(1889)年に新橋駅と上野駅の両停車場をつなぐ鉄道敷設と、その間の鍛冶橋、あるいは万世橋の北に中央停車場の建設地を決定します。明治19(1886)年に来日したヴィルムヒルム・ベックマンの官庁集中計画案には後の中央停車場(現・東京駅)と思われます「中央駅」が煉瓦街となった銀座の中心に描かれました。明治5(1872)年に完成した新橋駅の駅舎をそのまま利用し、既存の路線に沿ってまっすぐに北に延ばしていけば、ベックマンの描いた中央駅の位置は理解できます。さらに路線を延ばしていけば、鍛冶橋の東側に中央駅を置くこともできます。この方法を取りますと、市街地を寸断して路線が通ることになります。今では考えにくいことですが、大正期に神田駅周辺の市街地を寸断して路線を通した結果を考えますと、あながち可能性がないともいえません。いま一つ、万世橋の北を候補地としてあげています。こちらは、明治23（1890）年に貨物駅となった秋葉原駅周辺と考えられます。江戸時代は火事の多い場所でした。広大な土地を火除地としており、明治に入ってからも空地だった場所です。広大な敷地を確保できるのですが、東京の中心からは神田川を渡った外側というイメージがあり、帝都の中心に位置する駅とは考えにくかったと思われます。

東京の表玄関となる東京駅に関しては、内務大臣から当時内務省内にあたる鉄道庁に向け、東京市の中央に一大停車場を設置する訓令が明治23年9月出されました。日清戦争後の明治29（1896）年に開かれた第9次帝国会議では、政府事業として中央停車場建設と東海道本線の複線化が認められます。同年4月には、線路の実測と高架線の様式の検討が行われました。明治32（1899）年からは高架建設用地買収が開始します。この時点までに路線のルートは確定され、初期段階とは異なるルートに変更されたと考えられます。その経緯は定かではありません。政治的な力学が働いたとする説もありますが、江戸時代から銀座、京橋、日本橋といった商業集積地域を縦断するルートでは用地取得が難しかったのではないでしょうか。逆に、芝のあたりは江戸時代会津藩伊達家中屋敷など大名屋敷だったところですし、丸の内も大名屋敷跡地が官の用地となっていますから、町人地と比べればはるかに用地買収がしやすかったといえます。

明治33（1900）年には鉄道敷設用地買収がほぼ終わり、地質調査が開始されました。明治33年9月になりますと、帝国ホテル裏側にあった石垣の取壊しを手始めとして、高架線架設橋工事が始まります。軟弱地盤のために工事は難航しました。深く堅い地盤まで松杭を打ち込み、丹念に煉瓦を積み重ね、磐石な基礎の上にアーチの高架線架設橋がつくられていきます。明治40年3月から43年9月の3年半の歳月をかけ、やっと呉服橋までの間が完成しました。

帝都の表玄関、東京駅の完成と辰野金吾の努力

東京の中心部へ乗り入れる鉄道線路の工事が着工され、中央停車場の構内配置と駅舎の計画がドイツ人技師のフランツ・バルツァー（1857〜1927）によって進められます。バルツァーが帰国した後の明治36（1903）年12月には、平井晴二郎（ひらいせいじろう）作業局長官から、東京駅の設計が辰野金吾（たつのきんご）（1854〜1919）に委嘱（いたく）されました。辰野金吾が「中央停車場の建築」に書いたところによりますと、建物を連続させ多少壮観を呈するようなものにしてくれと長官に注文されたそうです。最初に設計を依頼したバルツァーが建物を分節させた案を提示したことに、平井が不服だったようで、新たに設計者に指名された辰野に念を押すかたちとなりました。

辰野金吾は、東京帝国大学工科大学学長を辞めた次の年、独立して設計事務所を構えて間もない時期に、中央停車場設計の注文を受けます。明治37（1904）年から辰野は設計作業に入りますが、明治43（1910）年10月に最後の第3案の実施案が鉄道院に承認されるまで、実に7年の歳月を要しました。この間に第1、第2、第3と3種類の設計案が作成されます。辰野は、東京駅の実施案が煮詰（につ）まりはじめる明治40（1907）年8月に、設計事務所を東京駅の近く、丸の内の仲通りに面する第九号館に移転します。

ただし、最終設計案が完成する明治41年3月には、中央停車場の基礎工事がすでに着手されていました。そのことから、建築規模が拡大する一方で、構内（こうない）や駅舎（えきしゃ）の基本的な配置は大きな変更がなかったと考えられます。しかも、明治36年にバルツァーの中央停車場の論述と図面の掲載されたドイツ技術者協会の雑誌が新た

に発見されたことで、バルツァーの基本計画を辰野金吾が踏襲したことが既往の調査分析でわかってきています。また、辰野金吾の第3案が鉄道院に承認される1カ月前の明治43年9月にはすでに呉服橋まで線路の敷設が完成しており、辰野金吾への中央停車場の設計依頼は当初から建築意匠に重点を置いたものだったと考えた方がよさそうです。

中央停車場（東京駅）の設計が長引き、実施案の決定に遅れを生じた最大の理由として、日露戦争（1904・05年）の影響があげられます。日露戦争の勝利を記念して建物の規模が当初に比べはるかに大きくなっていったからです。階数が2階建から3階建となり、この間に資金面だけでなく、帝都東京の表玄関としての東京駅の重要性が高まっていました。東京駅は、南と北に同一形状の大広間（現在の丸の内南口と北口）を設け、南口の旅客入口と北口の旅客出口とを別々にした設計です。これはすでにバルツァーが示した図面に盛り込まれている内容でした。むしろ、天井高90尺もある巨大空間を創造することに、辰野の強い関心と力点が置かれていたのです。建物の構造は、大空間を堅持するために、地震が多い日本の風土を意識し、耐力の計算が比較的信頼し得る鉄材を基本としました。側面と間仕切りはすべて鉄骨を使用し、さらに煉瓦と石材でこれを包む慎重さを感じさせる工法です。

本屋の規模は、長さ184間（約335メートル、1間=約1・818メートル）、延床面積7242坪となり、第一号館の5倍に相当する巨大構築物が丸の内に出現しました(109)。東京駅の軒高は55尺（約17メートル、1尺=約0・303メートル、1間=6尺）、左右の八角塔の最高部は152尺（約46メートル）。江戸のシンボルであった天守閣の高さは、台座を除く建物部分が148尺ですから、建物の高さだけでいえば天守閣を凌ぐ高さです。

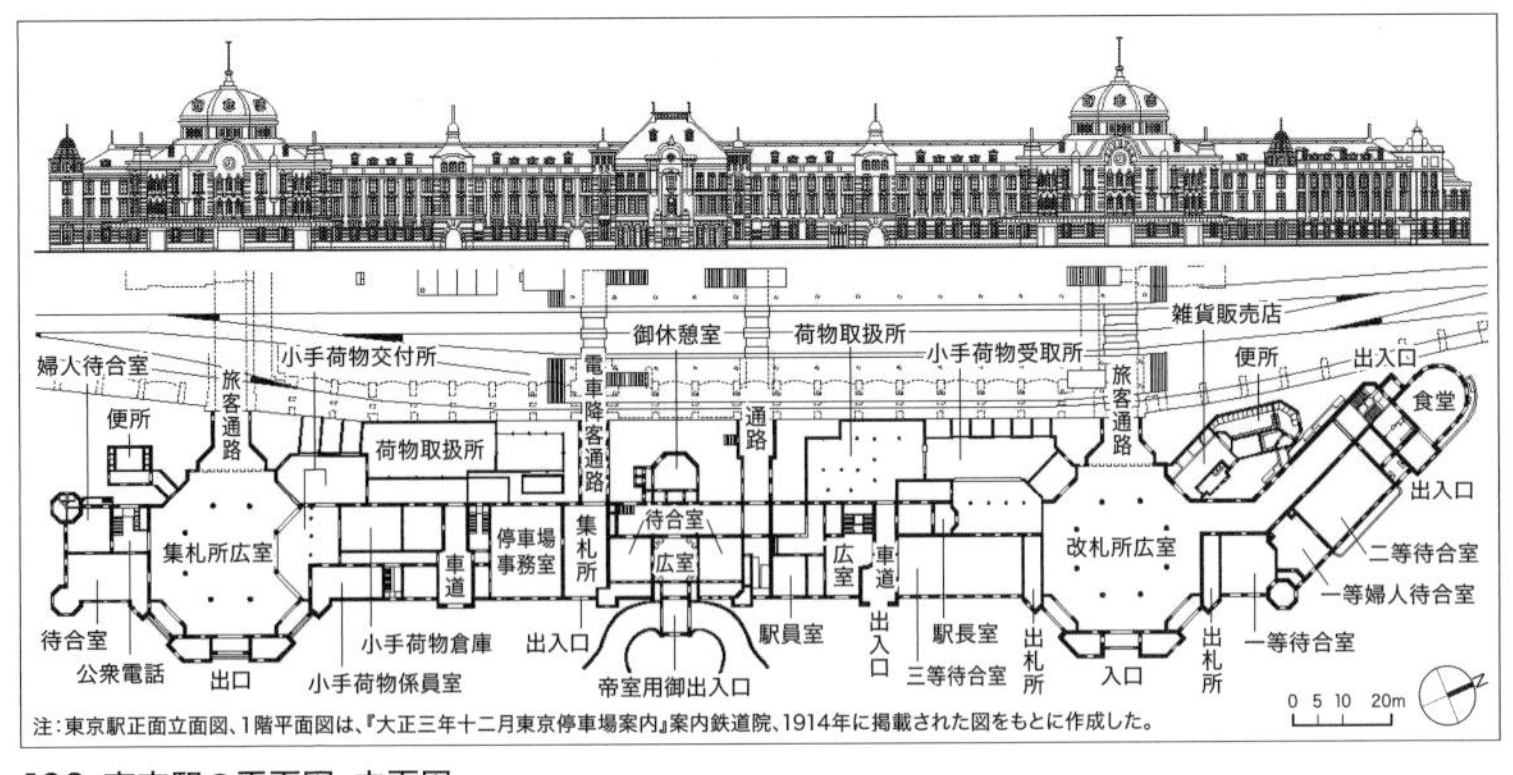

注：東京駅正面立面図、1階平面図は、『大正三年十二月東京停車場案内』案内鉄道院、1914年に掲載された図をもとに作成した。

109.東京駅の平面図・立面図

東京駅は大正３（１９１４）年に完成しますが、東京駅を始発とする中央本線の延伸と山手線の環状線化はまだ未整備の状況でした。新橋―上野の駅間のわずか５・５キロメートルを通す高架線工事は、東京市街縦貫鉄道として、すでに明治22年に計画されていたのですが、軟弱な地盤が待ち受けていました。さらに神田川や江戸城外濠、市街地内の大通りを跨ぐなど難工事が連続します。それに加えて日露戦争、第一次世界大戦、関東大震災などが度重なり、経済的な基盤が揺らぐ時期での工事でした。

中央本線の東京―神田―万世橋の各駅間は、２８３万円の工費をかけ、大正４（１９１５）年11月から大正８年３月まで工事が進められました。その後、東京―神田―秋葉原―上野の各駅間工事が工費１２９９万円をかけ、大正９（１９２０）年２月から14（１９２５）年11月にかけて行われ、やっと山手線全線が開通します。東京駅の総工事費が約４０７万円ですから、莫大な工費が路線敷設に投入されました。工期も、明治33年９月の着工から大正14年11月まで、実に25年２カ月の歳月を要しました。この一連の鉄道敷設工事により、現在の首都交通の基本骨格と丸の内への交通網の都市基盤が完成したことから、丸の内は東京における社会経済活動の中心的な役割をさらに担いはじめます。

2 一丁紐育と呼ばれた丸の内

一等一類道路に格上げされた「行幸道路」

当初「中央停車場」と名づけられた大建築の駅舎は、完成時に「東京駅」と名前を変えます。名前を変えた経緯はよくわかりませんが、明治天皇が東幸し、江戸城を東京城とした新政府の高官たちの気持ちが想起されます。

東京駅開業の翌年、大正4（1915）年11月には、駅の3階に築地精養軒の経営する東京ステーションホテルが開業します。開業当初は第一次世界大戦（1914〜18）勃発後、客足はあまり芳しくありませんでしたが、大正6年以降第一次世界大戦が終焉に向かうころから外国人客が来日しはじめます。その後の戦勝景気によって懐が豊かになった日本人も加わり、客室は逆に不足気味となりました。この東京ステーションホテルの盛況が現在の新丸ビルの敷地に構想された「ジャパン ホテル」の計画に発展します。しかしながら、第一次世界大戦後の反動恐慌があり、海運会社など大戦ブームの恩恵を受けた出資会社が大きな打撃を受け、大ホテル建設計画は消滅します。

日本社会が好景気と不景気を繰り返すなか、明治22（1889）年から事業化した市区改正計画は思うように進捗せず、明治36（1903）年に「市区改正新設計」が新たに定められました。道路網の再検討が行われ、計画された街路は316路線から86路線に縮小変更されます。丸の内では、外濠沿いの一等二類道路が消滅する一方で、道三堀を埋め立てた跡に通される永代通り、皇居と新しく誕生する中央停車場を結ぶ40間（約72メートル）の行幸道路が新たに一等一類として位置づけられました。新設計の路線数が4分の1近く縮小されたなかで、道路整備からも東京における丸の内の都市空間としての位置づけの高さがわかります。「行幸道路」は、東京駅の竣工に合わせた大正3（1914）年に東京駅前から内濠の手前までが完成しました⑽。

110. 都市空間の位置づけの高さが際立つ行幸道路

大正3年に完成した東京駅は丸の内のサラリーマンが通勤に使うようになります。田山花袋（1872〜1930）は『東京の三十年』において、三菱カ原と呼ばれた一面野原の時代を思い返しながら、「今は濠の四周を軽快な電車が走り、自動車も飛び、おりおりは飛行機までやって来た。今では、さびしさとか、陰気とかいふ分子は影も形も見せなくなってしまった」と、その変貌ぶりを描きます。大正7（1918）年の流行歌『東京節』でも「東京の中枢は丸の内」と歌われ、だれもが躍進する丸の内を感じ取っていました。大正後期に入ると、東京ではビジネスの中心地が日本橋川沿いの兜町や日本橋から、丸の内へと大きく揺れはじめる時期です。大正3年に日本の交通網の原点となる東京駅が完成した後、丸の内では東京海上ビルヂング（以降東京海上ビル）、日本郵船ビルヂング（以降日本郵船ビル）、そして丸ノ内ビルヂング（以降丸ビル）と、次々に巨大ビルの建設が続き、ビジネスセンターとしての機能が整います。

4年7カ月間の工期を要した東京海上ビル

行幸道路沿いに最初に登場する大規模建築は東京海上ビルです。新たな構造である鉄筋コンクリート造と新しいアメリカ式のオフィス空間を手探りの状況でつくりあげた第二十一号館と異なり、東京海上ビルはヨーロッパ式事務所建築から完全に脱皮し、後に建つ丸ビルや郵船ビルなどの代表的なアメリカ式高層オフィスビルの先駆け的な建物として大正7年9月に竣工しました(111)。鉄筋コンクリート造、7階建の高層建築は、曾禰中條建築事務所が設計しました。5185坪の延床面積は、第二十一号館の倍の規模です。この建物は、構造設計にも注意を払い、構造の専門家である内田祥三(1885〜1972)が担当しました。構造の重要性が示された建築でもあります。東京駅前に威容を誇る白亜の高層オフィスビルは、日本人の設計、施工による初めての本格的なアメリカ式事務所ビルでしたので、当時の日本建築界は大きな自信につながりました。

111.高層オフィスビルの先駆け東京海上ビル

建築規模の拡大は同時に施工期間の長期化を意味しました。現場はドラム型のミキサーが稼動するだけで、クレーンなどの近代的な施工機械がない時代です。施工の短縮化を模索して、施工を一括ではなく分割して請け負わせるなど様々な工夫がなされましたが、東京海上ビルは大正3(1914)年2月28日の起工から4年7カ月もの工期を要しました。大規模化するビルの建設は、従来型の施工ですと長期化が目に見えており、機械の導入など工期短縮のための新たな施工への進展が不可欠となっていたのです。

大正12（1923）年1月発行の「丸の内便覧」によりますと、東京海上ビルには大規模な建物だけに大正11（1922）年の調べで116の入居企業がありました。東邦電力、大同電力など電気・ガス供給業の多さが特徴です。東京の人口が増大し、産業が勃興するなか、電気・ガスの需要が伸び、企業規模を拡大させました。貿易業（輸出業）も好景気のなかで成長します。大正11年で20社が入居しており、ビル全体に占める割合は17・2パーセントと、ビル内で大きなウェートを占めます。まさに成長産業が東京海上ビルのフロアを占めました。また、丸の内の都市空間の重心が馬場先通りから行幸道路へ大きく移動しはじめるとともに、すでにある東京商工会議所（東京商業会議所から名称変更）に加え、帝国鉄道協会（現・日本交通協会）、東京銀行集会所（現・東京銀行協会）日本工業倶楽部といった銀行や産業界の核となる組織も丸の内に建物を新築するようになります。

アメリカ式施行技術で驚異的な工期短縮

第一次世界大戦の影響から、日本は大正4年から7年までの間、貿易収支が黒字を記録し続けました。明治以降初めて実質的な輸出超過に転じます。事業の新設と拡張が産業界で相次ぎ、商業や銀行なども活況を呈します。東京海上ビルが完成した後も、丸の内の事務所スペースを望む声は増々強くなる一方で、供給側の丸の内は数千坪程度のビル新築が続いても追いつかない現状にありました。この需要と供給のギャップを解消するためには、大規模な貸事務所ビルを一刻も早く複数建設する必要があったのです。しかし従来の施工方法では、大規模なビル建設に限界が見えていました。東京海上ビルが4年半、同時期に竣工する京橋の第一生

112.アメリカ式の高層オフィスビルが建ち並ぶ、大正11年の丸の内

命は6年の工期を必要としていたからです。三菱銀行本店ビルは着工から竣工まで5年10カ月を要しました。藤森照信著「丸の内をつくった建築家たち—むかし・いま」(別冊新建築日本現代建築家シリーズ15『三菱地所』に収録)によりますと、従来の工法で丸ビルを建てた場合には、単純に建設規模で割り出すと18年の歳月を必要としています。建物の建設にかかる投資期間が長過ぎ賃事務所ビルの経営は経済動向と見比べ成り立たない計算となります。

このことから、施工方法の面でアメリカ式高層オフィスビルへの関心が大正初期に高まりつつありました。オフィススペースの需要オーバーの状態を緩和するためにも、大規模ビル建設の工期を短縮できるアメリカ式施工技術の導入が不可欠となっていました。アメリカで試みられていた施工方法を使いますと、丸ビルの工期は2年8カ月で一部入居可能となる計算が出てきます。いかに工期を短縮できたかがわかります。必然的に、丸ビルの建設はアメリカの施工方法を採用することになり、日本建築界に革命的ともいえる衝撃を与えました。その主役を演じたアメリカの施工会社がフラー社です。

大正9（1920）年には、高層建築物の計画に対応する法制面の動きがありました。現在の建築基準法の前身である市街地建築物法が制定され、そのなかで建築物高さの制限が31メートル（100尺）と明示され、丸の内のスカイラインの基本が決定します。東京駅前に建つ丸ビルは、延床面積1万8311坪、9階建とかつてない壮大な構想でした。建築予算の総額は900万円。5年前に完成した東京駅の総工事費と延床面積、ともに倍以上ですから、金額も、規模も破格です。

丸ビルは大正12年2月に完成し、その後新しいテナントが続々と入居しはじめました。丸ビルと同じフラー社の施工で建設した日本石油の有楽館は前年の8月に竣工し、郵船ビルが12年の5月に完成します。行幸道路の南沿いには丸ビルと郵船ビルが並び、北側にはすでに東京海上ビルが威容（いよう）を誇っていました。軒高50尺を基準に建てられた低層の赤煉瓦建物が並ぶ馬場先通りを「一丁倫敦（いっちょうろんどん）」と呼ぶのに対し、軒を百尺（31メートル）に揃えたアメリカ式の白亜の高層ビルが建つ行幸道路一帯は「一丁紐育（いっちょうにゅーよーく）」と呼ばれました(112)。

3 大正期の娯楽と生活

銀座にはカフェ、人形町には劇場

明治期に娯楽の場として賑わう浅草、日本橋、銀座。この三つの地域は、大正期に入りそれぞれ異なる変化

113. 大正10年の劇場分布

114. 浅草六区の賑わい

を見せます(113)。劇場は、これまで浅草、日本橋、銀座に限られましたが、鉄道の発達により次第に郊外へも拡散するようになります。例えば、西北には早稲田座、南には品川座が立地したように拡散されました。

浅草は、オペラで賑わいます。その中心が金龍館でした。日本のオペラは上流階級の娯楽ではなく、庶民の芸能として人気を得ます。活動写真（無声映画）もまた爆発的な人気となりました。「目玉の松ちゃん」の愛称で親しまれた、歌舞伎役者であり映画俳優の2代目尾上松之助（1875〜1926）からチャップリン（1889〜1972）まで、様々な映画も上映され評判を呼びます。この時期、浅草は庶民の楽天地でした(114)。

日本橋に目を向けますと、江戸時代に芝居町であった人形町界隈は、水天宮を核として明治座を抱え、寄席、映画館が密度高く立地します。近くに花街の芳町があることから、遊興・歓楽地帯でもありました。大正期の日本橋は、まだ江戸的な雰囲気が漂う繁華街としての賑わいを残し続けます。

銀座を中心とした広いエリアは、木挽町に歌舞伎座があり、それと対置するように、有楽町側には帝国劇場、有楽座といった近代を代表する劇場がありました。2極立地する劇場分布によって、繁華街としての銀座エリアが拡大することになります。ここでのスターは松井須磨子(1886~1919)でした。

銀座は、明治44(1911)年にプランタン、明治43年にパウリスタがカフェとしてオープンし、人気を博します。次第にブラジルコーヒーを楽しみながら、文化的な香りが漂う街となっていきます。プランタンやパウリスタのような本格的なカフェには著名な文士、画家、俳優が集いました。『明治商賣往來』を書いた明治21年生まれの仲田定之助(1888~1970)は、カフェについて興味深い異論を述べます。「明治末期から大正へかけて、カッフェは勃興期に入るが、そのいずれも名はカッフェでも料理を出すバーであって、酒、ソフト・ドリンク、珈琲、紅茶だけをのませる、フランス風のキャッフェではなかった」と。この時代、バーよりもはるかにカフェの認知度があり、バーであっても人を呼べるカフェにしたのでしょうか。ただし、仲田定之助がいうところのバーも、じっくりとスコッチを味わう場所ではなかったようです。徳田秋聲(1872~1943)が『縮図』で述べているように、「慶応ボオイの金持ちの息子や華族の若様」なども西欧のカフェ文化に浸るべく集まるようになっていたのです。彼らは仲田定之助がいうところのバーの方だったようです。バーやカフェに入り浸る彼らは、時として銀座を俳諧し、夜ともなれば酒を飲み、語らう世界を楽しんでいました。

銀座はこうした文人たちだけのものではありませんでした。明治の終わりころには、店を終えた商店のおかみさん、番頭さん、小僧さんたちも、浴衣がけで銀座通りの東側歩道にびっしりと並ぶ夜店をひやかしながらぶらついていたのです。銀ブラも、正装した、あるいは流行のファッションにこだわる老若男女だけではなかった点が銀座の銀座らしさかもしれません。職住が一体となったヒューマンスケールの町、それがこの時期の銀座でした。

花街に変身した神楽坂のカラクリ

江戸は独身男性が圧倒的に多くの割合を占める大都市でした。幕府が公認する唯一の遊廓・吉原は、冷やかしはともかく、長屋住まいの八っつあん熊さんが気軽に利用できたわけではありません。江戸市中を少し離れた寺社の門前などに花街(かがい)(岡場所(おかばしょ))が非公認で設けられ賑わいます。江戸が東京となっても、独身男性の数の優位は変化しませんでした。天皇を守るために、若い独身男性が兵隊として、あるいは働き手として東京に集中していたからです。明治・大正期の花街は江戸の花街がベースでした。その一例として、神楽坂(かぐらざか)の花街をのぞいてみましょう。

江戸時代の神楽坂は、武家地と寺社地を中心に町が構成されていました。町の骨格をなす坂、神楽坂通り沿いは寺社門前の町人地が成立します。寛政(かんせい)5(1793)年に移転してきた善国寺(ぜんこくじ)(通称、毘沙門天(びしゃもんてん))周辺には、茶店(ちゃみせ)が軒を連ね、岡場所として発展する行元寺(ぎょうがんじ)境内が神楽坂の花街の原型をつくりだし、双方が相まって神楽坂の賑わいの場をつくりだしていきました。神楽坂の賑わいは、江戸建設期に外濠を新たに開削し、掘割による惣構(そうがまえ)を完成させた後にできた神楽河岸(かぐらがし)を利用して商う人たちが大きな役割を担っていたと思われます。鉄道などなかった江戸時代、日本橋、神田といった江戸の商業の中心から離れた外濠沿いは、神田川を遡上(そじょう)し、外濠に入る舟運(しゅううん)の終着点である神楽河岸が下町と山の手を結ぶ物流の結節点として貴重な存在でした。多くの人たちが集散する神楽河岸はさぞ活気に満ちていたのでしょう。

明治に入ってから、神楽坂は江戸時代を凌ぐ賑わいとなります。軍の施設が東京市街の周縁に移ると、東京における花街の勢力図は周縁が大きなウェートを占めるようになっていきました。外濠の外側に位置する神楽坂も同様です。明治7(1874)年、神楽坂近くの市ヶ谷に陸軍士官学校ができ、神楽坂はより色濃い町に変貌します。行元寺境内だけだった神楽坂の花街はエリアを拡大させます。明治維新となって、武家地は主を失い荒廃する屋敷が明治初年に目立つようになります。あるいは、明治初期に土地の所有権を示すため明治政府が「地券」を発行し、土地が自由に売買できるようになりますと、自分たちの土地を売って金を得るケースも増

所有者と住所が同じ地主
不在地主
注：図は、1912年の地籍図『東京市及接続郡部 地籍台帳地籍地図』をもとに作成した。

115. 神楽坂の1912年における土地所有者と不在地主

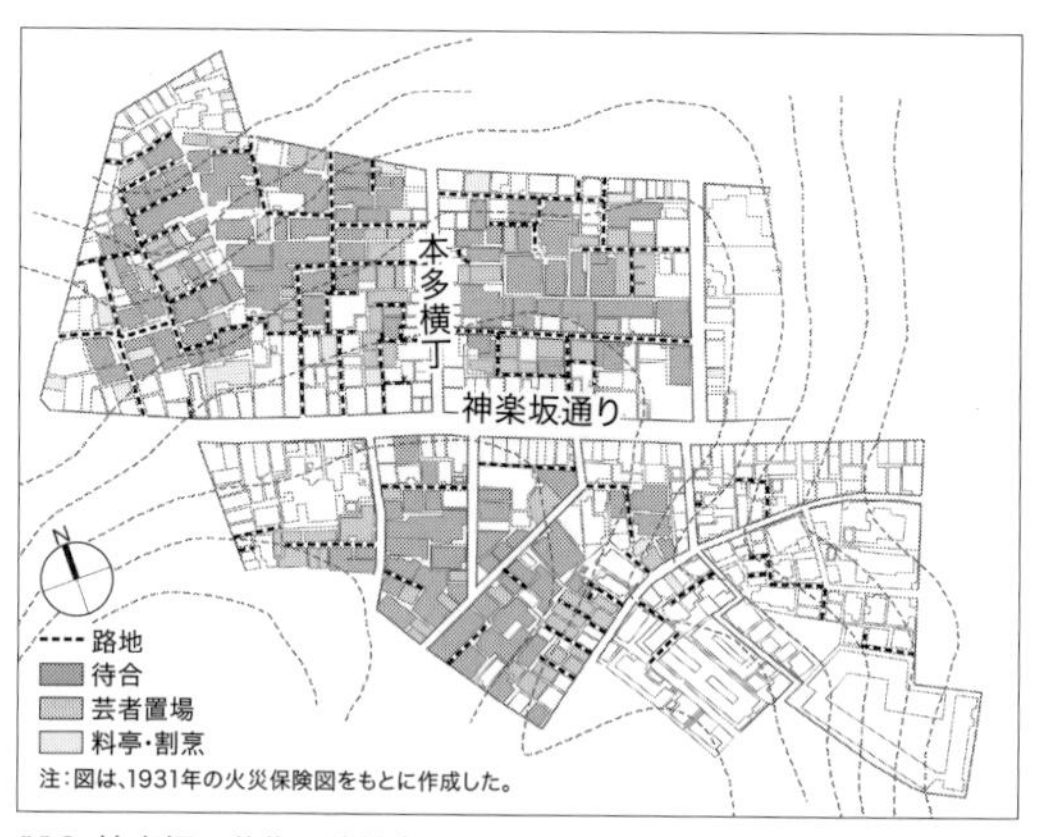

116. 神楽坂の花街と路地(昭和初期)

えました。それとは逆に、貴族や華族の特権層、商いで成功した人たちが大規模土地所有者となっていきます。多くの土地を抱え、土地に住むことのない「不在地主」の人たちは、土地経営のためにさらに土地を手に入れます(115)。当然、得た土地からは金を生みださなければなりません。神楽坂が花街を立地させる上で格好の場所であれば、武家地跡がそのターゲットとなるのも必然です。

ほぼ同程度に四角く割られた小さな石、ピンコロ石が敷き詰められ、風情ある路地が現在の神楽坂にあります。本多横丁から東側と西側にある路地を入った中に広がる一帯です。本多横丁の東側一帯の土地は、享保(きょうほう)7(1722)年常火消役(じょうびけしやく)に任ぜられた本多因幡守忠能(いなばのかみただよし)が屋敷として拝領した土地でした。享保以降江戸時代を通じて本多家は屋敷を移ることなく住み続けましたが、明治に入り不在地主である安居憲一郎に土地が移行します。その彼が花街として地代を高く得られるように土地の仕組みを変えます。

117. 多くの人で賑わっていた神楽坂

もう一つ、神楽坂通りの南側にも花街ができました。こちらは松江藩主の流れをくむ松平直亮(まつだいらなおあき)(1865〜1940)が不在地主として近代に得た土地です。神楽坂を特徴づける花街の雰囲気は、不在地主の土地がベースとなり、明治・大正期にかたちづくられた花街として、名が知られるようになります(116)。最盛期に700名もの芸妓(げいこ)(芸者)が在籍するほどに賑わい、神楽坂沿いの商店街も活況を見せました。しかも、関東大震災では焼失を免れたことから、東京では数少ない江戸・明治の花街の名残りを伝える場所として、関東大震災以降も人気スポットであり続けました(117)。残念ながら、東京大空襲では焼失し当時の建物が残っていませんが、当時をしのばせる花街の雰囲気は現在も健在です。

江戸の面影を払拭した近代オフィス街

大正3年日本橋に生まれた北園孝吉(1914〜1984)は、『大正・日本橋本町』において「わが家周辺は、大中小の商店が入りまじった町並だった」と述べています。日本橋は「にんべん」や「山本山」のように江戸以来の老舗問屋が残り続けます。畳の上で寝起きする生活スタイル、和の食事を維持し続ける食文化が一般庶民の暮らしにありました。それらの生活を支える問屋がまだまだ町の中心でした。当時の日本橋あたりの家やその周辺をのぞいてみますと、「茶の間は、店に対して『奥』といっていたが、大阪障子とL字型になる台所障子があった。奥の東側はガラス障子で、そこを開けると縁側。ほんの一メートルにも足りないくらいの空地の向こうが竹塀だった。つまり、わが家には庭がない。この辺のたいていの家でも庭がなくて、ぎっしりと商家や、しもたや(商家ではない職人や勤め人の家)が詰っていた。路地が縦横にあって、出入り口(玄関)は路地内にある。我が家の『奥』は、そんな座敷で、長火鉢が春夏秋冬いつでも置いてあり、夏でも火種が灰の中に埋けてあった」と、北園は路地裏の生活空間を詳細に描写します。商家では、昔ながらの生活のパターン、商業習慣が継承されてきました。

こうした町内完結型の社会も、時代とともに変化します。北園は子供時代を回想し、日本橋が移り変わる様子を次のように語ります。「わが家のとなりからの横丁通り、南側の吉田牛乳店あたりから取りこわされ、

118.三越(中央奥)と日本橋(明治後期)

西角を曲がって広い何百坪が無くなった。そしてその跡に三井物産の大建築ができあがり、その界隈の商店と、うしろの路地内に詰まっていた小住宅の江戸から明治にかけての建物がこわされてしまった」と。通りに面して連続して建ち並ぶ土蔵建築群や密度高く寄り合って建てられていた裏路地の建築群が消えていく過去を書き綴ります。これが大正中期の出来事でした。後に西仲通りをはさんで日本銀行、通りを隔てて三越、横浜正金銀行が並ぶようになり、近代的なオフィス街が日本橋の一角に出現しました。

白木屋、三井呉服店(三越)といった江戸以来の呉服店は、座売りをやめ陳列販売方式に改め、さらに巨大な近代建築におさまる百貨店へと衣更えしていきます。白木屋は、増改築しながら店舗を拡大します。明治11(1878)年に建てられた土蔵造2階建の建物を増改築し、明治36(1903)年に3階建の和洋折衷の建築にしました。明治44(1911)年に一部5階建に増改築した際、エレベーターを備えます。

三越も大正3(1914)年にエスカレーターを備えたルネッサンス式の5階建ビルを新築しました。三越は、帝国劇場を設計した横河民輔が明治40年に設計を着手したものです。この建物が大正3年に完成すると、「今日は帝劇、明日は三越」の流行語が生まれます。三越百貨店からほど近い日本橋川には、妻木頼黄(1859〜1916)による装飾設計の日本橋が明治44年に竣工します。土蔵の商家建築が主体の日本橋に新たな景観をつくりだし、日本橋を手前に奥の三越百貨店を俯瞰する構図の絵葉書が数多く出回りました(118)。

4 山の手の新たな展開

日露戦争の経済効果と大手企業の増大

欧米の産業革命に遅れをとり、水を離されてきた日本にとって、重工業部門のてこ入れは欠かせない経済発展の道筋でした。日露戦争を契機に、日本は明治34（1901）年に操業した官営製鉄所を前身とする八幡製鉄所、明治17（1884）年に官営から三菱所有となる三菱造船など、民間企業の重工業部門への参入が進みます。一方で、生産設備の過剰投資が影響して、逆に不況をまねきます。経済発展の継続的な好機をなかなか見いだせない時、ヨーロッパで勃発した第一次世界大戦は、日本が不況から抜け出すよい機会となりました。戦争景気によって、ビッグ・ビジネスが日本で出現します。特に紡績、製鉄、造船、海運は日本の好景気を牽引しました。さらに大戦中に輸入が途絶えたことから、紡績機械の国内生産といった輸入機械を代替する産業も興隆します。ただ好景気も長続きせず、大正9年には大戦終結後の反動から世界的な不況が発生し、日本もその不況に巻き込まれます。明治30年代後半から大正期にかけては、好景気と不況を

119.明治期の旧15区の範囲

繰り返すなか、着実に日本経済を支える大手企業が増大します。都市化の進展も著しいものがありました。

激動する日本の社会経済にあって、東京の人口は増え続けました。東京市（旧15区）では、麹町、神田、日本橋、京橋の中心部４区の人口が横ばい傾向にあるものの、明治35（１９０２）年の１６９万人から大正10（１９２１）年に２１７万人と、ほぼ１・３倍の伸びを示します(119)。都心へと近代企業が集中する一方で、江戸時代に市街の外だったエリアには市街鉄道（市電）が延伸し、都市基盤整備がなされていきます。東京市にまだ編入されていない旧15区外の人口は、山手線が環状化し、中長距離の鉄道路線が東京駅と直結したことにより急増しました。明治35年に66万人だった人口が大正10年に１５２万人と倍以上の伸びを示します。旧15区周縁から郊外に向けての町村が東京を２００万都市から３００万都市へと拡大する受け皿となっていきました。

東京市民の足だった市電

「市区改正新設計」が定められた明治36（１９０３）年、市街鉄道（路面電車、市電）がまず品川―新橋間で開通します。市電が市民の足となりはじめました。丸の内では、内濠沿いの道路に市電が敷設され、明治36年９月に開通します(120)。大正元（１９１２）年12月には大手町―呉服橋が開通し、日本橋方面との関係が市電によって結ばれました。

東京駅が大正３（１９２３）年に完成した後、馬場先御門から京橋への市電の路線が大正９（１９２０）年７月に開通しました。市電が都心と山の手を縦横に結び、都心と結ばれた城南の赤坂、麻布、城西の四谷、牛込、城北の小石川、本郷が住宅地化し、市電の利用者は震災までに著しく増加します。『東京府統計書』によりますと、東京府内では明治44（1911）年に1日約38万人だった乗降客数が、大正11（1922）年には約131万人と、3倍以上の伸びを示し、市電が東京の都市交通の中心的役割を担いました。

大正8（1919）年以降は、市電とともに汽車鉄道の乗客が増加します。『東京府統計書』には大正12（1923）年の東京府内の乗降客数が1日約52万人と記され、大正7年の約16万人と比べて、5年間で3倍以上の伸びでした。駅ごとに見ていきますと、上野駅の1日の乗降客が明治40（1907）年に約1・5万人となり、新橋駅よりも約0・4万人上回ります。大正5年には、大正3年に開設した東京駅が1日約1・3万人となり、上野駅の約2・3万人に次ぐ乗降客の多さとなります。この時代、八重洲側にはまだ改札口がなく、八重洲に改札口ができるのは戦後です。

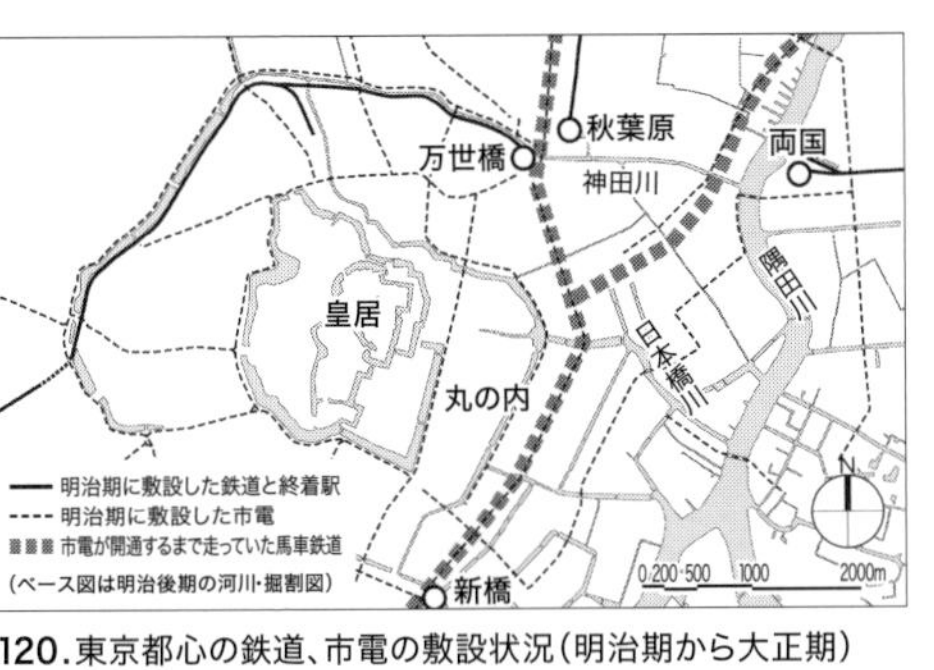

120. 東京都心の鉄道、市電の敷設状況（明治期から大正期）

駿河台、築地から外濠沿いに集まる近代の学校

瀟洒（しょうしゃ）な洋館が建ち、学校が立地し、外濠一帯が欧米化する時期は、明治維新以降だいぶ時が経過してからです。明治中期ころ、市ヶ谷から飯田橋、御茶の水にかけての神田川沿い、外濠一帯には、学校の立地が目立ちはじめます。ただ、これらの学校は外濠周辺が創立地ではありません。欧米の教育を基盤とする近代の学校は、主に二つの場所から産声をあげました。一つは、江戸時代から学問の中心であった駿河台周辺です。外濠沿いの神田には、江戸時代火除地だった土地に、東京大学、東京外国語大学、学習院大学のキャンパス

が置かれました。東京大学は、湯島聖堂にあった江戸幕府が設置した昌平坂学問所を母体に誕生し、明治6(1873)年には東京外国語大学も開設します。学習院大学は、弘化4(1847)年京都御所内に開講された学習所が起源ですが、明治10(1877)年に皇族・華族のための教育機関として改めて開校しました。明治41(1908)年には目白の現在地に移転します。

いま一つは築地の居留地で産声をあげた学校です。4章でも触れましたが、東京には横浜や神戸などにつくられた開港場と異なりますが、明治2(1869)年築地に開市としての居留地が設けられます。そこにミッション系の学校が誕生していきました。その一つ、暁星学園は明治21(1888)年にフランスとアメリカから来日したカトリック・マリア会の5人の宣教師が築地にミッション系の学校として設立したものです。築地居留地から麹町元園町を経て、明治23(1890)年には飯田町三丁目の現在地に落ち着きます。女子学院は明治3(1870)年に居留地に設立し、暁星学園と同じ年の明治23年に現在地の一番町に移転しました。他に、青山学院、立教学院、明治学院など多くの学校が築地居留地を発祥の地としています。ただし、これらの学校の移転先は外濠とあまり縁がありません。

外濠沿いに移転した古い学校の一つに、法政大学があります。創立は明治13(1880)年4月、「東京法学社」として江戸時代から学問の中心であった神田・駿河台北甲賀町(現・神田駿河台一丁目)に設立されてからです。すぐ近くには小松宮家の邸宅がありました。後に東京法学社の講法局が独立して東京法学校となり、明治26(1903)年に法政大学と改称されます。明治22(1889)年には、手狭になった校舎を改善するために、駿河台から富士見六丁目の高台に移り、さらに外濠を見下ろす現在地に場所を求めていきました。他の場所から駿河台に移った学校としては明治大学があります。明治大学は、明治法律学校として明治14(1881)年に設立します。最初に設立を支援した旧島原藩主、15代将軍徳川慶喜の弟・松平忠和(1851~1917)の有楽町数寄屋橋にある旧邸宅地を校舎とします。明治19(1886)年には駿河台南甲賀町(現・千代田区神田駿河台二丁目)に新校舎を建てて移転しました。

ちなみに、外濠沿いに移転してきたほとんどの学校は外濠の内側に立地します。静かな環境と比較的平坦な広い敷地が得られたからでしょう。中央本線の牛込駅(現・飯田橋駅)と市ヶ谷駅といった鉄道の最寄駅があったことも条件としてあげられます。

外濠沿いの新しい住まい方

外濠沿いは、500~1000坪と比較的大きな敷地で構成された番町の武家地跡がありました。番町は、江戸時代に旗本が住む屋敷街です。旗本といっても、大番組と呼ばれる直接将軍を警護する旗本ですから、他の旗本と比べ優遇された場所に屋敷を構えました。江戸では珍しく、比較的平坦な台地に整然とした敷地割りが江戸時代の早い時期になされます。

明治期、これらの土地が女学院など学校の敷地となるとともに、軍人、学者、実業家たちの屋敷地となっていきます。内濠内に近衛歩兵、外濠沿いの後楽園に砲兵工廠、市ヶ谷に陸軍士官学校がある関係で、交通の利便性がよい番町に軍人の屋敷が目立ちました。また、駿河台や富士見町、番町に学校が立地したことから、学者や教員が屋敷を求めるようにもなります。市電が内濠沿いを巡るようになる明治30(1897)年代終わりこ

121. 牛込の高台に建つ穂積邸の洋館

ろ、丸の内や霞が関、大手町に勤める官吏、近代企業が勃興するなか、新たに登場してきた実業家にとっても格好の居住場所の一つとして選ぶようになります。もちろん、一つ一つの敷地規模が大きいことから、職業の違いよりはハイクラスの人たちだけが土地を得られたと考えられます。現在も江戸時代の敷地割りを明確に読み取れ、そのことがハイクラスの居住者を維持してきた証といえます。

外濠を挟んだ北西の台地にも、整然と敷地割りされた旗本屋敷のエリアがありました。台地上の平坦な土地は今も江戸時代の敷地割りを継承しています。特に興味深い場所は、外濠に下る斜面地を造成した旗本屋敷のエリアです。1万坪を越える大名の下屋敷であれば、斜面地を利用して回遊式庭園をつくることも可能ですが、1000坪程度ではかないません。むしろ、雛壇に造成して、屋敷を建てるために有効な平坦地を増やしたいと願ったと思います。実際、擁壁を積み上げ、少しでも土地を増やすように造成されました。江戸時代に住まうことになった旗本の武士たちにとっては、あまり良好な土地とは感じられなかったかもしれません。しかしながら、趣向の変化は面白いもので、端であった土地が近代に入ると魅力的な土地に変貌します。そのことが新興上層階級の住まい方に対する変化の一端としてうかがえます。旧来の生活様式に満足しない人たちによって、外濠の外側、牛込側にある南斜面の土地に欧米志向の新しい屋敷像が表現されます。南に面する斜面地は、日本的な庭園を愛るというより、日の光を洋館が一身に受け、さんさんと光が降り注ぐ芝生の前庭にテーブルとイスを置き、そこから外濠を眼下にする、新しい生活スタイルに適していました(121)。庭のあり方は単純ですが、広大で明るい風景観を味わえました。邸宅に住む人たちは、これから発展する近代の明るさと重ねたかもしれません。

電気のある郊外生活

日露戦争のころから、都市へと人口集中する傾向が顕著(けんちょ)となり、地価、借家料(しゃくやりょう)の急激な上昇が見られるようになります。東京を環状線として走る省線(しょうせん)山の手線沿線周辺はまだ郊外で、住宅地等の市街地化の進展が見られ始めたばかりでした。現代の私たちは、無意識のうちに電気やガスがすでに整備されている環境で、街を見てしまいがちです。大正期に入ってから、電鉄ブームが起きます。郊外に延びる路線を持つ電鉄会社のほとんどは、電灯電力供給事業も兼営(けんえい)でした。沿線に住宅を開発し、さらにターミナルには百貨店を設け、郊外に遊園地がつくられ、鉄道会社は多角経営を目指したのです。電鉄の路線が延長されるにつれ、郊外においても家庭内の電化が進みます。

電線路の延長は、明治25(1892)年以降、ガス管延長よりも早い速度で伸びていきます。大正に入ってからは、電気が照明用、ガスが燃料用と分化して、家庭に入りはじめます。電灯が家庭へ本格的に入ることで次第に石油ランプは廃(すた)れていき、家庭にガスが入ることでかまどのある生活は都会から姿を消していきました。特に電気は、鉄道敷設とセットになって、東京都心の地域から広く東京の市内、そして郊外へと普及しはじめる時代です。関東大震災以降に、郊外電車による田園都市開発の先駆けでした。

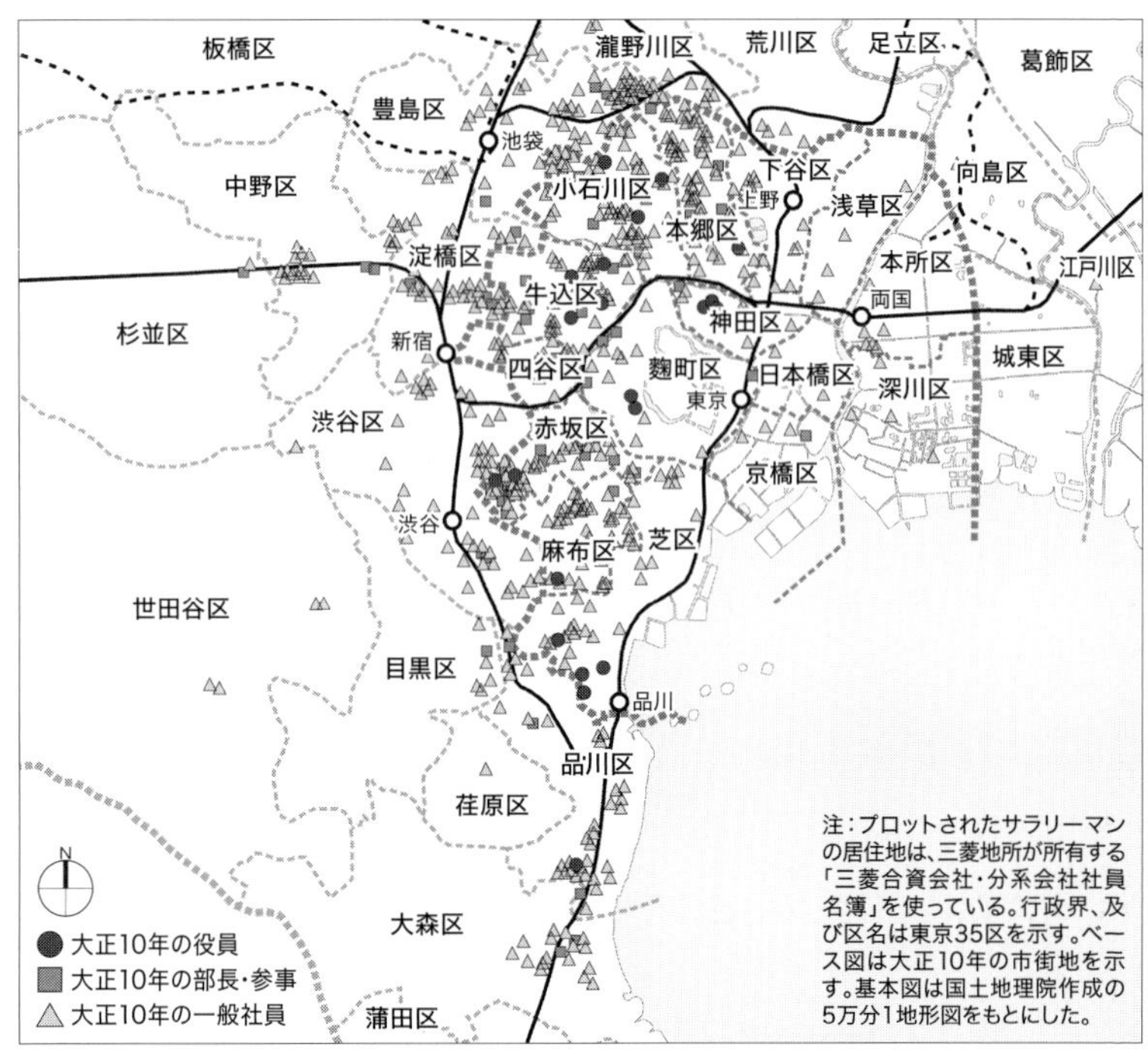

122. 丸の内に勤めるサラリーマン居住（大正10年）

都市学者奥井復太郎（1897〜1965）が昭和13（1938）年「三田学会雑誌」32（5）に発表した論文「都市郊外論序説」では、明治末期から大正中期までを東京の郊外発展の第2期としています。この時期の郊外は「省線山の手線、だいたいにおいてその外側」であったとする考えを述べます。この第2期は山の手である本郷、小石川などに加え、山の手線、中央本線沿線の新宿、渋谷などへ居住地が拡大した時期です。新知識階級であり中間層でもあるサラリーマンとその家族が郊外へと居住します。それにつれ、それまでの農村地帯、あるいは別荘や隠居家が点在した田園地帯は、住宅地化していくプロセスで、モダンな装いをまとう市街地へと転換していきました(122)。こうした郊外では、『東京の近郊』で田山花袋が描いてみせた、石造の高い塀を持つ瀟洒な2階の家があり、「ハイカラ」な細君が可愛い子供を連れて歩いていたりする風景が見られるようになったのです。サラリーマンである夫は郊外電車に揺られ、都心の近代的なオフィスビルに通いました。

大正期に生まれたアパートメントハウス

東京の交通機関の発展をバックに、明治末期から大正初期にかけて住宅立地の郊外化が進みます。その住宅供給は主にサラリーマン層を相手とする民間の賃貸業にまず委ねられました。新開地としては、大久保、淀橋、千駄ヶ谷、大井村などがあげられます。

第一次世界大戦後の東京市内では、大正8(1919)年に市街地建物法が施行され、土地の高度利用が図られました。それとともに、高層のアパートメントハウスが数多く登場します。アパート形式の賃貸集合住宅は、明治43(1910)年下谷に落成する洋風外観を持つ木造5階建の賃貸アパート「上野倶楽部」がありました。入居者は主に官公吏、会社員、教師でしたが、詩人の西條八十や政治家の野坂参三(1892〜1993)も若いころ住んでいたようです。大正3年に開業した本郷菊坂にあった高級下宿「菊富士ホテル」には文人などが集いました。こうしたアパートメントハウスが周縁に広がり、一般化する時期が大正中期以降です。

大正期、特色ある一戸建住宅地の開発も進められます。財閥や華族らの土地、庭園が開放され、住宅地化されたものです。その例を見ますと、大正5(1916)年、渡辺治右衛門による日暮里渡辺町の住宅地開発がありました。大正9(1920)年には着手する岩崎家の六義園周辺約5万4000坪の一部が大和郷として住宅地開発されました。大正9年1月15日付の東京日日新聞には、鍋島公爵家の渋谷松濤（しぶやしょうとう）にある600０坪を宅地開発し「中流家庭の住宅地希望者を満足せしむる為百もしくは二百坪平均位にお貸ししたい」との記事が掲載され、同年11月1日付の東京日日新聞にも「池田候爵が鴨猟（かもがり）の庭園を解放」の記事が見られるなど、土地の開放地を中心に、「文化村」「文化住宅」などの理想的住宅建設の試みが大正10年前後から見られるようになります。住宅地開発の試みは、まず中間層からはじめられ、その後には下級階層の住宅改良へと展開していきます。

123.家が建ち並びはじめた大和郷の街並み

三菱3代目社長 久彌がつくった理想都市「大和郷」

三菱の初代社長・岩崎彌太郎（いわさきやたろう）（1835～85）は明治11（1878）年に駒込の上富士前町（現・文京区本駒込六丁目）にある六義園を手に入れました。六義園は元禄8（1695）年に旧加賀藩下屋敷を拝領し、甲府城主柳沢大和守保明（吉保（よしやす））が7年の歳月をかけ思いを込めて築造した江戸時代の代表的名庭です。

彌太郎は、旧柳沢家の六義園のほか、近隣の旧前田家、旧藤堂家などの広大な大名屋敷地跡も買い入れ、総面積約12万坪にも及ぶ土地を岩崎家駒込別邸としました。その半分近くは藤堂家の下屋敷跡です。大正7年から大正8年ごろまでは広大な屋敷のなかに鴨池（かもいけ）があり、季節ともなれば数千羽の野鴨（のがも）が池面を埋め、鴨狩りが行われたそうです。

大正8年からは、六義園周辺の土地を住宅地として開放し、建設工事が着手されました。先に述べましたが、この土地は加賀藩前田家の下屋敷跡でした。宅地造成された後、一般に分譲されて、柳沢大和守吉保にちなみ「大和郷」と名づけられます。大和郷は、岩崎彌太郎の息子、三菱3代目社長岩崎久彌（1865〜1955）が社会奉仕から住宅難を緩和するために、不用な土地を開放してつくられた一つの理想都市住宅地でした(123)。大和郷の全体配置は、住宅地は東寄りに位置する六義園をコの字に取り囲む配置です。全体配置は、庭園をヨーロッパで見られる公園と仮定すれば、19世紀後半以降イギリス、ドイツなどの住宅地で多く見られる、全体の中心に置かれた公園を住宅地が取り囲む計画手法に近く、なんらかの形で外国からの影響を受けたかもしれません。藤谷陽悦著「大和郷住宅地の開発」（山口廣編『郊外住宅地の系譜』に収録）によりますと、整然と整えられた街区割りは、当時建設界の大ボスとして鳴らした佐野利器（1880〜1956）の計画と考えられるとしています。

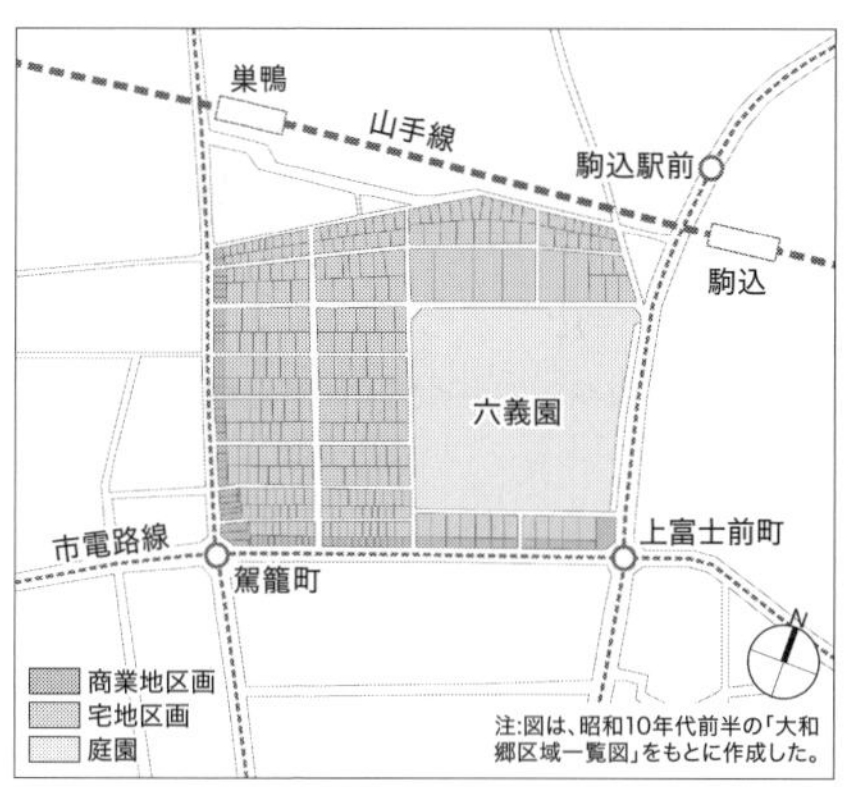

124.大和郷の敷地割り配置

大和郷の計画面の特色は、次の点があげられます(124)。4間幅と7間幅の自動車通行可能な広さの道路を骨格として、格子状に整然と整えられた区画に割られ、それぞれの敷地は100坪ないし140から150坪を最低限度に宅地規模の統一がなされています。都市基盤の整備にも力を入れており、地下ケーブル方式の電灯線・電話線が埋設されました。また、上下水道など都市施設も完備し、衛生や景観の配慮がうかがえます。住宅地の中央には小公園（現・大和郷幼稚園）と組合事務所を置き、そのなかに郵便局、倶楽部、交番、購買店が設けられました。

大和郷の土地売り出しは大正11（1922）年5月に行われ、12月にはほぼ満杯の状態で土地登記を終えます。大和郷の土地売買契約書の売主は三菱3代目社長の岩崎久彌、管理は久彌が経営にかかわる東山農事でした。当時の売出案内には、7間道路以南が1坪90円以上107円以下、7間道路以北が1坪80円以上102円以下という価格設定です。もっとも安い物件でも、8000円しました。銀座の一等地が1坪1000円（大正10年）、銀行員の初任給が大正11年時点で1カ月50円の時代です。土地を購入するには、少なくとも新人の銀行員が手にする年収の5、6倍の収入が必要だったと思われます。

先に取り上げた「大和郷住宅地の開発」によりますと、大和郷が本郷に近いこともあり、住人には東京大学教授が11名も名を連ねており、学者・教育者が24名と多く、別名「学者町」とも呼ばれたとしています。また三菱合資会社の社員が25人と多く、その顔ぶれは三菱地所部部長の矢野亮一をはじめ相当な地位の人たちですから、課長以上の社員が対象だったのでしょう。岩崎久彌の子息、岩崎隆彌、岩崎恒彌の二人も住宅地の一画に家を構え、同じコミュニティの一員として暮らしていました。官吏は26名で、技術官僚が大半を占めます。これは計画に参画した佐野利器とのつながりを感じさせます。

第6章

昭和モダンと「東京行進曲」

1 関東大震災と帝都復興

下町からの被災者で修羅場と化す丸の内

大正11（1922）年12月、三菱の地所部事務室が完成間近の丸ビル5階に移転します。関東大震災記念行事における渡辺武次郎（1894〜1997）三菱地所会長の談話（昭和48年9月3日、『丸の内百年のあゆみ』に収録）によりますと、この部屋の窓から浅草にある明治23（1890）年11月に竣工した高さ50メートルの凌雲閣（りょううんかく）、通称「十二階」と呼ばれる塔がよく見えたそうです。当時三菱地所部に入社して5年目の若手社員だった渡辺武次郎は、関東大震災の第2回目に襲った激震（げきしん）の時、窓越しに「十二階」が崩れ落ちる様子を目撃し、強い揺れで丸ビル館内は電灯の笠やガラスが落下したと回想しています(125)。

丸ビルは、大正11年4月に起きた地震被害の復旧後、翌年に関東大震災（大正12年9月1日）がさらに起き、再び被災します。大正11年の地震では、耐震補強（たいしんほきょう）として各階の主要部分に耐震鉄骨筋違（すじかい）が163カ所設置されました。三菱地所社員だった鈴木昇太郎の「関東大震災と丸ビルの思い出」によりますと、関東大震災ではその筋違が約3分の1にあたる五十数カ所で切断していたそうです。もし筋違が設置されていなければ、丸ビルは凌雲閣のように瞬時（しゅんじ）に崩壊（ほうかい）したかもしれません。丸ビルにとっては、大正11年に起きた地震が幸いして、事前準備ができていたといえます。

関東の広い範囲を襲った関東大震災は正午少し前に発生したことから、多くの家が昼食の準備で火を使っており、地震後あちらこちらで火災が発生しました。火は丸2日間燃え続け、大きな被害となります(126)。火事の最中、余震は9月1日に2210回、翌2日午前に1134回、午後に203回あり、不安をかき立てました。東京市内の被害世帯数は31万1721世帯、東京市内の64パーセントに達し、損失は莫大すぎるためにしばらくの間計算不可能な状況でした。明治初期に煉瓦の街並みをつくりだした銀座は、煉瓦の構造壁を残し、その後の火事で街全体が焼失します(127)。建物の再建には、残った煉瓦の駆体を利用することも構造上可能でした。しかしながら、世の中が鉄骨造、鉄筋コンクリート造に建築の構造が大きくシフトしており、銀座は既存の煉瓦建築で再興されることがありませんでした。

　関東大震災は世界中に知れ渡ります。丸の内のビルを施工するフラー社の反応は非常に早く、中国の港町大連にいたフラー社のトラファーゲンは9月2日に運よく横浜行きの船に乗ることができ、5日夜には芝浦に到着します。ト

125.2回目の激震で崩れ落ちた「十二階」

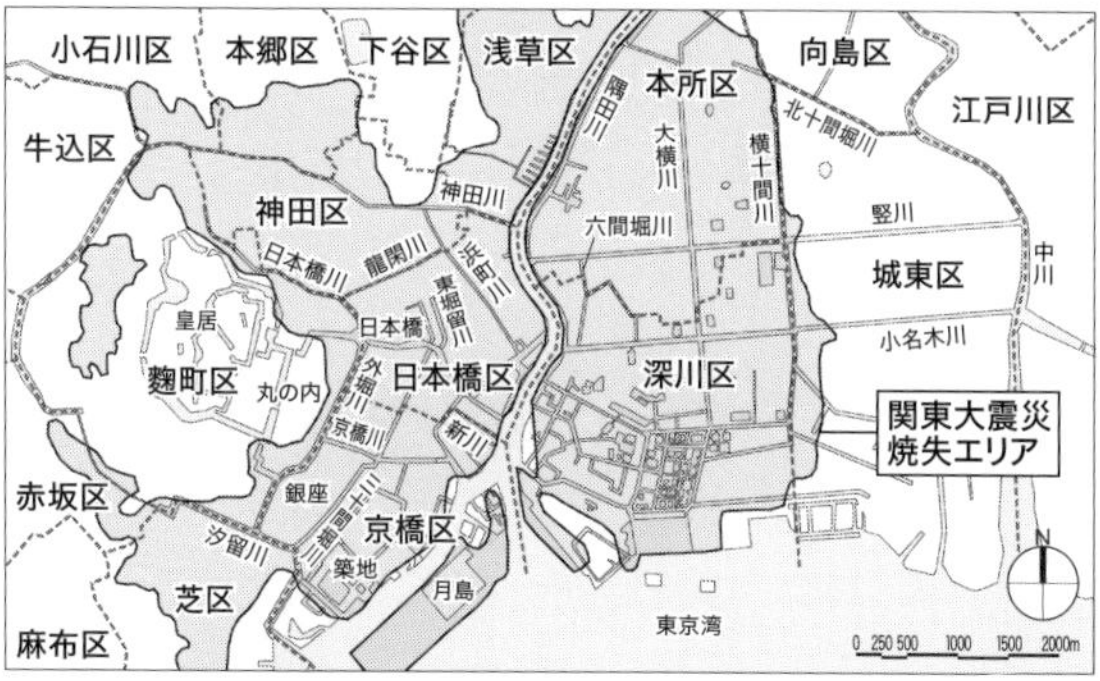

126.関東大震災焼失地域

ラファーゲンの実際に視察した破壊状況の報告があり、京橋が100パーセントの壊滅、日本橋が100パーセント、神田が100パーセント、浅草が95パーセント、本所が95パーセント、下谷が85パーセントの壊滅、そして丸の内が20パーセントの壊滅と、ニューヨークにある本社に状況を伝えたことが『丸の内百年のあゆみ』に記されています。丸の内を除けば、東京市内の中心部はほぼ壊滅状況でした。

大手町一丁目付近で発生した火事を見ていきますと、南東に燃え広がり、大手町二丁目に延びた火の手が大蔵省や内務省の庁舎を焼失させ、呉服橋にあった鉄道院の庁舎も焼け落ちました。震災直後の丸の内を見渡しますと、有楽町・内幸町方面からの火事が迫り、お濠端に勇姿を誇っていた赤煉瓦建築の警視庁、白亜の殿堂といわれた帝国劇場が炎上します。幸い火の手はここで止まりました。お濠端は特に震度が強く、震災の

127.建物の外壁を残し焼失した銀座

前年に開業したばかりの東京会館が建物に大きな打撃を被ります。フラー社が施工する建築中の内外ビルは瞬時に倒壊し、作業中だった多くの人たちが崩れ落ちた建物の下敷きとなり圧死する大惨事をまねきます。郵船ビルも被害を受けました。三菱関連の建物は、日比谷から迫る火事の火の粉により、仲三号館(第十九号館)附属家の屋根の一部と改修中の馬場先通りに面する仲八号館(第十二号館)4階の一部が類焼しますが、ほかの被害は極めて少ない状況でした。

地震発生直後から、丸の内の負傷者と内外ビル崩壊による死傷者を収容する救護所が丸ビルと東京駅の広場に設置されました。丸ビル内で開業する医師たちが応急手当てを開始します。9月1日夕刻には救護所を丸ビル北側の材料置場（現・新丸ビルの敷地）に移し、3幕の大テントを張り、負傷者と避難民を収容する態勢を整えました。

同日夜になると、京橋、日本橋、深川、本所から火に追われた住民が殺到し、東京駅前、丸の内、皇居前広場は修羅場と化したと、『丸の内百年のあゆみ』に救済活動と混乱の様子が記されています。9月2日、三菱本社に備蓄されていた米数十俵の炊出しが行われましたが、丸の内に集まってきた罹災者の数があまりに多く、炊出しを受けられない群集が丸ビル内の明治屋と日本茶精に押し掛け、食料品が略奪されました。この事態を収拾するために、軍隊1個小隊と警察官が出動して群集の整理にあたる一方、丸ビル内の各商店は缶詰、ビスケット、パン、菓子などを丸ビル正面広場で自主的に配給します。9月9日まで続けられた三菱地所部の救済活動は、行政の秩序が回復したことから、炊出しなど救護事務を東京市役所に移管しました。

丸の内に群がる露天商と1日9万人の人出

被害の少なかった丸の内には、震災後約４００に上る被災した官庁、会社、商店などの事務所が次々と移転してきます。臨時的ですが、都心の政治・経済活動の中枢機能が丸の内に集中しました。大正10（１９２１）年に竣工したばかりの三菱仮本社新館がさながら官庁街となっていく様相が『丸の内百年のあゆみ』に記されています。大蔵省、東京税務監督局、内務省の一部が9月18日に移転、9月27日には新設された震災復興行政の中心となる帝都復興院が丸の内にある三菱仮本社ビルの新館5階に設けられました。
丸の内への官庁移転があったほか、丸の内に本店・支店を持つ銀行や会社が丸の内の事務所に機能を統合させます。関東大震災という大惨事は、丸の内をビジネスセンターとしての機能に加え、一大官庁街、金融街に変貌させ、突如として丸の内が「帝都復興」の中心となります。一時的としても、丸の内の都市空間が様々な機能を極めて整然と吸収できたことは後の復興に大いに役立ちました。

商いの場を求める多くの人たちも丸の内を目指しました。9月9日に丸ビル南側・仲十六号地（現・三菱重工ビルの敷地）に急造のバラック第1号が建ち、すいとんを販売する店が開業します。それを皮切りに、露天商人たちが集まり、丸ビル東側と南側の歩道は一大露天街になりました。ビル内の店舗と相まって丸ビルに行きさえすればなんでも間に合うといわれ、露天街には常盤家や竹葉亭などの有名料理店も開業するようになります。

大正12（1923）年10月1日付の東京日日新聞は、震災後の森永キャンディーストアーのココアの売り上げが1日6000杯に上ると報じ、丸ビル1階の商店は震災前の数倍に上る売上となりました。『三菱社誌』に収録された大正12年度の地所部営業成績報告には、丸ビル館内に出入する1日の人出が8、9万に達することも珍しくなく、ものすごい雑踏だったと記されています。デパートも丸の内に仮設の店を出しました。大丸百貨店のバラックが当時まだ空地であった現在新丸ビルの建つ敷地に建てられ、そこでは主に日用雑貨を並べていたようです。震災を免れた丸の内は、東京が復興するまでの間、様々な面で人々の暮らしに寄与しました。

描かれた帝都復興図

関東大震災の被害総額は約45億円（日銀推計）、多大な物的損失を日本経済にもたらします。その規模は日本の名目ＧＮＰ（国民総生産、１５０億円程度）の約３分の1に相当し、国家予算の1年4カ月分に達するものでした。関東大震災の翌日、早くも山本権兵衛（１８５２〜１９３３）内閣が新しく組閣し、内務大臣として後藤新平（１８５７〜１９２９）が就任します。後藤は、被災した東京の抜本的な都市改造を直ちに試みる「帝都復興」の計画を描きました。打ち出された帝都復興計画案は、現状の予算からかけ離れた41億円の額となり、ほぼ被災額に匹敵する予算額となり、「大風呂敷」と呼ばれるほど大規模なものです。震災から12日後には、帝都復興審議会と帝都復興院が設置され、後藤が復興院総裁を兼務しました。建築局長のポストには、当時の建築界の大ボスとして君臨していた佐野利器が東京帝国大学教授を兼任したまま就任します。

1年分の国家予算を越える帝都復興計画の予算額では到底国が承認できるものではありませんでした。衆議院予算委員会は帝都復興院費、復興事業費ともに大幅な削減を行い、12億９５００万円に縮小された政府予算案が示されます。その後、予算はさらに削減され、当初の7分の1にも満たない5億７５００万円の予算規模で実施に移されました。12月24日、東京と横浜の都市計画を規定する特別都市計画法が公布されます。その最大の目玉として土地区画整理事業がありました。関東大震災では、昼時ということもあり、地震被害よりもその後の火災による被害が甚大で、さらに権利関係が錯綜する建物が密集する既成市街地でした。それらを土地区画整理し、江戸の名残りを残す都市空間を一挙に近代化する狙いがあり、帝都復興の最大の特徴です。大正13年から15年にかけて、帝都復興事業による既成市街地の土地区画整理があちらこちらで実施されました。その影響で復興景気が訪れ、長引く経済不況に一時的な好況をもたらすことになります。

魚河岸の移転が明暗をわけた日本橋と銀座

都市の基盤整備に目を向けますと、被災した東京都心では425（東京市が312橋、内務省の外局である復興局が113橋）もの橋が帝都復興事業により架け替えられます(128)。また、公園をセットに不燃化された復興小学校が新設されており、旧15区のうち10区、117校が誕生しました(129)。公園と一体に小学校を整備することにより、通常校庭を広く使えるとともに災害時の避難場所としての役割も担います。

幹線街路は、新橋から上野方面に幅44メートルの幅で計画された昭和通りが代表的な成果としてあげられます。昭和通りは既成市街地を貫くように整備されました。広幅員の道路の中央には中央分離帯として緑地帯が設けられ、景観にも配慮がなされています(130)。京橋、日本橋のエリアは丸の内とともに集団的甲種防火地区に指定され、耐火建築物の建設費に補助金が出されました。不燃化した市街の促進を国がサポートすることで、通りの両側には鉄筋コンクリート造の近代的なビルが建ち並ぶようになります。

日本橋の魚河岸は大正期にすでに手狭となり、衛生面でも問題があるため、関東大震災が起きる以前に移転が決議されていました。移転後の魚河岸跡地は、日本橋が昭和通りによって真っ二つに分断されます(131)。魚河岸の移転先は、関東大震災後芝浦に決まりますが、手狭なためにすぐに築地にあった海軍省の用地に仮移転しました。その仮移転が本移転となり、鉄道の引き込み線を取り込んだ巨大空間が昭和10（1935）年に完成します。中心的な施設がなくなると、街のパワーも想像以上に失われました。大震災によって、日本橋は土蔵による商家の町並みが壊滅しただけではなく、江戸以来培ってきた活力面も後退してしまったのです。

一方銀座にとっては、魚河岸の築地移転が大きなプレゼントになります。それまで、花街とセットになった料亭や待合があるに過ぎませんでしたが、銀座から目と鼻の先に総合的な食材市場ができ、食文化の街として成熟する要因をつくります。同時に、煉瓦街建設の時に道路拡幅がなされており、帝都復興事業の目玉である土地区画整理が行われることなく、早期復興をなしとげます。銀座が変化した部分は、みゆき通りが「へ」の字に曲げられ、外堀通

128.帝都復興事業で架け替えられた橋の特徴

129.復興した千代田小学校と千代田公園

130.新設された昭和通り

131.日本橋地区の区画整理前後の比較

132.拡幅された晴海通りと近代建築

り（別名西銀座通り）が幅員27メートルに、晴海通りが幅員36メートルに拡幅されるなどの整備に限られました(132)。銀座通りの街並みは煉瓦建築が姿を消し、ファサード（建物の正面）全面を看板で覆う木造2階建の看板建築による連続的な街並みに変わります。これらの家々に挟まれるように、鉄筋コンクリート造の近代建築が130棟以上も点在しました。大小様々な建築が混在する銀座は、街の活気に結び付き、空前の賑わいをもたらします。

最先端の建築技術を駆使した同潤会アパートメント

震災により既存の住宅地が大きな打撃を被ります。焼けだされた人たちが困窮する状況が続くなか、震災後都心の焼け跡に本建築を建てることが規制され、元の場所での暮らしが難しい環境にありました。そのこともあり、震災後は私鉄沿線の郊外地へと住宅を求める人たちの動きが広がります。住宅地は下町から山の手、さらに郡部へと移り、「文化住宅」や「アパート（集合住宅）」が誕生していきました。

被災が激しかった下町の困窮に対しては、公的な住宅を供給する動きが見られるようになります。後藤新平の後を受けて内務大臣に就任した水野錬太郎（1868〜1949）は、大正13（1924）年5月23日に財団法人同潤会を設立します。震災後の極度の住宅不足への対応として、アパートや一戸建住宅の建設が進められました(133)。設立された同潤会は日本の住宅政策上、あるいは建築史の面からも注目に値する事業だったといえます。同潤会は、昭和16（1941）年に住宅営団に改組されるまでの間、日本の集合住宅政策上指導的な役割を果たし続けました。

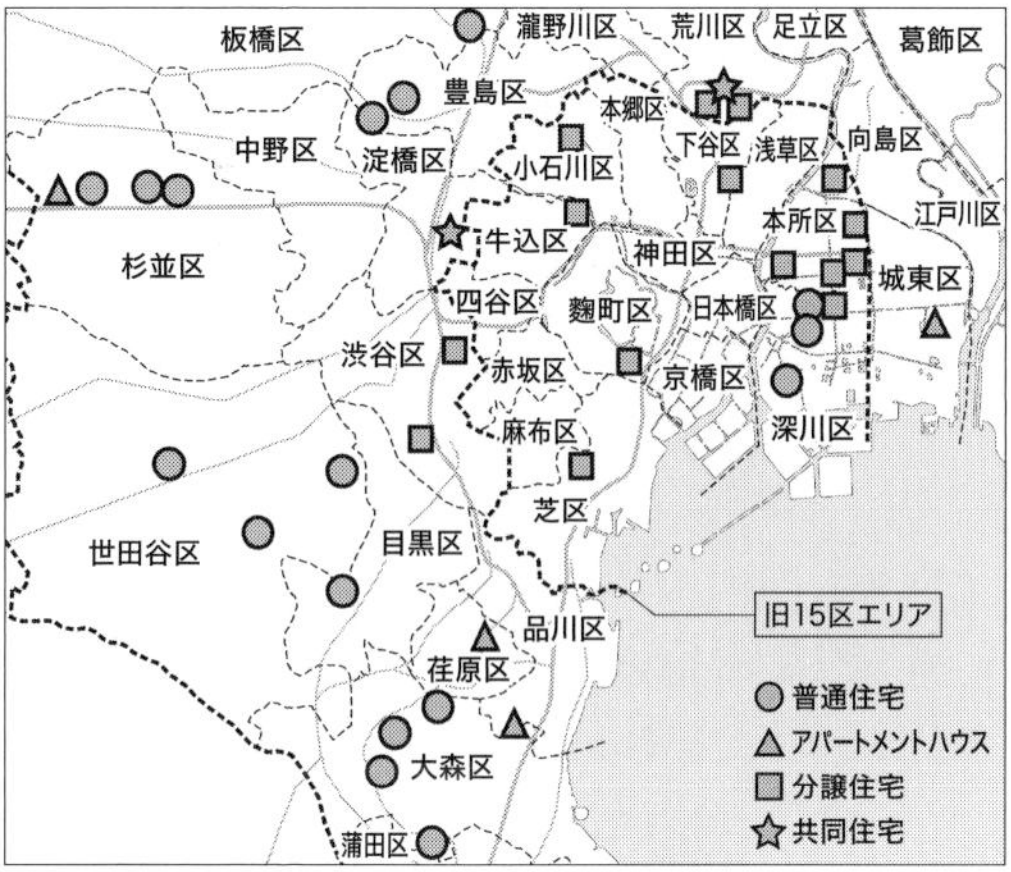

同潤会のアパートは、いずれも耐震耐火で設計され、鉄筋コンクリートによる新型集合住宅です。大正15（1926）年8月に向島中之郷（現・墨田区押上二丁目）の計画が最初に実施されて以降、青山、渋谷、江戸川などが順次建てられていきました。最先端の建築技術を駆使した近代的なアパートは人々の注目を集めます(134)。興味深い点は、この同潤会建築部長を務めた川元良一が三菱地所部の出身であった

133.同潤会住宅の分布

134.江戸川同潤会アパートメント

ことです。関東大震災以前から、丸の内では本格的な耐震、耐火の建築、あるいは都市・建築の衛生環境に注意深く取り組んできた三菱地所部の建築家集団の姿が浮かび上がります。

2 変貌する都心

デパートの進出で人が溢れる銀座

永井荷風（1879〜1950）は『濹東綺譚』において震災後の銀座を次のように記します。「わたくしは翁（老人）の談話によって、銀座の町がわずか三、四年見ない間にすっかり変わった。その景況の大略を知ることができた。震災前表通りにあった商店で、もとの処に同じ業をつづけているものは数えるほどで、今はことごとく関西もしくは九州から来た人の経営にゆだねられた。裏通りの到る処に海豚汁や関西料理の看板がかけられ、横町の角々に屋台の多くなったのも怪しむには当たらない。地方の人が多くなって、外で物を食う人が増加したことは、いずこの飲食店も皆繁盛していることがこれを明らかにしている」と荷風が記しています。

関西資本の流入は、目に見えない部分として、土地の買い占めがあげられます。銀座になかった変化としては、「キャバレー」と「関西割烹」の流入が代表としてあげられるかもしれません。この二つの業種、出店した場所が異なります。キャバレーは「エログロナンセンス」の流行語を生むほど、露骨な性風俗を関西から持ち込み、銀座通りをネオン街に変貌させました。一方の関西割烹は、キャバレーと違い、はじめから裏通りにこぢんまりとした店を構えます。関西割烹の特徴の一つであるカウンターで食事を気軽に楽しめる形式が銀座で流行ります。関東の人がなじむ味付けの工夫と努力がなされてさらに人気を呼び、銀座で確固たる地位を築きました。関西割烹のように、銀座では飲食店の増大が関東大震災を境に見られます。多くの飲食店が新しく銀座に登場してきました。関西系の飲食店だけではありません。銀座と目と鼻の先に築地の市場ができたことで、寿司など生鮮を扱った飲食店も増えます。

地付きの人が減少し、地方の人が多くなったと指摘する永井荷風は、飲食店の繁盛ぶりからわかるとしています。関東大震災後は多くの飲食店が新しく誕生し、関東大震災以前からの馴染みの店が消えてしまう寂しさを荷風は感じていたのでしょう。

135．大正13年に銀座通りに進出した松坂屋デパート

地方の人が多くなったとの指摘には、銀座に相次いで出店するデパートの存在があるかもしれません。デパートは、大正13（1924）年に松坂屋、大正14年に松屋、昭和5（1930）年に三越と、銀座通りに大規模な店舗を構えます(135)。デパートによって、銀座の商圏もぐっと広がりました。地方と東京が鉄道で結ばれ、デパートという地方の人も気軽に入れる目的が銀座にでき、憧れだった銀ブラもついでに楽しめたはずです。

銀座に進出したデパートは、まず保険会社が建てた近代ビルのフロアを借ります。例えば、松屋は第一徴兵保険が建てた8階建の銀座ビルヂィングの1階から6階までのフロアを借りました。第一徴兵保険はこの7、8階のフロアを使っていましたが手狭となり、銀座三丁目、現在のマロニエ通り沿いに本社ビルを新築します。第一徴兵保険が移った後、松屋が建物を買い取り、全てのフロアを店舗とします。日本橋に本店がある三越は、松坂屋、松屋と比べ、銀座進出が遅れます。銀座には銀座ビルディングのような大規模な建築は少なく、三越は銀座四丁目の角地にあった山崎洋服店の建物を買い、小規模ながら銀座での商いをはじめました(136)。規模は小さいのですが、銀座四丁目角地にあるメリットを活かし、土地を買い集めて規模を拡大させます。地元で商いする人たちははじめデパートの進出に大反対だったようです。しかしながら、いざデパートが出店してみると、圧倒的な集客力を持つデパートと、もともと質の高い商いを続けてきた店とが相乗効果を生み、復興した銀座のストリートを象徴するかのようにモダンボーイ、モダンガールが闊歩する姿も見られるようになります。レコード店からは、「東京行進曲」の歌が銀座通りに溢れだしていたのかもしれません。

136. 後に三越が入る山崎洋服店の建物

数寄屋橋の近代建築群と外堀川

外堀川に架かる数寄屋橋は、昭和27(1952)年に放送されたラジオドラマ「君の名は」で一躍有名になります。この橋は、昭和4(1929)年に復興局橋梁課の嘱託技師であった建築家山口文象(1902～78)が設計した復興橋梁です。数寄屋橋を中心に、水辺を意識した近代建築の建ち並ぶ風景は、東京のモダン都市空間を象徴する代表的な場所の一つに取り上げられてきました。現在は外堀川が埋め立てられて体験できませんが、当時船で巡れば、サーチライトを照らすマツダビルディング、湾曲した河岸に沿って建てられた緩やかに曲線を描く邦楽堂や朝日新聞社が近代建築群として目に飛び込んできたはずです。陸上からも、水辺の情景を感じながら、それらの建築に泰明小学校や日本劇場(日劇)が加わり、数寄屋橋の上からモダン都市空間のパノラマを楽しめました。

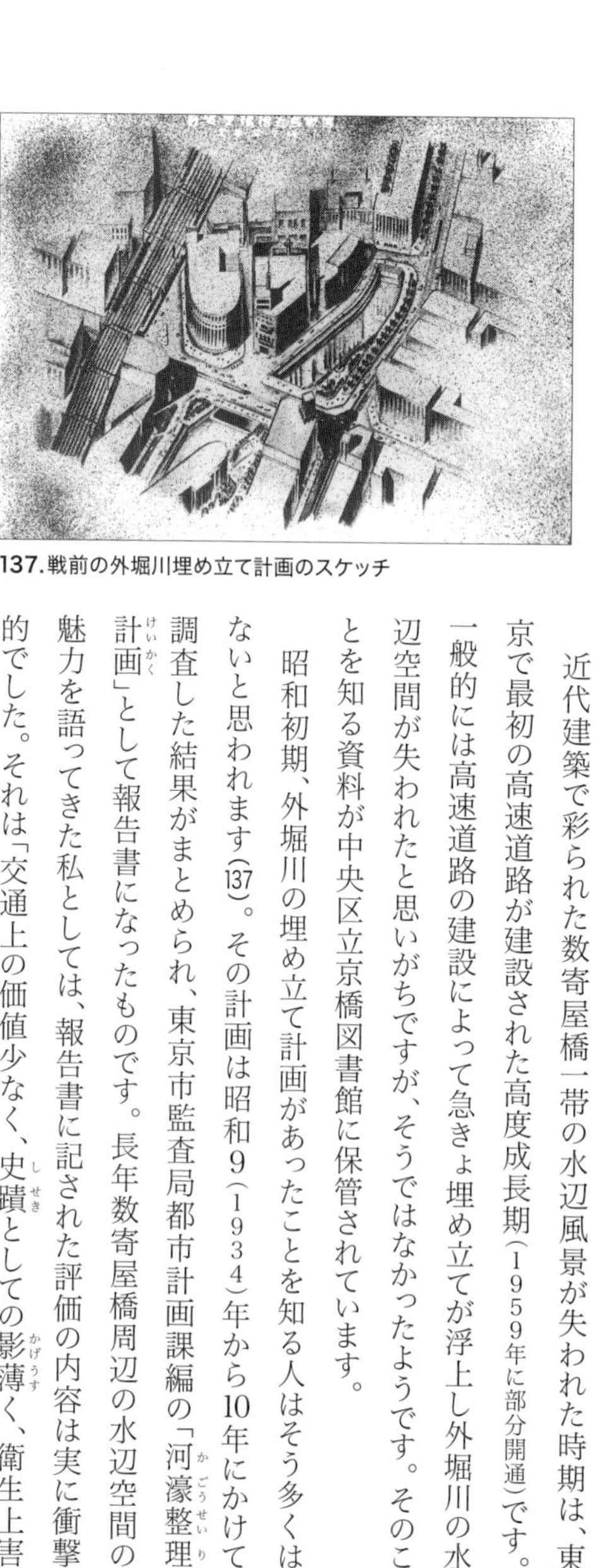

137. 戦前の外堀川埋め立て計画のスケッチ

近代建築で彩られた数寄屋橋一帯の水辺風景が失われた時期は、東京で最初の高速道路が建設された高度成長期(1959年に部分開通)です。一般的には高速道路の建設によって急きょ埋め立てが浮上し外堀川の水辺空間が失われたと思いがちですが、そうではなかったようです。そのことを知る資料が中央区立京橋図書館に保管されています。

昭和初期、外堀川の埋め立て計画があったことを知る人はそう多くはないと思われます(137)。その計画は昭和9(1934)年から10年にかけて調査した結果がまとめられ、東京市監査局都市計画課編の「河濠整理計画」として報告書になったものです。長年数寄屋橋周辺の水辺空間の魅力を語ってきた私としては、報告書に記された評価の内容は実に衝撃的でした。それは「交通上の価値少なく、史蹟としての影薄く、衛生上害

138.新たに生まれ変わった有楽町の風景

があり、美観上価値なし」（「河濠整理計画」の現代訳）という文面です。特に「美観上価値なし」の記述には大変驚かされます。調査された時期は、山口文象が設計した数寄屋橋、その周りには朝日新聞社（1927年竣工）、泰明小学校（1929年竣工）、日本劇場（1933年竣工）といった近代建築がすでに水辺と呼応して建てられていました。報告書の結論として、外濠は埋め立てて「快適な施設」とすべきだと締めくくります。報告書に載せられたスケッチを見ますと、数寄屋橋を核に水辺に顔を向ける近代都市風景を意識してか、完全に埋め立てる方向になく、数寄屋橋周辺の一部を水辺空間として残したことが多少の救いです。それ以外の外堀川はビル化を図り、水面を高度利用する意図が感じ取れます。水上交通がまだ機能していた時代に、陸化へと大きくシフトする意思が芽生えていたことになります。

興行街となった有楽町

丸の内に隣接する有楽町周辺では、日比谷映画館などの娯楽施設が震災後の日比谷・有楽町に誕生します。関西から東京に進出した実業家の小林一三（1873〜1957）は、昭和7（1932）年8月に東京宝塚劇場

（東宝）を設立し、日比谷・有楽町の一帯を大娯楽街とする壮大な構想に着手しました。昭和9（1934）年1月1日に東京宝塚劇場、同年2月1日に日比谷映画劇場が完成します。昭和10年6月には有楽座が新しく建て替わり、これら三つの劇場が開場したことで、有楽町周辺の様相は一変しました(138)。

その後も、日比谷に進出した東宝の勢いは止まりませんでした。昭和10年末には、昭和8年12月に開場したばかりの日本劇場を吸収合併します。建築家渡辺仁（1887〜1973）が設計した日劇は、4000人を収容できる大規模な劇場として昭和4年に着工されましたが、資金難などで完成するまでに4年余の歳月を費やしました。やっと開業に漕ぎつけた大劇場も、経営難から最後は東宝に吸収されてしまったのです。昭和12年になりますと、丸の内の帝国劇場も吸収合併され、東宝傘下の娯楽施設が拡大しました。

新聞社は、外堀川の対岸に新築した読売新聞社とともに、朝日・東京日日（現・毎日新聞社）の有力新聞社が本拠を銀座から有楽町に移し、新聞街を形成します。朝日新聞社は日劇に隣接した場所に、毎日新聞は丸の内大名小路に面して立地しました。昭和6（1931）年には、日比谷交差点角の常盤生命館（現・日比谷マリンビル）内にデパートの美松がオープンし、繁華街としての新たな人の流れをつくりはじめます。

新たな丸の内の名所、電信局と警視庁

関東大震災後、多くの建築が東京に新しく建てられていきました。公共建築もその一つです。大正14年、丸の内に隣接する大手町の一街区に東京中央電信局庁舎が新築しました。逓信省技師であった時代の建築家山田守（1894〜1966）が放物線をモチーフにデザインした建築です。当時旗揚げしたばかりの分離派と呼

139.放物線がモチーフとなった東京中央電信局庁舎

ばれる新しい建築様式が試みられた独特の意匠でした。山手線の車窓からも見えるこの建築物は一際目立つ存在だったと思われます(139)。

140.新築した警視庁

昭和4年8月、東京駅前南側では東京中央郵便局の建物が工事を開始しました。敷地面積3564坪、延床面積1万1145坪の新局舎が建つことで、偉容を誇る丸ビルとともに、東京駅前が近代都市空間として整いはじめます。設計は逓信省技師である吉田鉄郎(1894~1956)です。彼は、比較的自由な空間形態をつくりだせる鉄骨鉄筋コンクリートの構造上の利点を最大限に活用しました。窓の開口面積を大きく取り、様式建築に多用されていた無意味な装飾を極限まで少なくした明快なデザインを心がけます。白の壁面と黒で枠取りされた大窓の対比は、清楚な建築美を追求したものです。5階建の中央郵便局の建物の高さは、100尺(約31メートル)あり、8階建のビルと変わりません。それは、各階の床から天井までの高さを一般のビルの2倍近く取り、ゆったりした室内空間としたからです。内部に配置された太い柱は、大震災の教訓に基づく大空間創出の結果です。建物は昭和6年12月に竣工しますが、内部の設備工事などにさらに2年近くを費やし、開局は昭和8（1933）年11月1日でした。

東京駅前は、南側の東京中央郵便局と対置するように、北側には国鉄本社ビルが敷地面積3576坪、延床面積1万2357坪の規模で、約3年の歳月をかけ昭和12年12月に竣工します。延床面積が丸ビルに次ぐ規模で、工事期間は日本人の手による施工ながら3カ月ほど長いだけでした。丸ビルの施工を担当したフラー社社長のポール・スターレットが日本人の勤勉さを見抜き、日本の技術者に施工技術を教え、日本の建築技術の向上につながればとの考えを示しましたが、それがまさに国鉄本社ビルで現実化しました。

霞が関方面に目を移しますと、昭和6年に麴町丸の内警察署が新庁舎を落成します。震災で帝国劇場と並びお濠端の景観をつくりだしていた警視庁が大破し、桜田門に新たな土地を求めました。外壁を赤煉瓦とした鉄骨鉄筋コンクリート造の建物が昭和2（1927）年1月に着工し、昭和6年5月に竣工します。この建物は、変形の敷地に計画され、お濠側に向けた角地部分に塔が燦然と冠するはずでした。丸の内に起きた美観論議の渦中、塔屋上部が切り取られた形で竣工します。警視庁の威厳は丸つぶれとなりますが、意外にも桜田御門からお濠越しに警視庁を見る風景は絵葉書になる東京名所の一つに数えられるようになりました(140)。

霞が関に集まる官庁、高輪・赤坂方面に移る大使館

省庁の中で関東大震災に焼け残った建物は、日比谷から三宅坂にかけて建つ海軍省、司法省、陸軍省、外務省くらいで、多くの省庁施設が被害を受けました。空地となった霞が関へ、主要省庁の集中が更に進みます。

大手町にあった大蔵省と内務省、竹平町にあった文部省が、それぞれ霞が関に移転します(141)。井上馨が熱望し、頓挫したはずの官庁集中計画でしたが、別のかたちで昭和初期の霞が関に再始動しはじめました。

霞が関への主な省庁の集中は、一方で大使館、公使館の移転を促します。霞が関にあったロシア、イタリア、及び内幸町にあったスウェーデンなどの大使館、公使館は、周辺にはじかれるように高輪、赤坂などの城南方

主な公共・公益施設の分布

141. 公共公益施設の変化（明治11年、明治40年、昭和10年）

面にある旧大名屋敷、その後邸宅地となっていた広大な土地を得て移りました。例えば、イタリア大使館は、江戸時代松山藩松平家中屋敷があったところに移ります。赤穂浪士四十七士（あこうろうしじゅうしちし）のうち、大石主税（おおいしちから）（1688〜1703、大石内蔵助（おおいしくらのすけ）［1659〜1703］の長男）、堀部安兵衛（ほりべやすべえ）（1670〜1703）他8名が預けられ、切腹した場所です。明治に入り、総理大臣となる松方正義（まつかたまさよし）（1835〜1924）が松平家中屋敷を手に入れ、明治38（1905）年ジョサイア・コンドルに設計を依頼して2階建洋館を建てます。松方は大正13年7月に死去し、主を失った邸宅地にイタリア大使館が入りました。

その他の既存、新設の大使館、公使館も、イギリス大使館のある麹町区五番町を北の上限として、ほぼ城南方面に集中するようになります。大手町には、大蔵省、内務省と入れ替わるように、木挽町（こびきちょう）から農林省と逓信省の2省が移りました。霞が関・大手町以外の省庁は、木挽町に商工省が残るだけとなります。

姿を消す明治の煉瓦建築、新たに誕生した近代建築

丸の内は大正から昭和初期にかけて都市空間のめざましい発展を遂げてきましたが、昭和6（1931）年の満州事変（まんしゅうじへん）以降は丸の内のビル建設の動きが下火となり、個々の建物の規模も小さくなります。そのような時期、昭和9（1934）年3月に竣工した大規模建築、明治生命館がひときわ異彩を放ちます。この建物は、明治28（1895）年竣工した三菱の第二号館を取り壊した跡に新築したものです。この時三菱村といわれた「四軒長屋」の一角が姿を消し、馬場先前の景観は明治期に培（つちか）われてきた街並みの趣を少し変化させました。丸の内は、第二号館を取り壊し明治生命館が新築するまで、第一号館竣工以来建て替えが行われず、40年の近代建築の

歩みが都市空間にくまなく刻まれた街でもあり、近代建築の流れが一目でわかりました。その第1号の建て替え事例が明治生命館であり、丸の内の新たな都市空間へと変容する幕あけでした。

明治生命の本店が置かれた第二号館の建て替えは、オフィス床面積不足によるものでした。当初は第二号館を残し、隣接地に新社屋を建築する予定で検討されました。昭和3（1928）年5月から新社屋の建築計画が検討が進みます。今日的な保存の考えからすると優れた選択でした。現存する昭和9年竣工の明治生命館はそのような考えで保存されたからです。しかしながら、当時設計者に選ばれた東京美術学校（現・東京芸術大学）教授の建築家岡田信一郎（1883〜1932）は、お濠端から見た都市の美観や建築学上の見地から、新旧両敷地を合わせた大建築こそ理想的であると強く主張します。この時期、お濠端から見た丸の内の景観が重要な要素となりつつあったことは確かですし、後にお濠端からの街並みが優れた都市空間を描きだしました。ただ、今一歩都市形成史的な視点が加われば、また違った東京の都市像の論議が展開されてもよかったと思われます。

142．竣工間際の明治生命館

結果、明治生命館は岡田の提案に基づき、第二号館を取り壊して隣接地と合せた1360坪の土地に、一大ビルを新たに建築しました。取り壊し工事は、昭和5（1930）年5月から着手され、建物規模は地下2階地上8階建で、延床面積が1万坪にも及びます（142）。関東大震災以降、最大規模の建築が丸の内に誕生しました。お濠端に映える壮麗な姿は、昭和初期を飾る代表的な建物と評されるようになるとともに、お濠端は100

尺をスカイラインとした街並みがその後整えられていきます。

未完に終わった東洋一を目指した「東京館」

丸の内の近代都市景観は、第一号館が竣工して以降、憧れを持って多くの人たちに見られてきましたが、丸の内らしさはそれだけで語れないと秦豊吉（1892〜1956）は論じます。丸木砂土のペンネームを持つ彼は、若いころは三菱商事に勤め、サラリーマンとして丸の内に通った一人です。その立場とともに、多彩な活動で知られ、小説、随筆なども執筆していました。彼は随筆のなかで近代化する丸の内の風景を、皇居との対比で見事に描いてみせます。皇居の存在は、丸の内が近代都市空間として発展し、独自性を描きだす上で重要な存在であったとします。丸の内は、皇居という古典的な景観との調和を保つことで、丸の内らしさを十二分に表現し得たというのです。

このような考えの丸木砂土は、『日本地理大系　大東京篇』に「丸の内」というタイトルの興味深い一文を昭和5年に残します。「東洋一の丸ビルさえ古めかしい建物だといわれる時期も決して遠くない。現に海上ビル横（現・新丸ビルの敷地）に何が立つか。これこそ丸の内に築かれる最後にして最大の怪物となろう。その屋根には飛行機が発着するかもしれぬ。あるいは丸ビルの屋根とをつなぐ大鉄橋がかかるかも分からない。この驀進する丸の内の未来都市を誰が否定することができるか」と結び、丸の内の新時代を予感させるビル建設に想像を膨らませます。

昭和7、8年ごろから日本の景気が上向きに転じます。丸ビルの化粧直しが完了し、唯一残る東京駅前の広

143.工事が中止となった東京館の完成予想図

大な空地（現・新丸ビルの敷地）に新しいビルを建てる気運が熟します。国内外で戦時色が高まるなか、軍需関連の会社の事務所需要が増し、一般の事務所需要と相まって、増々オフィスの床不足が深刻化し、新ビルを着手する計画が具体化していきました。一方で、紀元2600年の記念すべき年の昭和15（1940）年、東京では万国大博覧会や第12回オリンピックの開催も予定され、ホテルなど事務所以外の施設の需要も見込まれるようになりました。もちろん、二つの大イベントが開催されれば、世界各国から多くの人たちが東京を訪れ、東京駅に降り立ちます。その東京駅前を帝都の玄関口にふさわしい、昭和を象徴する東洋一の理想的な大建築で飾ろうとする新ビル建設に期待が寄せられました。

新ビルは、鉄骨鉄筋コンクリート造の延床面積1万9104坪、地下2階付き地上8階建の巨大建築です。丸ビルより延床面積が大きくなりますが、丸ビルとスカイラインやファサードの調和が考慮され、東京駅、あるいは皇居側から見た都市景観も意識されました。竣工予定は二つの大イベントが開催される年に合わせるように昭和15年3月です（143）。ビルの名称は、当初「中央商館」などいろいろな案が出されましたが、昭和12（1937）年9月最終的に「東京館」と決まりました。

昭和12年6月28日、東京館の建築申請が警視庁から認可され、新ビルの基礎工事が開始されました。同7月2日付の東京日日新聞には「丸の内は沸ぎる」と題した東京館着工の記事が掲載されます。「紀元二千六百年、東京オリムピックを控へて帝都の玄関、東京駅頭の模様替えもやうやく具体化し中央郵便局と相対してうすみどりの殿堂、鉄道省の完成も近く、これと相まって丸ビルと並ぶ新丸ビルの基礎工事はけふから着手され、日本経済の心臓丸ビル街も全き面貌をととのへる、一方当の玄関口、東京駅の改良事業も7月早々設計の一部を終り、9月ごろから工事に着手し丸の内一丁目に新橋から通づる東京高速鉄道の地下鉄準備工作もやうやく本格化し、ここに三年後のゴール目指して東京駅を中心に丸の内一帯は目覚ましい胎動を開始した」と、オリンピックに向けて東京駅前の空地に最後のピースが埋め込まれようとしつつある状況を伝えます。

新聞記事には「新丸ビル」とあります。まだ正式にビル名称が決まっていない時期、新聞記事にするためにとりあえず使用したビル名が戦後に新築する新丸ビルと符合します。「うすみどりの殿堂、鉄道省」は、現在のオアゾのあたりに建てられた国鉄本社ビルです。この建物は、東京館が着工した年、昭和12年12月に完成しますので、竣工までの追い込みにある様子がわかります。「新橋から通ずる東京高速鉄道」は、昭和13（1938）年に渋谷―新橋間を開通させる東京高速鉄道の地下鉄路線が当時東京駅まで延伸する計画だと述べています。丸ノ内線のことをいっているのでしょうか。戦前には実現していません。ともかく、昭和12年の記事は、昭和15年に実現するはずのバラ色の夢を描きました。

着実に進行するかに見えたバラ色の計画でしたが、しのびよる戦争の影が覆い尽くし、東京館の工事継続を許しませんでした。昭和12年7月7日、日中戦争の発端となる盧溝橋での軍事衝突が起きます。同年9月10日には、戦時金融統制の基本法となる臨時資金調達法が公布されました。この時期から、軍部は世論を煽り戦争への道に誘発し、鉄材は軍需産業に流れます。東京館はすでに日本製鉄、日本鋼管などとの間で鋼材の契約が済み、基礎工事が終われば鉄骨を組み上げる準備に取り掛かれる状況にありました。霞が関では工費500万円をかけ新築中の大蔵省新庁舎がすでに工事3分の1ほど進捗していました。

大蔵省内部では工事一時中止の議論が起こります。その後、工事中止を命じたと昭和12年10月6日付の東京日日新聞が報じます。大蔵省の話と関連して、東京館の工事も時局安定まで見合わせることが5日に決定したと報じられました。バラ色の記事から3カ月が過ぎただけです。昭和12年10月、東京館の建設は、臨時資金調達法の趣旨を踏まえ、基礎部分だけを施工するだけで工事の一時中止を決断しました。基礎工事だけは昭和13年末まで続けられ、完成させます。東京館は、丸の内幕開けの第一号館からはじまり、丸の内の都市空間を締めくくる建物の象徴になるはずでしたが、未完のまま終焉し、終戦となります。

東京湾に展開された幻の万国博覧会とオリンピック

大都市東京の眼前には、遠浅の広大な内海、東京湾が広がります。江戸から東京へと続く長い歴史のなかで、巨大化する都市人口、産業のはけ口として、遠浅の海が埋め立てられてきました。明治以降には、東京臨海部の埋立地が工場や倉庫など産業立地する場所としてもてはやされます。それだけでなく、遊興施設の立地する場所でもありました。洲崎遊廓は、本郷に東京大学が移転したことから、明治19（1886）年に洲崎弁天の東側の広大な湿地（現・江東区東陽町）を整備し、根津神社門前にあった遊廓が移転します。

羽田にも遊興のパラダイスが誕生しました。羽田沖は遠浅の海で、江戸時代から盛んだった潮干狩りがより大衆化していきます。江戸時代に新田開発された鈴木新田の背後には広大な砂州があり、明治期以降遊興の場として発展することになります。明治期有力者が掘り当てた温泉と高級娯楽だった競馬が合体し、しかも魚介類の宝庫となれば、花街をセットにしたパラダイスの開発に突き進むのは必然です。関東大震災以降、広大な敷地には鉄道が引かれ、民間の飛行場もでき、東京都心から多くの人が訪れるようになり、穴守稲荷神社を中心に羽田は大変な賑わいの場となりました。

埋立地は、大規模なイベント空間を誘致してきた歴史もあります。現代でいえば、晴海の見本市や有明の東京ビックサイトが思い浮かびます。東京を活性化する起爆剤に、東京湾の埋立地が受け皿となっていったのです。昭和15年に開催が予定されていた幻の万国博覧会も晴海の埋立地が中心会場でした。

日本で万国博覧会を開催する動きは、すでに明治23（1890）年にありました。その時は時期尚早ということで見送られますが、たち切れとなったわけではありません。ロンドン（1851年開催）やパリ（1889年開催）の万国博覧会、あるいは東京、京都、大阪で開催された内国勧業博覧会（上野公園での第1回が1877年開催）、夏目漱石（1867〜1916）が『虞美人草』で描写した明治40（1907）年の東京勧業博覧会などの成功に刺激を受け、メディアなども盛んに博覧会を記事にします。しかしながら、大正9（1920）年に世界恐慌があり、さらには大正12（1923）年には関東大震災が起き、東京・横浜の大都市が壊滅的な打撃を被り、万国博覧会開催の機運も遠のきます。関東大震災後の帝都復興事業が一段落する昭和5年になりますと、再び盛り上がりの機運がおとずれ、最初の万国博覧会開催に向けた協議会が開かれました。オリンピック夏期大会の方も、同じ年に当時の東京市長・永田秀次郎（1876〜1943）が第12回大会招致の意向を表明します。オリンピックとともに万国博覧会「紀元2600年記念 日本万国博覧会」の同時開催が昭和15年と決まりました。

144.昭和15年に開催されるはずだった万国博覧会

万国博覧会のメイン会場は月島四号埋立地（現・晴海、豊洲地区）です(144)。第２会場には横浜（現・山下公園）があてられ、東京湾内の埋立地が大いに脚光を浴びることになります。東京会場は約１５０万平方メートルと広大な規模の用地が用意されました。晴海会場の正面には日本の生活・社会・文化を語る肇国記念館が配され、それを包み込むかたちで日本建築が中心となり、全体の展示配置が計画されていました。豊洲会場では近代化するこれからの日本を表現するように、農林・化学工業・機械・電気といった産業館がこの会場の目玉となります。その他、諸外国の独自性を表現する外国館などが並ぶことになっていました。第２会場の横浜では水に関連する海洋館・水族館・水産館といった施設が置かれる予定でした。昭和13年になると、戦争遂行に直接必要としない土木建設工事、着手中のものも含め一切を中止する閣議決定がなされます。戦争の激化で開催直前にオリンピック夏期大会の返上とともに、万国博覧会の無期延期が決定されました。

万国博覧会が開催される予定だった月島四号地の会場内には、丸の内の東京府庁舎内にあった東京市役所の新築計画もされました。現在の晴海通りを銀座から埋立地にまっすぐ進んだアイストップの位置に象徴的に建てられる予定でした。これも万国博覧会の中止で頓挫しますが、晴海通りの拡幅整備と勝鬨橋の架橋は具体化されます。

3 「東京行進曲」の時代性（「東京行進曲」のメロディに乗って東京を旅する）

歌詞に織り込まれた昭和初期のキーワード

昭和4（1929）年、西條八十（1892〜1970）が作詞した「東京行進曲」が大ヒットします。歌詞にはキーワードとして、「銀座」「柳」「ジャズ」「丸ビル」「ラッシュアワー」「浅草」「地下鉄」「シネマ」「小田急」「新宿」など、時代を象徴する単語がちりばめられます。作詞の西條八十とゴールデンコンビを組んできた中山晋平（1887〜1952）が作曲を担当しました。歌手は佐藤千夜子（1897〜1968）。この曲は、日活が映画化した同名の主題歌をレコード化したものです。映画『東京行進曲』は、新橋の料亭や銀座のカフェが主な舞台となった純愛ドラマ仕立ての無声映画でした。日本映画の主題歌としてはこの歌が第一号といわれています。レコードは発売からわずか4カ月で10万枚が売れ、最終的には25万枚となる空前の大ヒットとなりました。

売れ行きを実感するかのように、後に西條と佐藤は銀座一丁目にあるモダンなワンルームマンション、銀座アパートの住人となります。印税で懐が温まり、「ジャズ」をバックに「リキュール」を飲み耽って、終電を気にせず夜の銀座を堪能したかもしれません。これから「東京行進曲」のメロディに乗せ、大東京を旅することにしましょう。

ネオン瞬くモダン銀座

昔こいし　銀座のやなぎ
仇な年増を　だれが知ろ
ジャズで踊って　リキュルで更けて
明けりゃダンサーの　なみだ雨

歌詞の1番は、復興した銀座が舞台です。第1フレーズのキーワードは、銀座の柳。明治5（1872）年からはじまった銀座煉瓦街建設から間もなくして、歩道と車道を区別するために、風趣を添える街路樹が植えられました。松、桜の類も植えられていたようです。ただ、風塵が舞って育たず、次第に柳だけになります。これが銀座の柳1世です。大正10（1921）年には道路改修工事に伴い柳から銀杏に植えかえられました。その後、柳の風情を惜しむ声が強くなり、昭和4（1929）年には西條八十作詞、中山晋平作曲、佐藤千夜子が歌う「東京行進曲」の冒頭の歌詞につながります。この歌が一世を風靡したおかげで、昭和6年には柳並木が復活します。西條、中山のコンビにより「銀座の柳」がつくられました。パリのマロニエと銀座の柳を対比した歌詞を四家文子（1906〜81）が歌います。銀座の柳は、昭和20（1945）年の東京大空襲により2世の柳のほとんどが焼失しました。後に復活しますが、昭和43（1968）年銀座通りの大改修で銀座通りから再び柳の並木がなくなります。銀座通りの柳並木の待望論は今も根強くあります。それほど銀座の柳は時代を超えてインパクトを与え続けているのかもしれません。

震災後の銀座は、瓦礫が片づけられる時をもどかしく感じさせるように、商業活動がいち早く再開しました。都心の魅力的なスポットとして再び街を強烈にアピールしはじめ、いわゆる「モダン都市」と呼ばれる銀座の賑わいが生まれます。銀座四丁目角には服部時計店(現・和光)、数寄屋橋のまわりに日劇、朝日新聞社などの近代的なビルが建っていきました。銀座通り沿いには、新たに進出してきたデパートをはじめ、高級な商品を扱う店が軒を並べます。新たな銀座像を提示しはじめていた同じ時期、銀座二丁目の銀座通り東側はキャバレー街に変貌し、銀座二丁目の裏通りに面して高層のアパートが建ちます。

145.キャバレー街となった銀座通り

まず、キャバレー街となった銀座二丁目、銀座通り東側を見ることにしましょう。通り沿いには、関東大震災以前煉瓦建築に洋傘、毛織物の店など、専門店が並ぶごく普通の街並みでした。それが一転します。突然派手なネオンサインを取り付けた関西資本を中心としたエロ・グロ・ナンセンスの店が並び、キャバレー街を形成したのです(145)。昭和初期の銀座通り沿いのネオンサインを考現学提唱者の一人、吉田謙吉の調べた結果が「一九三二年銀座街広告細見」と題して載せられています。東側が25カ所、西側が14カ所と、東側に多く、とりわけ銀座二丁目の東側に集中し、夜の銀座を眩く照らすカフェ・キリンやクロネコがありました。永井荷風が震災後に書いた小説『つゆのあとさき』には、カフェに働く女性の視点から、銀座二丁目の街並みを詳しく描写します。

荷風は、都市の表層を彩る舞台と、その表面をなぜて通る通行人が気づくことのない路地や都市の舞台裏を対比させます。表通りから路地に入るほんの短い風景変化が克明に描写します。「松屋呉服店から二三軒京橋の方へ寄ったところに、表附は四間間口の中央に弧形の広い出入口を設け、その周囲にＤＯＮＪＵＡＮという西洋文字を裸体の女が相寄って捧げている漆喰細工。夜になると、この字に赤い電気がつく」。荷風が想定する店はカフェ・キリンと思われます。そこがこの小説の主人公・君江の通うカフェです。彼女は、「見渡すところ殆ど門並同じようなカッフエーばかり続いていて、うっかりしていると、どれがどれやら、知らずに通り過ぎてしまったり、わるくすると門ちがいをしないとも限らないような気がするので、君江はざっと一年ばかり通う身でありながら、今だに手前隣の眼鏡屋と金物屋とを目標にして、その間の路地を入るのである」と。この金物店は刃物商の菊秀本店でしょう。彼の文章からは、すでにこのあたりがカフェやキャバレーとなった街並みの変貌に気付かされますが、これらの店のどこかに「東京行進曲」に登場するダンサーも舞台に上がって踊っていたのかもしれません。

いま一つの銀座アパート（現・奥野ビル）は、まだ水面をたたえていた三十間堀川に面して、地上7階（塔屋を含む）、地下1階の規模で昭和7（1932）年に建てられ、現在も健在です。銀座アパートは、屋上階を除けば、ほぼ当時のままの外装を保っており、1階の正面玄関脇に丸窓が設けられ、昭和初期に流行ったスクラッチタイルが外壁を覆います。玄関を潜りこぢんまりとしたホール前方に当時のままの蛇腹を引いて入るエレベーターの出入口、奥に階段があります。階段を上がると、外壁に取り付けられる頑丈な窓があり、壁を隔て同様の階段がもう一つ設けられています。いかにも、不効率な設計に見えますが、2期に分けて建てられたためです(146)。

銀座アパートのプランを見ますと、当初からワンルームで計画されたとわかります(147)。ファミリーを全く意識していません。銀座アパートではどのような住まい方がされていたのか気になるところです。モダン都市文学Ⅲ『都市の周縁』(平凡社、1990年)に収録されている奥村五十嵐(1900〜49)の短編「銀座物語」に、銀座アパートを思わせる建物が登場します。その住人は「旦那もちの女たちの巣窟(そうくつ)」を想定して書かれました。関東大震災以降郊外に居住の本拠を構えるようになった「旦那」の存在と、「東京行進曲」に登場する「仇(あだ)な」(色っぽく、艶(なまめ)かしい)年増やダンサーがイメージできます。彼女たちも銀座アパートの住人であったかもしれません。しかしながら、もっと違った層の住人も名を連ねました。当時の住人が詩人の西條八十、歌手の佐藤千夜子、あるいは舞台装置家の吉田謙吉であることを知ると、「旦那もちの女たちの巣窟」とばかりはいえません。ハイカラな知識人、あるいは芸能人たちの隠(かく)れ家(が)的な住居でもあったのです。「東京行進曲」がつくられた時、銀座アパートはまだできていませんでした。「ジャズで踊って リキュルで更けて」といっても、最終電車に飛び乗ることになりま

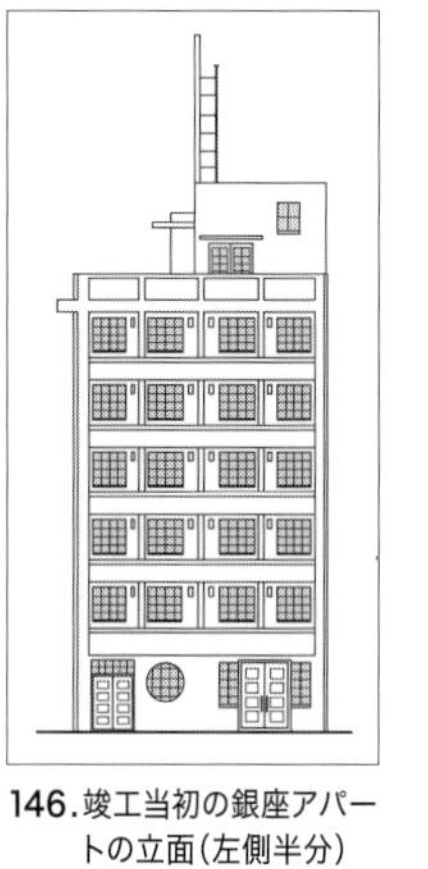

146.竣工当初の銀座アパートの立面(左側半分)

注：銀座アパートの計画図をもとに作成した略図(この図面をもとに竣工したのかについては定かではない。また、縮尺は不明である。)

147.竣工当初の銀座アパートの平面

す。当時銀座近辺のホテルは、帝国ホテル、ステーションホテルといった気軽に泊まれないホテルだけで、夜の遊びの行動パターンは現在のサラリーマンとさして変わらなかったのかもしれません。「東京行進曲」が流行し、ちまたで聞かれるようになった時季、銀座アパートが誕生しました。

丸の内の主人公はサラリーマンとオフィスガール

恋の丸ビル　あの窓あたり
泣いて文書く　人もある
ラッシュアワーに　拾ったバラを
せめてあの娘の　思い出に

2番の歌詞は、舞台を丸の内に移します。大正15（1926）年10月末、三菱合資会社地所部が行った現況調査によりますと、丸の内にはすでに1186の事務所があり、2万6941人のサラリーマンが勤め、その多くが郊外から通勤し、東京駅を降り立ち、丸の内に建ち並ぶ建物内の各事務所に吸い込まれていきました。丸ビルは、東洋一のビルとして多くの人に親しまれていきます。大正3（1914）年に東京駅が開設した後、大正8年には中央本線が東京駅に乗り入れました。関東大震災後の大正14年には山手循環線（山の手線）が完成します。旅客の大量輸送に伴い列車編成が長大化したことから、大正15年以降電車のドアすべてが手動式から自動扉開閉装置に取り替えられました。昭和元（１９２６）年の「東京府統計書」によりますと、年間の乗降客数は東京駅が約３７００万人（１日あたり１０・１万人）と上野駅を抜いて一番の乗降客数となり、次いで新興ターミナル駅の新宿駅が約３４００万人（１日あたり９・３万人）と続きます。丸の内に勤めるサラリーマンが乗降する東京駅と有楽町駅を合わせると、１日の乗降客が約15万人にもなりました。

国分寺まで開通していた中央本線は、昭和４年６月に立川、昭和５（１９３０）年12月に浅川（現・高尾）まで延長されました。中央本線と連絡するかたちで、昭和７年には、総武線が御茶ノ水―両国間で開通します。鉄道の利便性が増せば増すほど、利用者が増大する状況になっていました。昭和初期のころから、朝夕の通勤時に起こる混雑を「ラッシュアワー」と呼ぶようになります。「東京行進曲」にもこの言葉が登場します。

昭和４年に刊行された『新版大東京案内』（今和次郎編著）に、丸の内について書かれた文書があります。「東京駅を降りてその広場に立った時、丸ビルを中心に巨大なビルディングが、空をたかく一直線に切っているのが何となくアメリカを思はせる。アメリカを思はせるのも道理、それらの巨大なビルディングには、近代の高速度な商業が、金融が、アメリカ式資本制度のなかに動いている」からと指摘します

148. 丸の内勤務のサラリーマンが乗降する東京駅の俯瞰

(148)。丸の内に働くサラリーマンとオフィスガールについては、「プラタナスの舗道を、スカートの短い断髪の女が行く。ビルディングの窓には若い社員の顔が見える。夕方ともなれば、無数にビルディングから吐きだされるサラリイメンの人波」と述べています。100人から1000人単位のサラリーマンを飲み込む巨大化するビル、そのビル群を構成する丸の内。丸ビルに次ぐ第2の規模を誇る八重洲ビルが完成した時期です。「この三萬人のサラリイメンのうち、三千五百人がタイピスト、女事務員、ショップ・ガールなどで、そのために、――恋の丸ビルあの窓あたり、泣いて文かく人もある、といった職業婦人の本場だけに流行歌もできるわけなのである」と「東京行進曲」と重ねます。男性だけの職場に、女性たちがさっそうと、しかしほろ苦く、まだまだ地位が確立されていない環境にあった様子が読み取れます。

地下鉄が最初に走った娯楽の殿堂浅草

広い東京　恋ゆえ狭い
粋な浅草　しのび逢い
あなた地下鉄　わたしはバスよ
恋のストップ　ままならぬ

3番は、浅草です。浅草は江戸時代からの賑わいの場でした。近代の新しい交通機関である地下鉄、浅草が最初であることは「東京行進曲」にとって重要なテーマとなり得たと思います。「東京行進曲」には、大正時代に庶民の足となっていた市電が登場しません。銀座、丸の内、そして浅草には市電が登場せず、浅草はバスと地下鉄です。バスは関東大震災であまり被害を受けなかった丸の内、東京駅前を拠点に発着するようになります。関東大震災後、復興が遅れた市電に代わり、都市交通の花形として登場したもう一つの乗り物、浅草から銀座に地下鉄が通り（とお）ます。丸の内から浅草へは、バス1本で行くか、山の手線（省線）で上野まで行き、地下鉄に乗り換える二つの方法がありました。昭和初期、バスは魅力的な乗り物だったのでしょう。

ただし、「東京行進曲」の歌詞がつくられた昭和4（1929）年時点では、地下鉄は浅草―上野間だけが開業していました。大正14年3月、新しい都市計画高速鉄道網（地下鉄）が内務省より告示され、この計画に基づいて、昭和2年12月30日に日本最初の地下鉄道が浅草―上野間約2・6キロメートルを走りはじめます（149）。全線10銭（せん）均一でした。黄色の車体、120人乗り全鋼製車両が10両用意され、自動改札機とともにそのモダンさが売り物となります。昭和9年には新橋まで路線が延長され、全8・0キロメートルとなりました。「浅草―新橋間16分」、スピード運転のキャッチフレーズは、都市交通機関の変革を象徴する出来事でした。さらに、渋谷―新橋間の地下鉄が昭和13年に開通します。「東京行進曲」が発表された昭和4年は浅草―上野間が開通しただけだったこともあり、「地下鉄」の歌詞は3番の浅草に登場したのです。

149．全線10銭均一で走った地下鉄銀座線

都心と郊外を結ぶターミナル駅新宿

シネマ見ましょか　お茶のみましょか
いっそ小田急で　逃げましょか
変る新宿　あの武蔵野の
月もデパートの　屋根に出る

4番は、私鉄ターミナル駅として、急速に乗降客の数を増やす新宿です。砂利(じゃり)や人糞(じんぷん)を運んでいた郊外鉄道が、関東大震災を契機(けいき)に通勤電車に変貌します。朝は郊外からターミナル駅へ。この郊外電車は、遠方(えんぼう)の行楽地とも結ばれていました。さしずめ、小田急は小田原・箱根。行楽地と都心を結ぶ新宿には、巨大商業空間のデパートが進出し、武蔵野館などの映画館も次々とでき、郊外住宅地の核となる新しい都市空間がつくりだされます(150)。

震災前の東京西南部の郊外地には、明治40(1907)年に開通した玉川線を除けば、鉄道路線がまだありませんでした。震災後になると、東京への人口集中化がより激しくなります。これを受けて、渋谷・新宿・池袋などの山手線主要駅からは、もともと多摩川などの砂利を都心に運び、あるいは都心のおわい(人糞)を郊外の農地に運ぶ路線であった私鉄各線が、通勤電車として充実します。大正15(1926)年には東京横浜電鉄(現・東急東横線）の丸子多摩川―神奈川間、続いて昭和２（１９２７）年８月には渋谷―丸子多摩川間の敷設が完了し、渋谷―神奈川間が全線開通しました。昭和２年６月になりますと、京王電気軌道（京王帝都電鉄）は新宿―京王八王子の全線を開通させます。次いで昭和８（１９３３）年に渋谷―井の頭間、翌昭和９年には井の頭―吉祥寺間も開通しました。これにともない、郊外電車沿線の宅地化が伸展します。

歌詞に登場する「小田急」は、昭和２年４月に小田原急行鉄道（現・小田急線）が新宿―小田原間を走りはじめました。「いっそ小田急で逃げましょか」の第２フレーズに挿入された「小田急」の言葉が当時流行り、西條八十が「会社の宣伝になった」と小田急電鉄から「永久全線無料パス」を支給されたと聞きます。

都市交通網の整備が一段落した昭和15年、都市交通を利用する人の数が急増していました。「東京府統計書」（東京府）から１日あたりの乗降客を拾いだしてみますと、汽車鉄道が約１８７万人、私鉄が約１３０万人、地下鉄が約27万人、バスが約１０８万人、市街電車が約１３９万人となります。東京府内で約５９０万人が交通機関を使って移動する時代となっていたのです。これは明治21（１８８８）年の約２３６倍、大正元（１９１２）年の約８倍にあたる数です。交通の発達とともに、多様な乗り物をチョイスし

150. 昭和初期の新宿大通り

て通勤するサラリーマン像も浮かび上がってきます。特に私鉄の約130万人は、サラリーマンの郊外化の進展を如実に示す数字といえるでしょう。

田園都市と銘打った分譲地、成城学園

「東京府統計書」によりますと、東京の旧15区の人口は大正10（1921）年から昭和15年にかけてほぼ210万人前後で微減微増の状況でした。それに対し、35区となった大東京、その旧15区以外の新市域の人口は関東大震災前の大正10年度に約150万人でしたが、昭和5年度には約330万人となり、ついに旧15区以外の東京府の人口が旧15区を上回るまでになります。特に、荏原郡荏原町（現・品川区の西側）の人口増加は激しく、大正9年と昭和5年の比較で15・5倍の伸びでした。次いで多摩郡杉並町（現・杉並区）が14・6倍と高い伸びとなります。新市域は昭和15年度に約510万人と大正10年の3倍以上に人口を増加させます。郊外地の人口の伸びは、郊外電車の普及を物語っています。

151．住宅が建ちはじめた成城学園

郊外電車を使い都心に通勤するサラリーマン族の台頭は、郊外住宅地の発展を促しました。郊外住宅地の開発は大正期のなかごろからイギリスのエベネーザー・ハワード（1850〜1928）が唱えた「田園都市論」を内務省の中で研究、議論されてきた内容がベースです。昭和に入り、郊外では私鉄新線の建設が進み、住宅地開発が一層活発化します。私鉄沿線の地域は、都心のベッドタウンとして、「震災にも安全」をキャッチフレーズに「田園都市」と銘打った分譲地が造成されていきます。

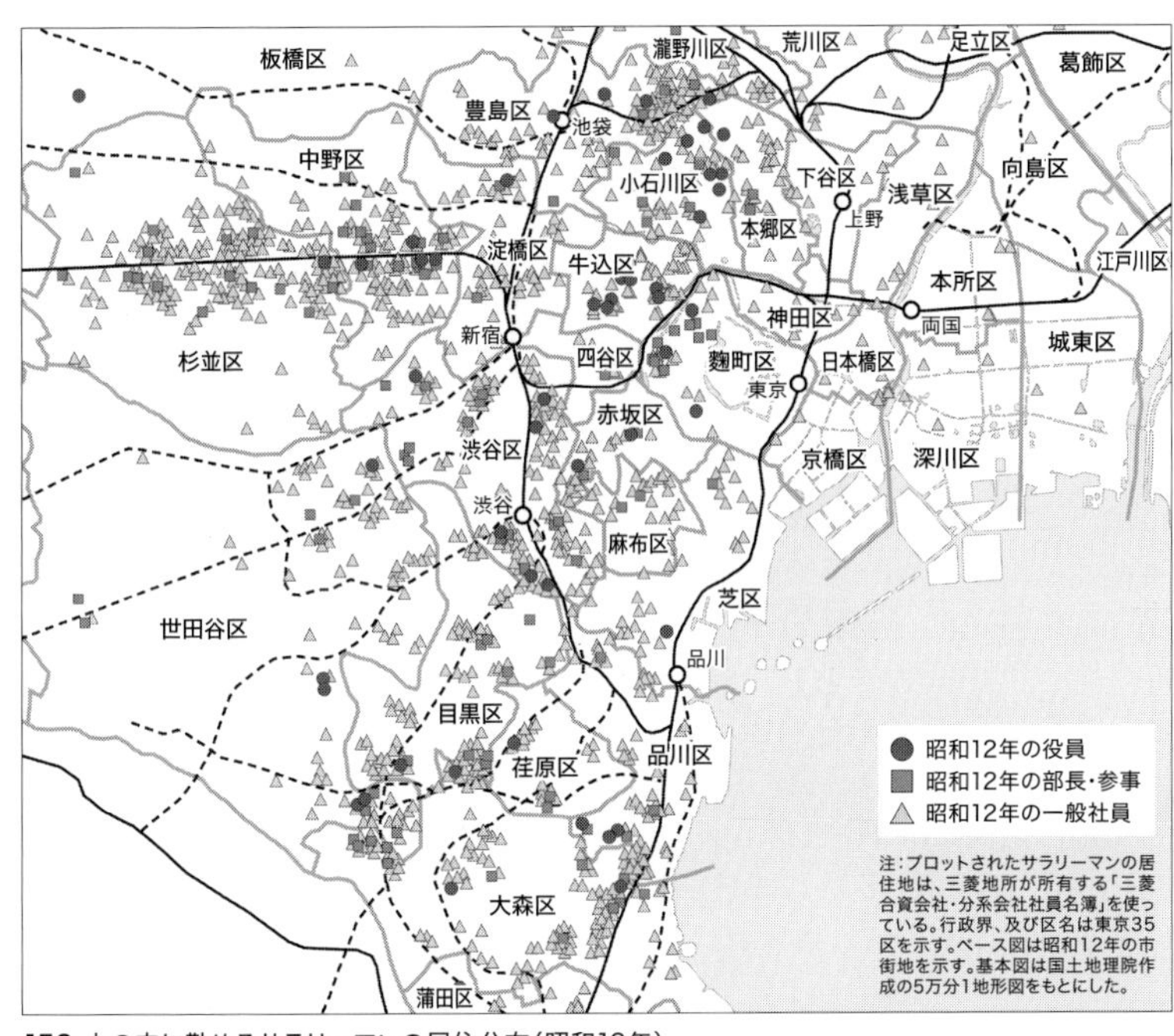

152. 丸の内に勤めるサラリーマンの居住分布（昭和10年）

日本の田園都市は、学校の誘致や遊園地の立地により、利用客の拡大を図ったことが特色の一つとしてあげられます。鉄道沿線の郊外住宅地開発において、教育機関の設置が居住者拡大の大きな役割を果たしていたのです。澁澤栄一が中心となり設立された田園都市株式会社は、目黒蒲田電鉄（現・目蒲線）沿線の住宅地開発を進めるにあたり、関東大震災で消失した蔵前にあった東京高等工業学校（現・東京工業大学）に大岡山の土地を大正12（1923）年末斡旋します。小田急沿線にある成城は、小原國芳（1887〜1977）が住宅地開発と学校誘致をセットにして形成された学園都市です。10万坪ある土地が住宅地として区画の整理を進められました(151)。大正13年、牛込にあった成城学校は府下南多摩郡砧村字喜多見、現在の成城に40万坪の土地を確保し移します。大正14年には成城小学校と成城第二中学校を移転し、成城の街は学園都市として閑静な高級住宅地となっていきました。国立周辺には堤康次郎（1889～1964）の箱根土地によって開発された100万坪の住宅地が展開します。国分寺―立川駅間には、箱根土地の寄付による新駅（国立駅）が登場し、昭和4年に電車が止まるようになりました。しかも昭和8（1933）年には商科大学（現・一橋大学）が近くに移転し、国立周辺は学園都市として展開します。

考現学主唱者の今和次郎（1888～1973）は、郊外風景について調査を行っています。「風俗総合調査」（昭和5年）から見えてきた郊外について「このごろ概念づけられている新都市の郊外というのは、より積極的に新しい生活を営む人たちの住所が主体となっているところ」と考えてよいと述べています。こうした人たちの中核がサラリーマン層でした。郊外住宅地は都心に働くサラリーマンの家族が居住することで、人々のライフスタイルも、また街並みにおいても新しい山の手の特色を描きだしていったと考えられます。丸の内に働くサラリーマンも、鉄道、郊外電車が完備され、それらの沿線に居住地を求めるようになります[152]。彼らは、現在と変わらぬ通勤ラッシュを体験しながら、郊外の住宅地からビジネスセンターの丸の内に通ったのです。

第7章
焼け跡から高度成長の時代へ

1 敗戦の焼失から脱出する東京

瓦礫による掘割の埋め立てが復興の急務だった

昭和20（１９４５）年3月と5月にB29が焼夷弾を集中投下し、東京は火の海と化します。特に下町は壊滅的な状況でした(153)。東京の市街を見渡しますと、被害の少ない場所の一つに丸の内があります。関東大震災、東京大空襲と2度、丸の内は被災を免れました。東京大空襲の際には、米軍が戦後の日本統治に向け意図して丸の内に爆弾を落とさなかったといわれます。戦後すぐに、米軍の指令本部が第一生命本社に置かれるなどして、丸の内の建物の多くが接収され、一般庶民には近付きがたいエリアとなってしまいました。一部で米軍の接収が続くなか、東京駅前に新丸ノ内ビルディング（以降新丸ビル）が昭和27（１９５２）年11月に竣工します。新丸ビルの延べ床面積は、昭和初期東洋一だった丸ビルの6万４５１平方メートルに対して、6万５４８８平方メートルと上回ります。以降、日本の経済界の本格的な立て直しが丸の内でもはじまります。

東京駅を挟んだ八重洲側は、丸の内と好対照に建物が焼失し、焼け出され人たちも多く、悲惨な状況にありました。明日を生きるために外堀川沿いを不法占拠し、バラックが建ち並ぶ風景をつくりだします(154)。雑排水を垂れ流す状況は外堀川の水質を急速に悪化させました。水際は建物で覆い隠され、一般の人たちが陸側から外堀川と接する機会はせいぜい橋の上からでした。東京都心の水辺は、高度成長をとげるなかで、江戸時代初期に築かれた掘割を埋め立て陸化する方向に向かいます。埋め立て反対の動きは、時代のうねりに跳ね返され、「不要河川」という名のもとに東京の掘割が急速に埋め立てられていきました。

戦争が終わると、街のそこここに瓦礫が山のようにつまれ、この瓦礫を処理することが戦後復興の第一弾でした。それを処理する場所として、海の埋め立てが考えられましたが、一刻を争う事態に船の運航が少ない掘割を対象に瓦礫での埋め立てが行われました。日本橋の浜町川、東堀留川、銀座の三十間堀川などの掘割が対象となりました。これらの埋め立ての特徴は、埋め立て後に区画を整理して宅地化したことです。東京都は、GHQから瓦礫処理の催促を受け、三十間堀川への瓦礫投棄を決定し、昭和23（1948）年6月から埋め立てを開始します。昭和24年7月に埋め立てが完了し、宅地として売ることで瓦礫処理の費用を捻出しました。現在埋め立てられた三十間堀川の跡を歩くと、掘割跡の中央に道路が通り、その両側に間口が長く、奥行きの

153.東京大空襲の焼失エリア

154.外堀川に並ぶ飲み屋（昭和31年）

155.幕を閉じる間際の三原橋地下街

ない細長いビルが建ち並ぶ風景を目にします。

三十間堀川は埋め立てられますが、帝都復興事業により昭和4(1929)年に架けられた三原橋は都電の通行に支障があるとして撤去せず、橋梁下部のアーチ状の天井を持つ地下街と南北の出入口上の2階建の建物とで構成された不思議な建築が昭和27(1952)年に土浦亀城(1897~1996)の設計により誕生します。東京都が所有する地下街は、建物が竣工する前年1月に東京都観光協会が観光案内所の設置など、観光を目的とした使用許可を得ていました。実際の運営は事業委託するかたちで新東京観光にまかせます。しかしながら、実際の出店はパチンコ店や飲食店で、観光目的の使用とは大きくかけ離れたものでした。ニュース専門の映画館は、ピンク映画を上映する「銀座地球座」となります。昭和42(1967)年には「銀座シネパトス」に変わりました。パチンコ店は東京都の強い指導もあり後に「銀座東映」となります。昭和40年代以降の地下街は映画と飲食店が混在する空間でしたが、映画館は平成25(2013)年3月31日に幕を閉じ、飲食店は平成26(2014)年3月末に三原橋地下街閉鎖に伴い閉店しました(155)。

昭和初期の銀座通り東側の歩道は200店以上の露天の店が並び、風物詩の一つとなっていました。戦後はGHQの強い指導もあり、通り沿いの歩道にあった東京の露天は廃止されます。銀座も昭和26(1951)年に廃止の命令が下り、その後三原橋の南側(現・銀座五丁目)、三十間堀川を埋めた土地に集団移転します。都市製図社が製作した当時の地図を見ますと、「銀座マート　バラック」と書かれており、二つのブロックにそれぞれ2列の長屋形式のバラック建築が建てられていたことがわかります。

三十間堀川の埋立地には、他に「銀座パチンコ（第一ストアービル）」（現・銀座二丁目）「銀座館」（現・銀座二丁目）「銀座温泉銀座センター」（現・銀座六丁目）の名が見られ、それぞれの建物は一ブロックを占め、１００メートルの長さがありました。これらの建物には、パチンコ店、飲食店、風俗営業の店が入りました。銀座通りがすっきりとした街並みとなる一方で、人間の欲望を満たす裏の空間が三十間堀川の埋立地に集まっていたのです。

闇市からの復興

露天と屋台はシステマチックな空間の仕組み

戦火が激しくなり、東京が爆撃されはじめたころ、子供たちを安全な地域や地方に疎開させる「学童疎開」が試みられました。その一方で、一般的にはあまり聞き慣れない言葉として「建物疎開」があります。爆撃で街が火災にあった時、鉄道運行に支障をきたさないために、周辺の建物を解体して更地にすることですが、鉄道の駅周辺や線路沿いの建物も比較的大規模に建物疎開しました。

東京は、昭和20年の東京大空襲で再び火の海と化し、震災から20年余りというわずかな年月を経て、多くの人が再び住む家を失い、路頭に迷うことになります。その時、いち早く賑わいの場として闇市がつくられました。主に、ターミナル駅周辺の線路沿いや戦中に建物疎開した後の空地にできます。そこに行けば何でも揃いましたし、それらを買う金がなくとも、惹き付けられるように多くの人が集まりました。

青空の下ではじまった闇市の商いは、次第に簡易なテント張りされたスペースになり、まもなく小屋掛けさ

注:図は、昭和25～26年に作成された「火保図」(株式会社とし製図社・沼尻長治氏所有)である。

156.新宿の角筈一丁目の火災保険地図・1951

157.現在の渋谷のんべえ横丁(右側に路地がある)

れた長屋形式のマーケットに姿を変えていきます。長屋形式のバラックの中央には路地を通し、各露店を回遊する流れをつくります。どこの闇市もほぼ同じ仕様でつくられたマーケットの空間です。このパッケージ化された基本単位は、一つの敷地内に路地を通し、その両側に店を長屋形式に並べる考えがベースになり、自在な組み合わせと変形で、どのようにでも変化させることができました。しかも単純明快で、実にシステマティックな空間の仕組みです(156)。これは、江戸からの屋台や、近代以降の露天商の知恵が働いていたと考えられます。路地の幅をどのように決めたのかはさだかではありませんが、狭すぎもせず、かといって広すぎもしない空間は身体感覚から生まれた幅のようにも思えます。その狭い路地に重なるように人々が往来して一層の賑わいを呼ぶ場となったのです。

バラック建築が集合するマーケットは戦後しばらくして次々に再開発され姿を消しました。しかし、そのうちの幾つかは今も健在です。例えば、新宿の「思い出横丁」や渋谷にある「のんべえ横丁」は当時の雰囲気を今によく伝えてくれています(157)。路地沿いに間口の狭い店が連続し、人の歩くスピードにあわせるように小割りされた店が次々と展開します。一つ一つの店は開放的につくられていて、路地の狭さからくる閉塞感はありません。まるで生き物のように路地空間が個々の建物と呼吸しあっているようにも感じられます。そして、ついついこの店に立ち寄ってしまいます。

戦後、路地がつくりだす新たな銀座の賑わい　銀座は東京大空襲の時、銀座一丁目から銀座六丁目にかけて焼け野原となります(158)。銀座の場合、建物疎開の効果がどれほどのものであったかは定かではありませんが、銀座が空爆で焼失する前、「建物疎開」という名のもとに、延焼を防ぐため敷地単位で建物を壊し更地にした歴史がありました。銀座七丁目、八丁目は、焼失を免れており建物疎開がどのように行われたかがわかります。

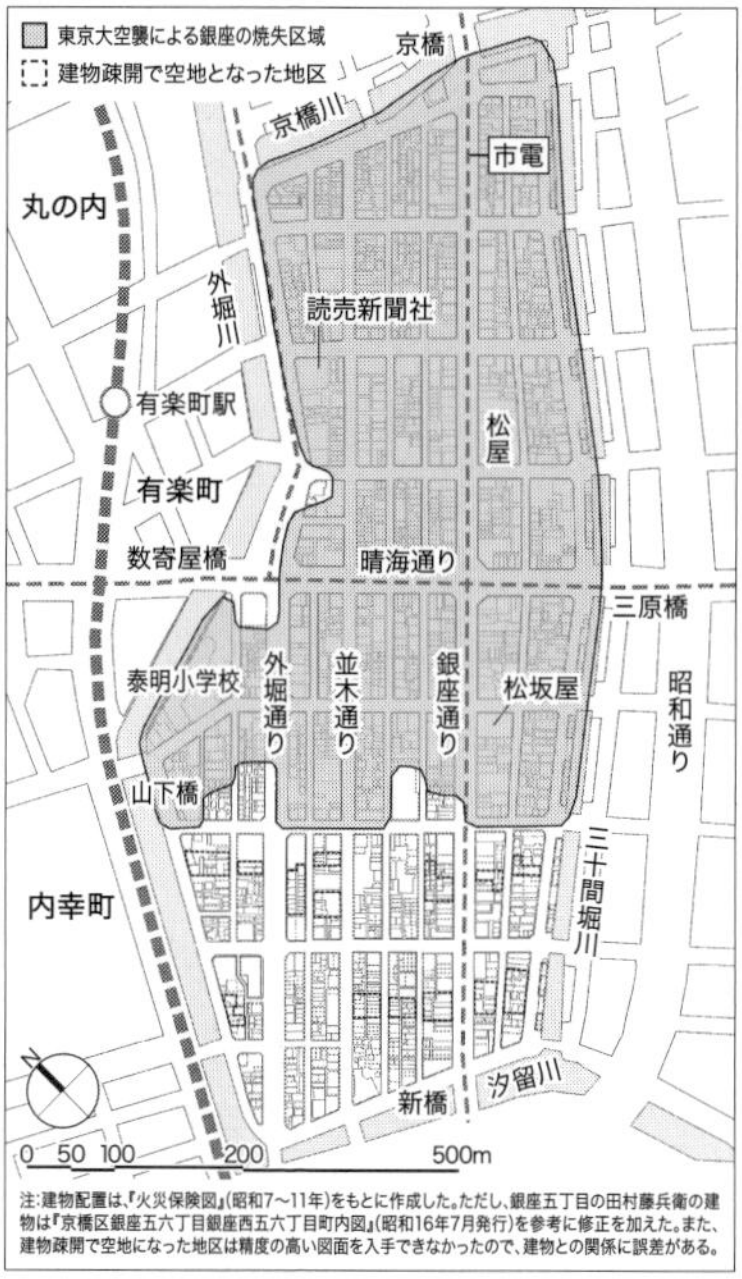
東京大空襲による銀座の焼失区域
建物疎開で空地となった地区
京橋
京橋川
市電
丸の内
外堀川
読売新聞社
有楽町駅
松屋
有楽町
数寄屋橋
晴海通り
三原橋
泰明小学校
外堀通り
並木通り
銀座通り
松坂屋
昭和通り
山下橋
三十間堀川
内幸町
新橋
汐留川
0 50 100 200 500m
注:建物配置は、『火災保険図』(昭和7～11年)をもとに作成した。ただし、銀座五丁目の田村藤兵衛の建物は『京橋区銀座五六丁目銀座西五六丁目町内図』(昭和16年7月発行)を参考に修正を加えた。また、建物疎開で空地になった地区は精度の高い図面を入手できなかったので、建物との関係に誤差がある。

158.銀座の焼失区域と建物疎開

銀座の建物疎開は規模100坪程度の敷地内にある複数の建物をコンパクトな範囲で取り壊しました。戦後間もなくして、この空地に飲食店が集まる、銀座通りとは異なる賑わいの場がつくられていきます。

銀座には、今も多くの路地があります。銀座煉瓦街建設の時につくられた通りと平行して通された長いI字型の路地、関東大震災後に長いI字型がL字型に変化した路地、そして戦後にも新しく路地が誕生しました。戦後の路地は、建物疎開で更地となった土地の真ん中に通りと通りを結ぶ短いI字型路地を通します。その路地に面した両側に間口の狭い飲食店がひしめくように並びました。夜ともなれば賑わいの場に変貌し、これらの路地に勤め帰りのサラリーマンが消えて行きます。

銀座は戦前にまだ1万人以上の人たちが暮らしていました。その多くは路地裏が住まいの場でした。戦後は、その数を急速に減らしていきます。短いI字型の路地ができたことで、特に銀座七、八丁目の路地は煉瓦街にできた路地とつながり複雑化します。かつて多くの人が住んでいた煉瓦街時代の路地も、人が住まなくなった場所に飲食店が入り込み、昭和20年代の銀座の路地は住む場からサラリーマンが訪れる夜の社交場となりました。路地裏の飲食店、主にバーやクラブですが、当時の雰囲気を感じさせる路地が銀座八丁目にあります。その一つ、並木通りと西五番街に挟まれたT字型をした路地に入ると当時の賑わいを想像させてくれます。昼間薄暗い路地に足を踏み入れ上を見上げると、「Salon」の文字を発見できました(159)。しかし、平成28(2016)年の夏に訪れた時は建物が解体され、更地となっていました。その隣りには2段に折れ曲がった屋根の木造3階建の建物があります(160)。こちらはまだ壊されることなく建っていますが、いつ壊されるか心配です。これらの建物は戦後の賑わいを見続けてきた

159.「Salon」の文字

160.ギャンブル屋根の木造3階建建物

建物です。繁華街である銀座は建て替えが激しく繰り返される宿命を背負っていますが、それでも記憶を代弁し続ける建物が街中から消えていく光景を見ると、寂しさが募ります。

2 高度成長期のシンボル、ローカルとメジャー

学園都市と日本一の繁華街の名を冠した路線商店街

これから、私が銀座の商店街の近くで生まれ育ったという自慢話を少しさせて下さい。とはいっても、○○銀座と名のつくローカルな路線商店街の話です。東京で最初に銀座の名を入れた商店街は「戸越銀座（とごしぎんざ）」といわれています。『品川区史』によりますと、戸越銀座商店街（連合会）に「銀座」の名が加わった直接の要因は、銀座通りに設置されていたガス灯に送るガス発生炉に使われた耐火煉瓦、白煉瓦が大正12年の関東大震災で被害を受け役目を終えたことから、戸越の人たちがその煉瓦を譲り受け、当時水はけの悪かった戸越の大通りの舗装に再利用したことによります。そのお礼もかねて、戸越の商店街に銀座の名が付けられました。その後も、「銀座○○商店街」「○○銀座商店街」と銀座の名が付けられた商店街が急増します。出版当時東京経済大学教授だった中村孝士（なかむらたかし）が『銀座商店街の研究』において、全国に銀座の名の付く商店街が491あるとしています。昭和55（1980）年の段階です。そのうち、東京都内には5分の1強の109という数字を示しています。

銀座という名を商店街に付けた経緯は、震災でも、戦災でもいち早く復興をとげ、日本を代表する繁華街（はんかがい）

であり続ける銀座の姿がありました。それをイメージし、これからの発展を願う地元の路線商店街と重ねた結果かと思われます。商店街が「銀座」の名を加えて、「銀座○○商店街」「○○銀座商店街」とする時期は、関東大震災後の昭和初期にもみかけられますが、特に昭和20年代中ごろから昭和30年代中ごろにかけて圧倒的に数を増やします。郊外地へと進展する住宅地の拡大に支えられ、戦後郊外電車の各駅に乗降する客数が急増し、駅前から続く路線商店街としての体裁が整ってきた時期と符合します。古くから続く商店街が「銀座」の名を新たに加えたというより、新興の商店街がはじめから「銀座」の名を入れて商店街名にしたようです。

私が生まれ育った街にも、西武新宿線都立家政駅を下りたところに、線路と直行するように延びる「家政銀座」の名が付けられた路線商店街（正式には、家政銀座商店街振興組合）があります。その路線商店街に付けられた「家政銀座」の名は、銀座の他に「家政」の文字があります。これは、現在の東京都立鷺宮高等学校の前身、東京府立家政女学校の「家政」からきています。この女学校は、明治45（1912）年7月に、豊多摩郡立農業学校（現・都立農芸高校）附設実業女学校として開校しました。場所は中野駅南口に近い現中野区中野三丁目にありました。大正12（1923）年には東京府に移管され、東京府立中野実業女学校と校名を改称します。その後校舎が手狭になり、翌年に現在の中野区若宮三丁目に移転し、校名も東京府立中野家政女学校、東京府立家政女学校と変えていきます。ただ移転先には、駅が近くになく交通の便が悪いために、学校側が駅の新設を西武鉄道に熱心に要請します。その結果、昭和12（1937）年12月に「府立家政駅」の開設が決まりました。駅名は、学校誘致で知られるようになる成城や国立の学園都市がイメージされたのでしょうか。昭和18（1943）年7月の都制施行に伴い東京都立中野高等家政女学校と改称され、駅名も現在と同じ「都立家政」になります。

戦後は新制高校に移行し、家政女学校は昭和25（1950）年1月に校名を東京都立鷺宮高等学校に変更します。その時、西武鉄道からは「東鷺ノ宮」に駅名を変更する打診が地元にありました。高校名から「家政」の言葉が消えてしまったのですから、当然考えられることでしょう。ただ、この時商店街名はすでに「家政銀座商店街」となっており、商店会からは駅名変更に反対の意向が西武鉄道に示されました。その結果、変更することなく「都立家政」という名前が残り続け、今にいたります。かなりローカルな話になりましたが、「家政銀座」の商店街名には学園都市と日本一の繁華街という二つのシンボリックな言葉があわせられています。少し生まれた場所の自慢が過ぎているようです。ただもう少し書かせていただくと、現在も憧れの的である「学園」と「銀座」の二つを冠した商店街は、全国に「家政銀座商店街」以外にないように思います。ローカルな商店街だからこそのネーミングかもしれませんが。

掘割を利用した東京の高速道路

二つの異なる高速道路　東京都心を走る高速道路は、東京オリンピック開催に向けた渋滞緩和の妙案として建設されたことはよく知られます。その建設用地として、東京都心部とその周辺の掘割が主に利用され、高速道路延長の9割が掘割でした(161)。このことで東京の都市景観が大きく変貌し、江戸時代に築かれた掘割の多くが失われます(162)。

　高速道路の構想は、高度成長期に突然考えられたものではなく、すでに戦前にありました。それは、長年東京都の道路計画策定に携わってきた山田正男（1913～95）が示した昭和13（1938）年の構想「東京高速道

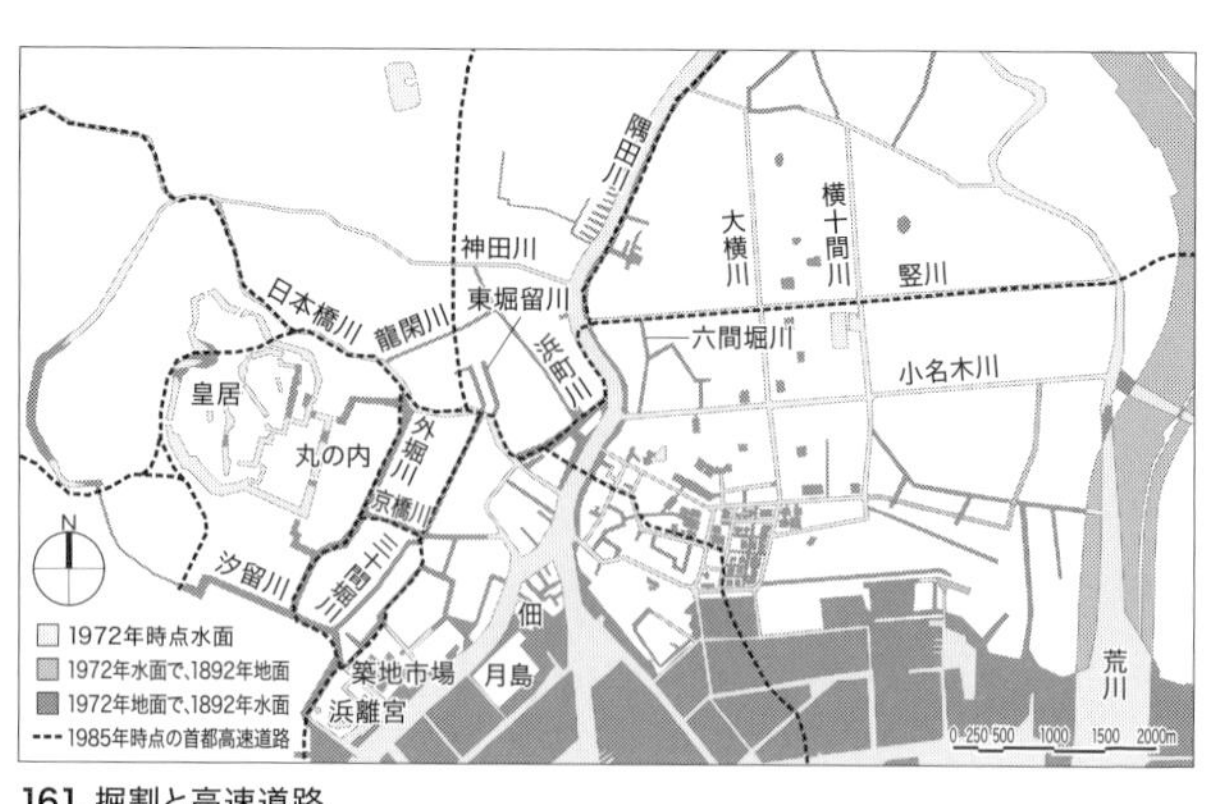

161.掘割と高速道路

162.外堀川と丸の内橋（昭和25年）

路網計画案概要」と、都市計画家の石川栄耀（1893〜1955）による昭和15年の「大東京地方計画と高速度自動車道路」です。この二人の構想はアメリカの高速道路をモデルにした点で共通しますが、計画内容は大きく異なります。石川栄耀が描いた構想は、東京高速道路株式会社によって実現されます。外濠（外堀川）、京橋川、汐留川を埋め立て、難波橋から紺屋橋の1・4キロメートルの区間、「スカイセンター」と呼ばれる高速道路の下に店舗を入れ込んだユニークな高速道路を出現させました。「株式会社」と名が付けられているように、道路補修などは下の店舗からの賃料を収入源として運営する会社です。その後の国が関与してつくられた、料金を徴収する首都高速道路、東名高速道路などとは大きく異なり、区間は無料での運営です。また、都市の景観に配慮して計画されたことでも知られます。東京高速道路株式会社による整備が日本最初の高速道路となり、昭和34（1959）年6月に一方通行でまず開通しました。

東京ではその後店舗を併設した高速道路が建設されませんでした。以降は、山田正男の構想をベースに、道路機能だけを担う高速道路が建設されていきます。街か、道路か。当時の建設省の縄張り争いのようにも見えますが、東京オリンピックに向け深刻な渋滞問題を一刻も早く解消するには、市街地を巻き込んだ高速道路の建設は時間的にも不可能な道筋でした。解決の妙案として、首都高速道路を建設する人たちは東京を縦横に巡る河川や掘割に着目します。

東京オリンピックの成功の鍵は高速道路建設　東京高速道路株式会社の高速道路が一部開通した昭和34年6月には、本格的な高速道路建設に向け首都高速道路公団が誕生します。それから3年半後、京橋―芝浦間の4・5キロメートルが昭和37(1962)年12月に開通します。京橋から汐留までは、築地川の川底を抜け、高速道路両側の壁は掘割の護岸をそのまま利用しました。浜離宮に差し掛かるあたりから高架となり、埋立地の倉庫街を抜けます。途中浜松町からの東京モノレールが並走し、京浜運河の水面の上を南下します。羽田空港に向かう首都高速道路は、高速1号羽田線と名付けられ、東京オリンピックの開会式が行われる昭和39(1964)年10月1日、最終リミットとなる日に羽田空港がある空港西までの10・8キロメートルを延伸させます。関係する人たちは安堵したでしょう。

都心環状線は都心の交通渋滞をパスするように、京橋から本町方面、呉服橋方面へと、首都高速道路が東京オリンピック開催に向けて急ピッチで工事を進めていきました。日本橋川に架かる江戸橋の上は、高速道路が立体的に交叉し、ダイナミックな景観をつくりだします(163)。当時の新聞記事も、「ダイナミック」「モダン」

163.日本橋川の上を通る高速道路

164.千鳥ヶ淵と高速道路

「新しい都市美」「スピード感」「さわやかな風」といった言葉が並び、「夢のハイウェー」と建設が進む首都高速道路をもてはやします。開通した当初は、未来都市を具現化したと新聞紙上も大いにかき立てました。東京オリンピックが終わった後も、東京都心から周縁へ放射状に延伸されていきます。昭和47（1972）年に製作されたアンドレイ・タルコフスキー（1932～86）監督の映画『惑星ソラリス』に登場する首都高速道路は未来都市を演出する道具として使われました。本来は大阪で開催の万国博覧会（1970）会場の撮影を予定していたようです。しかし、タルコフスキーが来日した時には万国博覧会が終わった後だったことから、首都高速道路が選ばれました。映画では、北の丸公園を抜け、千鳥ヶ淵を横切る首都高速道路都心環状線のルートが撮影されています（164）。千鳥ヶ淵から半蔵御門までは台地を横切るために、高速道路は地下を走ります。

千鳥ヶ淵では、高速道路が水面近く、高さを押さえてつくられ、皇居に配慮します。さらにその先は、弁慶濠に沿って高架で抜け、赤坂離宮のところで再び地下に潜ります。低地部のように、外濠を埋め立てることはありませんでした。効率的に高速道路を通すメリットがないこともあり、内濠や外濠自体に手を加えていません。同時に、日本橋川の上につくられた首都高速道路とは都市景観への配慮が異なります。

快適なハイウェーともてはやされた首都高速道路ですが、昭和40年代中ごろから次第に渋滞が目立つようになり、新聞紙上では「低速道路」と揶揄(やゆ)する言葉が見られるようになります。都市の景観からの視点でも、首都高速道路は評価を下げていきました。

3 郊外の暮らしと変化する光景

借家住まいの昭和、私の原風景

昭和31(1956)年7月に発表された経済白書には、〝もはや「戦後」ではない〟との記述があり、流行語にもなりました。昭和39(1964)年に東京オリンピックを迎えるまでの約10年間、東京をくまなく巡っていた掘割が埋め立てられ、新しく高速道路が通されただけではありません。東京では様々な風景が大きく変貌しました。ここからは私自身の体験的な話になります。親の転勤ではなく、この間に都立家政(とりつかせい)の借家から、井荻(いおぎ)の公務員住宅、鷺ノ宮(さぎのみや)の都営住宅と2回引っ越しを経験しました。借家(しゃくや)は西武新宿線の都立家政駅から歩いて4、5分のところにありました(165)。

借家は大きな敷地の南側に大家(おおや)の母屋(おもや)があり、北側の空地(くうち)に家作(かさく)(貸家)が建てられ、その一角にありました。大家の建物の配置からすると、勝手口に当たる場所に借家の住人用の門がありました(166)。公道から門をくぐ

165.妙正寺川の流路と地形と我が家

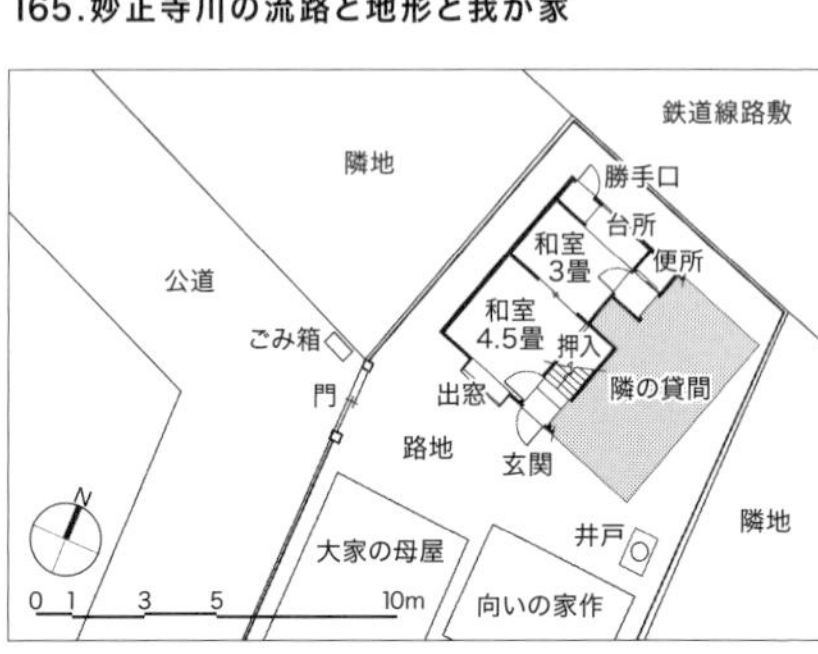

166.都立家政の建物配置

りますと、中央の空地（路地）に入ります。広場的な路地を取り巻くように家作の建物が幾つか建てられ、その左側の家作の一角に、私たちの住んでいた貸し間があり、玄関は共用でした。そこから各戸に振り分けて入るようになっており、部屋は4畳半と台所兼用の3畳間でした。3畳間にドアがあり、先に2世帯で使う共同の便所がありました。便所は汲み取り式で、最初のころは天秤棒に桶をつり下げた人が汲み取りに来ていたように思います。定かではないですが、周辺には田畑もまだ多く、農家の方が汲み取りに来ていたのかもしれません。その後、バキュームカーが来て役所の人が吸引ホースで汲み上げていくようになりました。バキュームカーは全国に先駆けて昭和26（1951）年導入した川崎市がはじまりのようですから、我が家にバキュームカーが来はじめた時期は昭和30年前後でしょうか。

ゴミは生ゴミ以外ほとんど出なかったと記憶しています。今と違い洋服でも捨てることはありませんでした。ゴミが出た時は、道路脇に置かれた黒く塗られた木製のゴミ箱に入れ、屑屋の人が取りに来ました。新宿などの大きな街では、背中に籠を背負った屑拾いの人が早朝屑を拾いながら歩いている光景を見かけた記憶があります。生ゴミは四方を板で囲った大八車を引いた人が回収に来ていました。近所に牛、豚、鶏を飼う農家もあり、回収の人が集めた生ゴミを農家に売っていたのかもしれませんが、小さいころの記憶なのでうる覚えではっきりとしません。ただ、夏場生ゴミ回収の大八車から洩れ落ちる生ゴミの汁が路上に筋をつくり、猛烈な悪臭を放っていた記憶は鮮明に残っています。

路地の奥には井戸がありました。飲み水は水道でしたが、炊事洗濯など飲み水以外はこの井戸水が使われました。中庭は小さい子供の遊び場でもありましたし、洗濯物を干す場でもあり、暑い夏は井戸の水を汲み、打ち水をして夕涼みする場でもありました。

ちなみに、昭和30年ごろの我が家には、ラジオもテレビもありませんでした。たまにお邪魔した、銀行員の鉄筋コンクリート造の社宅にはテレビがあり、びっくりしたことを覚えています。もちろん、私の家には洗濯機も、冷蔵庫もない生活でした。母親は毎日近所の商店街、家政銀座に買い物に出ます。米や野菜など日保ちする食料以外は、その日に買っていました。

昭和の「三種の神器」とカルチャーショック

「白黒テレビ」「洗濯機」「電気冷蔵庫」が「三種の神器」と呼ばれ、一般の生活空間に入り込みはじめた時期は昭和30年代前半(1950年代後半)でしょうか。しかしながら、当時の我が家を思い起こしますと、井荻の公務員住宅は昭和34年に引っ越しますが、家にある電化製品はラジオくらいでした。その時、借家時代に慣れ親しんだ場所にある小学校に通うことになり、電車での通学となりました。他の人より早い経験といえば、通勤ラッシュを味わったことでしょうか。

私が小学1年生から4年生（1959〜63）にかけて、中野区若宮にある小学校では多くの転校生が入ってきました。小学校2年に上がる時だったでしょうか、新しい小学校ができ、同級生が半分近くに減ってしまいました。同級生に農家の子供たちもまだちらほらといましたが、むしろ毎年何人もが転校してきたハイカラなサラリーマンの子供たちで増え続けました。遊びに行った友達の家には「三種の神器」が揃っていて、冷蔵庫でつくられたシャーベットをご馳走してもらいました。その時、軽いカルチャーショックを受け、いつまでも記憶に残り続けています。

井荻の公務員住宅の周囲は武蔵野の面影を残す雑木林があり、畑も広がっていました。家は平屋で6畳、4畳半の畳の部屋、新築でしたので台所は独立しており、薪をくべる備え付けの風呂がありました。当時は、「三種の神器」よりも独立した台所と風呂の存在に生活が向上した実感を味わっていたように思います。ただ、便所は汲み取り式でした。家にはラジオがあっただけでしたが、父の勤める役所（工業技術院機械試験所）の敷地内に公務員住宅がありましたので、日曜日宿直室に家族でテレビを観させてもらいに行ったことを覚えています。何回も見せてもらえたわけではありませんでしたが、力道山（1924〜63）が登場するプロレス中継は記憶にあります。電気掃除機はテレビではじめて見ました。その電気掃除機はなかなか我が家に登場しませんでした。昭和29（1954）年時点の三種の神器は電気冷蔵庫、電気洗濯機、電気掃除機だったそうです。その後、電気掃除機は普及せず、すぐに白黒テレビにその座を奪われてしまいます。自動車もこの時代に体験しました。独身の所員の方が車好きで、頑丈そうな黒塗りのセドリックを乗り回しており、一度奥多摩までドライブに連れて行ってもらった覚えがあります。

東京オリンピックと家電の移り変わり

井荻での公務員住宅の暮らしは1年半ほどでした。鷺ノ宮駅近くの都営住宅が思いがけず抽選に当たったためです。親は10年近くも都営住宅の入居に応募し続けていたようです。その間、くじ運に恵まれずあきらめかけていた時の当選でした。このころから、都営住宅とともに、日本住宅公団の大規模団地が次々に建てられていきます。同級生にも、団地住まいの人たちが増えました。

昭和30年代後半(1960年代前半)、小学生の行動範囲は徒歩圏がせいぜいです。西武新宿線沿線に住んでいたことから、たまに家族で外出した時も銀座までは行けず、新宿止まりでした。新居となった都営住宅には、確か昭和35年に引っ越して来たと思います。間取りは、1階が6畳と3畳ほどの板の間の台所、玄関脇に水洗(すいせん)の便所がありました。2階もあって、階段を上がると右に6畳、左に3畳の2部屋がありました。庭も付いていましたが、風呂はありませんでした。数年後に風呂場の増築が許され、プレハブの風呂場を増築します。

電化製品は、都営住宅に引っ越してから毎年のように増えていきます。昭和35年版の「国民生活白書」によりますと、東京都全体で電気洗濯機の普及率の割合が49・2パーセントともっとも高く、電気・ガストーブ(37・1パーセント)、電気釜(25・1パーセント)、電気冷蔵庫(13・7パーセント)となっていました。団地住まいの人たちにとって、これらの電化製品は必需品であり、一般の家庭よりも普及するスピードが早かったと思われます。ちなみに、このころ白黒テレビは夢の電化製品ではなく、多くの家庭で急速に普及しました。

我が家に三種の神器がいつどのような順番で入って来たかは定かではありませんが、テレビが最初だったように思います。白黒テレビは昭和34年4月の皇太子ご成婚を前に爆発的に売れ、カラーテレビは昭和39（1964）年の東京オリンピックを前に売れはじめます。すでに、白黒テレビを購入した家庭が多いことから、カラーテレビは白黒テレビのように爆発的な普及はありませんでした。我が家に白黒テレビが入った時期は、都営住宅に引っ越して間もなくしてからです。オリンピックの開会式のセレモニーの一つに、航空自衛隊ブルーインパルスが五色で五輪の輪を国立競技場の上に描きました。テレビアナウンサーが外に出てみて下さいと語っており、庭に飛び出て空を見上げました。自宅のテレビは白黒で映し出していましたが、見上げた五輪は五色のカラーでした。ただその時、テレビの五輪はきれいな輪を描いていたのですが、見上げた五輪はいびつでしたので不思議でなりませんでした。よく考えてみれば国立競技場の五輪の輪など自宅から見えるわけがなく、何隊かの飛行隊が幾つもの五輪の輪を同時に描いていたのです。

テレビの他、我が家に電化製品が入る順番は、必ずしも「国民生活白書」の通りではありませんでした。中層の団地に比べ、2階建集合住宅である都営住宅はもう少し古い時代を引きずりながら住む環境にあったのかもしれません。洗濯は、いつまでも母親が洗濯板を使っていました。冬の暖房は切炬燵でしたから、長い間炭をおこす生活でした。電気釜もずいぶん後で、当然薪ではないのですが、ガスによる炊飯に慣れていたこともあり、お焦げのぱりぱり感を長い間味わっていました。電気釜への信頼度も低かったのか、いつまでも電気釜が家庭内に持ち込まれませんでした。白黒テレビの後は、冷蔵庫が入り、次に洗濯機が来るという変則的な電化の生活でした。それでもわずかな時期に、様々な電化製品が家のなかに溢れかえった時代でもあります。電話は昭和37年くらいにはありました。笑い話になってしまいますが、父親が電話の前でかかってくるのを待っており、だれも電話番号を知らないことに気づいてか、私に公衆電話で電話をかけるように指示したことを今も鮮明に覚えています。当時の生徒名簿を見ると、半分近くの家で電話の記載がありませんでした。「呼び出し」と記してある生徒も何人かいました。早くもなく、遅くもないのですが、暖房器具は別として、東京オリンピックまでにはあらかたの電化製品は揃いました。

のどかな昭和、妙正寺川と台風の襲来

妙正寺川（みょうしょうじがわ）と聞いてわかる人はごく限られるでしょう。源流の妙正寺池の湧き水が涸（か）れて久しく、現在は普段水も流れない、川とはいえないコンクリート3面張り（さんめんば）の水路です。妙正寺川は、井の頭池から流れでた神田川が途中支川の善福寺川（ぜんぷくじがわ）と合流し、高田馬場（たかだのばば）あたりで合流する川です。

都立家政の借家から妙正寺川までは直線距離にして700〜800メートルほどでしょうか。気軽に歩いて行ける距離にありました。昭和20年代も終わるころまでは川の両岸が土手で、川沿いの低地は水田が広がるのどかな風景でした。妙正寺川一帯の宅地化が進行する前だったこともあり、比較的きれいな水が流れる川でした。武蔵野台地はなだらかに東に傾斜する平坦な台地です。川を少し遡（さかのぼ）った先が開けた土手で、そこから川の先の森越し（ご）に富士山がよく見えました(167)。昭和5（1930）年には妙正寺池周辺が風致地区（ふうちちく）に指定され、別荘地でもあったのです。風致地区は、趣（おもむき）のある自然や人々の営みの風景を維持・保全するために大正8（1919）年に都市計画法で特別に定めた地区を指します。東京では、明治神宮内外苑をはじめ、洗足（せんぞく）、善福（ぜんぷく）寺（じ）、石神井（しゃくじい）など、昭和8（1933）年までに10カ所が風致地区として指定されました。

167. 妙正寺川河岸から望む富士山（昭和初期）

おぼろげながらに記憶にとどめているのどかな土手の妙正寺川は、昭和32年に河川改修が行われ両岸がコンクリートの護岸に変わります。川沿いも、水田が消え、一部畑地として残りますが、宅地化が進行します。妙正寺川は10メートルに満たないほどの高低差がある河岸段丘によって台地と低地に分かれます。昭和35年から住むことになった都営住宅は低地部分の水田地帯を開発してできたものです。

昭和20年代から昭和40年代前半にかけて、非常に大きな台風が幾度も日本列島を襲いました。狩野川台風（1958）、伊勢湾台風（1959）、第2室戸台風（1961）など、記憶に残り続ける台風が上陸します。昭和20年代から昭和30年代にかけて来襲した台風は、主に隅田川以東の低地に大規模な浸水被害をもたらしました。昭和33（1958）年の狩野川台風では、広いエリアが浸水しました。河川沿いに築かれる高潮対策防潮堤は江東下町エリア（墨田区、江東区）の地下水組み上げが直接の原因となった地盤沈下により、0メートル以下のエリアが生まれ、高潮による浸水被害を避けるための対策です。建設に大きく動き出す契機となったのが狩野川台風でした。

昭和30年代半ばごろから、山の手でも台風による浸水被害が深刻化していきました。河川ぎりぎりまで、かつて氾濫源だった低地の宅地化が進んだ結果です。妙正寺川沿いの低地はもともと氾濫域でした。大きな台風のたびに川が氾濫し、小さな川が幅100メートルもある大河となって濁流に呑まれそうになる光景は恐ろしいものがありました。昭和41（1966）年7月の台風4号では、妙正寺川流域が溢れかえり、多くの家で床上、床下浸水の被害を受けます。私の住む都営住宅でも、あわや床上までという事態であったことを覚えています。このあたりから、大型台風の来襲だけではなく、集中豪雨による河川氾濫も郊外で頻繁に起こりはじめました。

4 変貌する都心の地上と地下

100尺で揃えた丸の内のスカイライン

丸の内は、東京の中心部をほぼ消滅させた関東大震災（1923）、東京大空襲（1945）においてさほど被害を被ることなく、明治27（1894）年に三菱一号館が竣工して以降、半世紀以上にわたり建て替えによる都市景観の変化をせず都市景観をつくりあげてきました。その丸の内も戦後の高度成長期には建て替えラッシュがはじまり、既存の煉瓦建築が取り壊されて建て替えが進みます。

昭和25（1950）年、「建築基準法」の施行とともに、建設資材統制が解除され、大規模な建築が建てられるようになります。戦後、丸の内で最初の大規模建築は、昭和27年に竣工する地下2階、地上8階建の新丸ビルでした(168)。このビルは、戦前に基礎まで完成させており、その上に延床面積6万5488平方メートルと、丸ビル（竣工時6万451平方メートル）を上回る規模で新築しました。建物高さは丸ビルと同じ100尺（約31メートル）

でした。昭和20年代後半（1950年代前半）に入り日本が急速に高度成長していく状況のなか、丸の内の将来的な都市像のあり方が議論されはじめます。三菱地所は、赤煉瓦建築の街並みから建物高さ31メートルに統一した新たな街並みを創出するために、昭和34（1959）年に「丸の内総合改造計画」を打ち出しました。丸の内を描きだす新たな方向性が定まり、赤煉瓦建築が建ち並ぶ馬場先通りと仲通りは都市景観を大きく変貌させます。戦後、丸の内で最初に解体された建築は妻木頼黄（つまきよりなか）が設計し、明治32（1899）年に竣工した東京商業会議所（現・東京商工会議所）でした。建て替えられた東京商工会議所の新しいビルは建物高さ100尺で昭和35（1960）年に竣工します。

168.中央に見えるのが竣工当時の新丸ビル

昭和30年代後半に改正された建築基準法は、三菱地所が示した丸の内の方向性とは異なり、31メートル以下という高さ制限が撤廃されました。より高い建築が建てられるようになります。昭和40（1965）年3月に高さ147メートルの霞が関ビルディング（以降霞が関ビル）が着工します。実はそれよりも早く、東京駅前にある国鉄本社ビルを超高層ビルに建て替える構想がありました。国鉄（現・JR）の深刻化する赤字により具体化はしませんでしたが、超高層ビルを建てる実現の可能性がすでに見えていたのです。丸の内では、三菱が所有する新築ビルは100尺というスカイラインを堅持して、東京ビルヂング、古河ビルヂング、国際ビルヂングなど多くの建物が建てられていきました。

霞が関ビルが着工した次の年、昭和41(1966)年には曾禰中條建築事務所が設計し昭和5(1930)年に竣工した東京海上ビルヂング(以降東京海上ビル)の解体がはじまります。新築される東京海上ビルの設計は前川國男(1905〜86)に決まり、当初約128メートルの超高層ビルがお濠端に建つ予定でした。しかしながら、皇居を一望でき、戦前からの美観地区でもあるお濠端の景観のあり方が問われます。美観論争が繰り広げられ、なかなか着工できずにいました。結局、100メートルを越えないという妥協線で東京海上ビルは昭和45(1970)年に着工することができ、昭和49(1974)年に竣工します(169)。霞が関ビルから6年遅れますが、ここから丸の内の超高層ビル化に拍車がかかります。バブル期(1986〜91)には三菱地所も100メートルを雄に越えるマンハッタン計画を打ち出しました。その後のバブル崩壊で計画は棚上げになり、平成14(2002)年に竣工する丸ビルの建て替えまで鎮静化します。丸ビルの新築以降は、現在のような超高層ビルが林立する丸の内に変貌します。

169．丸の内のスカイラインを飛び抜ける東京海上ビル(左後方)

高層化へと建て替えが進む銀座

戦後の銀座はどうだったのでしょうか。街が焼失した更地にバラック建築が建ち並びます。昭和27年5月になりますと、耐火建築促進法が施行されます。地上3階または11メートル以上の耐火建築物を

170. 不二越ビルと地球儀のネオン（中央奥）

建てる時に、補助金が交付されるようになり、銀座では中小企業者のビルが数多く建設されました。戦後最初の「ビル・ラッシュ」の時代が銀座に訪れます。銀座の建物が戦後のバラックから高層のビルに建て替わるころ、晴海通り沿いの銀座五丁目、晴海通りに面して建つ9階建の不二越ビルが目を引きました。このビルの屋上には菓子会社の地球儀をかたどったネオンサインがあったことで、昭和30年代の銀座を知る人は思い出深いのではないでしょうか(170)。この時代の銀座は奇抜な屋上広告が目立って増えだしてもいました。

昭和30年前後からは、第2次建築ブームが起きます。昭和31（1956）年8月9日付の朝日新聞に記載された「銀座はビル・ブーム」という見出し記事に「戦後十一年、ようやく木造建築の寿命が終りに近づいたこともブームの原因だ」と記されています。11年といえば短か過ぎるようですが、急ごしらえのバラック建築で占められた当時の街並みの様子が記事から読み取れます。銀座通りに賑わいが戻り活況を見せはじめていた銀座ですが、建物を建て替えるには個々の敷地の広さに限界がありました。おのずと店を拡げようとすれば空へ伸ばすほかありません。先の新聞記事で「木造では3階建以上は許されないので鉄筋ということになっていった」と書かれており、それでも木造にこだわる銀座の人たちがまだ多かったと想像できます。

銀座の隣にある八重洲は、昭和27年10月6日に新八重洲口広場が使用開始されます。その後鉄道会館が建設され、丸の内と八重洲口を結ぶ自由通路が開通しました。東京駅における乗降客の流れが変化し、八重洲側の比重が増大します。八重洲口周辺の地域は、急速に新しいビルが建ちはじめビジネス街の様相を見せはじめていきました。そのような流れのなかで、銀座一、二丁目は繁華街としての特性を失いはじめます。八重洲の外周としてのオフィスビル化が進み、あるいは青空駐車場が増えていきます。

高度成長期、ビジネスセンターとして成熟した丸の内は１００尺の高さで揃えたスカイラインを形成する一方、銀座は１００尺を上限に低層の木造と中層のビルが入り交じる波打つスカイラインをつくりだします。霞が関ビルが昭和43（１９６８）年４月竣工した年、銀座では大きな出来事がありました。銀座通りの大改修です。都電の廃止に伴い、その敷石を歩道に敷きつめ、見通しの効く真っ直ぐな街路に沿って街路灯が２列、整然と建物が連続する景観をつくりだします。これと前後して、銀座通りの街路景観に触発されるかのように、銀座通り沿いはカーテンウォールと呼ばれるガラスと鉄でファサードを構成する現代的なビルが建てられていきます。昭和36（１９６１）年から昭和47（１９７２）年の12年間に、銀座では３７８棟の建物が新しく建て替えられました。昭和47年時点、銀座の建築物の総数が１５６５棟ですから、実に４分の１が12年の間に建て替わったことになります(171)。特に、７～９階建ての新築が目立ちます。銀座で商う商店が金銭的なゆとりを持ちはじめ、競ってビルの容積率を増やしていきました。それにはもう一つ理由があります。昭和45（１９７０）年（翌年施行）の建築基準法の改正によって、用途に応じた容積率、建ぺい率の上限が定められることになったからです。商人の街らしいといえばそうですが、施行前にかけ込みで床面積を確保するために、天井高の低いビルが次々に建てられ、容積率をオーバーした、いわゆる不適格建築が銀座に多く見られるようになります。

171．1961年から1972年の間に新しく建てられた建築の分布

高度成長期、銀座の主要な交差点を見ていきますと、銀座四丁目の交差点には三愛ドリームセンター（1962年竣工）、三越銀座支店（1968年竣工）、サッポロ銀座ビルディング（1970年竣工）が建てられ、それから半世紀近く同じ景観を維持してきました(172)。しかしながら、平成28（2016）年、サッポロ銀座ビルディングが建て替えられ、ビル名が銀座プレイスに変わります。銀座四丁目の景観も46年ぶりに大きな変化を見せました。

一方数寄屋橋の交差点では、銀座東芝ビルが昭和41（1966）年に増改築をし、銀座最大のビル（建築面積6353平方メートル、延床面積4万2858平方メートル）となりました。外堀通りを挟んだ向かいにはソニービルが同じ年に建ちます。この時期の数寄屋橋交叉点付近は、数寄屋橋を中心に東側に戦前に建てられた日劇、朝日新聞、さらには泰明小学校が控えており、橋を挟んで新旧の建物がクロスオーバーするかたちで都市空間を描きだしていました。現在、戦前からの建物は泰明小学校だけとなり、日劇、朝日新聞はすでに建て替わりました。

地下へ向けられた眼差し

地下は古くから人々に利用されてきました。地上の高層化に比べれば、歴史ははるかに古いかもしれません。江戸時代には、頻発する火事対策として、地下に貴重品を埋めました。昭和の時代に入ると、まずインフラストラクチャー（都市基盤整備）としての地下鉄が着目されます。上水など地下に埋設するという考えではなく、人が地下を直接利用する点で画期的といえます。神田では地下鉄の開通に合わせ、地下商店街として「神田須田町地下鉄ストア」が昭和6（1931）年にオープンします。地下街のはしりといえますが、平成23（2011）年に地下街は閉鎖されました。同じように、丸の内では地上部の交通混雑のために歩行者を安全に東京駅から丸ビルへ移動させる手段として地下通路が整備されます。完成は、昭和12年12月のことでした。

172．和光の屋上から見た三愛ドリームセンターと銀座通り（1994年）

戦後最初に開通する地下鉄は、丸ノ内線です。昭和29（1954）年1月から地下鉄は順次開業していきました。日比谷線は、昭和36年3月に開業し、3年を経ずに全線が開通します。東急東横線との相互直通運転も開始されました。その後、東京の地下鉄の路線は増え続けます。後発の路線は地下深く掘り進み、六本木駅1番線ホームは42・3メートルの深さにあります。JRや私鉄との相互直通運転も特別な存在ではなくなり、複数の路線と相互直通運転していることから乗り換えせずに思わぬ場所に行けるようになりました。数多くの路線が入り込む駅の一つに大手町があります。複雑に入り組む通路が迷路のように延びていることで有名ですが、現在は六本木、渋谷など多くの地下鉄駅が迷路のように複雑化しています。

地下通路の拡大とともに、通路の両側を商店街として活用する動きも高度成長期以降活発化します。東京駅の八重洲地下街は、地下駐車場とセットに計画され、昭和40年に第1期、4年後の昭和44年に第2期が開業しました。売場面積は、東京で最大規模を誇り、日本国内で大阪市のクリスタ長堀に次ぐ2番目の規模です。高度成長期を迎えた東京では、多くの人が乗降するターミナル駅の地下にも地下街がつくりだされていきました。新宿は、ＪＲ新宿駅と地下鉄、あるいは私鉄の駅を地下で結ぶように地下街が複数できており、西武新宿駅へは「新宿サブナード」と呼ばれる地下街によって結ばれます。全てを合わせると、最大規模の地下街かもしれません。

高度成長期以降、ターミナル駅が巨大化するなかで、駅とセットになったデパートが大規模化しました。近年の傾向としては、地下鉄駅とセットになり、超高層ビル群を建設する再開発があります。超高層ビルの地下は地下鉄駅と直結する地下商店街となり、超高層ビルへ地下から人々を誘導します。六本木の東京ミッドタウンなどがあげられます。また、単に地下通路だった場所が再開発に伴い、超高層ビルの地下商店街と再開発で一体化し、日本橋にあるコレドのように地下街として生まれ変わったケースも見られるようになりました。これからも、地下が地上とは異質の巨大都市空間に変貌しつつあるように思われます。

第8章 超高層の時代をむかえた現代東京

1 100メートルを遥かに超えるビルと塔

平成23（2011）年11月9日付朝日新聞に「東京都23区　高さ100メートル以上の超高層ビル（竣工済）が400棟を突破？」との記事が掲載されました。400棟目は平成22年10月に竣工した「室町東三井ビルディング」（105メートル）とのことです。これは何を意味するのでしょうか。

もう20年以上も前のことですが、平成5（1993）年のある講演会において、空撮の写真を示して銀座が窪んで見えると語ったことがあります。日本橋はその窪みとなることをよしとしなかったのでしょうか。日本橋に超高層ビルが数多く建ちはじめている現実があります。ちなみに、第1号は昭和43（1968）年に竣工した建物高さ147メートルの三井霞が関ビルでした。日本で最初の超高層ビルが出現したことにより、地震大国といわれる日本でも超高層ビルの時代が到来します。

東京に超高層ビルが出現する以前、仰ぎ見る高い構築物が無かったわけではありません。明治23（1890）年11月に竣工した凌雲閣が12階建の高層建造物として浅草の公園内に建設されました。設計はお雇い外国人として来日し、日本の衛生工学を育てたウィリアム・バートン（1856〜99）です。日本初の電動式エレベーターも設置されました。完成当時、誰でもが天守閣から眺める大名のステータスを満喫できたのです。12階建の建物は珍しく、多くの人が高みの見物を楽しみに訪れました。木造建築の低い家並みからひときわ飛び抜けた塔状の高層建築は、歓楽街・浅草の顔となります。明治・大正期の名所絵はがきにもしばしば登場します。丸の内にある、大正11年に竣工した丸ビルの窓からも凌雲閣が望めました。

高い場所に立つ願望は誰しもありますが、単に高い所から見るだけでは、何度か上るうちに飽きてしまいます。凌雲閣は開業当初の人気を保ち続けることができませんでした。関東大震災ではあえなく倒破し、その後再建を断念します。東京に再びランドマークとなる建築物の登場は、昭和33（1958）年、芝増上寺の敷地内に東京タワーが建設されるまで待つことになります。東京は起伏に富む地形に都市が成立し発展してきました。20メートル程度の高低差のある坂道からは富士山など魅力的な眺望が得られました。わざわざ人工的な建造物に登る決定的な魅力がなかったのかも知れません。

173．建設間もないころの東京タワー

東京タワー展望台からの眺望は、新たな視野で東京、関東平野を俯瞰することができました。日常生活の場を高所から、3次元的な視野で考えさせてくれることを可能にしてくれた東京タワーは、凌雲閣と異なりました。半世紀以上の歴史がありながら、常に多くの人が展望台に上り続けた塔です。高度経済成長期を経て、郊外へと都市拡大していく東京、立体化していく東京、変化する東京のダイナミックな変貌を高見から時代の変化とともに共通体験しておきたい心理がはたらいていたのではないでしょうか。

東京タワーは芝の高台に建設されます。高度成長期に出現した東京タワーは、展望台からただ見るだけの存在ではなかったように思えます。芝増上寺境内の高台に立地したことによる場所性が意味を増し、見られる関係

174. ビルの屋上から見た建設中のスカイツリー

175.「大江戸鳥瞰図」鍬形蕙林画

もつくりだします。高層ビルが林立するまでは、東京を街歩きする際、格好のランドマークでした。東京を観光する人たちも、この塔を身近に感じていたはずです(173)。近年スカイツリーが注目を集めますが、東京タワーは高度成長期以降の東京の都市観光に少なからず貢献し続けてきたといえます。しかも、その人気は現在も保ち続けています。

東京曳舟に完成した高さ634メートルのスカイツリーの眺望は、鳥の目線から江戸をパノラマ化した、鍬形蕙斎（1764~1824）の鳥瞰絵図、「江戸一目図屛風」とよく重ねて語られます。後年、孫の蕙林（1827~1909）も同じ構図で描きます(174・175)。展望台からの眺めがほぼ同じ俯瞰角度であることから、江戸時代に描かれた鳥瞰図がスカイツリーの建設とともに話題となりました。蕙林の絵からは、舟運が活発に行われた隅田川と日本橋川が大河のようにデフォルメされ、同時に木々に包まれた緑地が多くの面積を占めるように描かれています。これらは寺社の森や大名屋敷の庭園でした。江戸が当時庭園都市だったと理解できます。

スカイツリーの展望台（第1展望台350メートル、第2展望台450メートル）から、西の方向に目を向けてみますと、巨大な緑地である皇居が見えます。以前東京を現代都市と位置づけ、近代以降の陸上交通システムを主眼に置く立場から、東京の中心にある皇居は厄介で非合理な場所と位置付ける議論がなされたこともありました。しかしながら、環境の時代である現在、そのような論点で語る人は少なくなったように思います。皇居が東京にとってかけがえのない巨大緑地空間だとする考えも根づくようになりました。

2 武蔵野台地に残る緑の帯と超高層ビル

江戸から受け継がれた巨大な緑地、聖なる明治神宮

広大な緑地である皇居の西側に目を向けますと、赤坂離宮（紀伊家居屋敷跡）、新宿御苑（高遠藩内藤家下屋敷跡）、明治神宮外苑（飫肥藩伊東家下屋敷跡など）、明治神宮内苑（彦根藩井伊家下屋敷跡）がそれぞれの緑地を連鎖させるように見えます。皇居を中心に構成された巨大な大名屋敷跡の緑地群がスカイツリーから俯瞰できます(176)。

17世紀後半、甲州街道や大山街道沿いにはすでに御三家などの親藩、あるいは譜代の大名屋敷が広大な土地を占めていました。赤坂離宮は、江戸時代に御三家の一つ、紀州家の居屋敷でした。明治6（1873）年に宮城（皇居）が焼失した際、紀州家の屋敷跡は皇居内の明治宮殿が明治21（1888）年に新しく完成するまで仮御所となります。その後、皇太子嘉仁親王（後の大正天皇）の東宮御所として、片山東熊（1854〜1917）の手によって建てられたネオ・バロック様式の瀟洒な建物が明治42（1909）年に姿をあらわしました。天皇に即位し

176. 江戸後期の土地利用と主な大名屋敷

た後は離宮となり、名を赤坂離宮と改めます。昭和37（1962）年には、離宮の役割が赤坂離宮から旧朝香宮邸（現・東京都庭園美術館）に移り、新たに迎賓館として位置づけられます。

赤坂離宮の西側に隣接する明治神宮外苑は、江戸時代後期御焔硝蔵などの幕府用地、飫肥藩伊東家などの下屋敷、あるいは旗本や組屋敷といったように細かく分割された武家地が混在していました。それらの土地が、丸の内にあった日比谷練兵場の代替地となり、一挙に土地がまとめられます。複数の土地が一筆の広大な土地となり、明治天皇御崩御（1912）の時、明治天皇を祀る「明治神宮」の外苑として姿を変えます。外苑には、明治神宮野球場などのスポーツ施設、軸線を強調した象徴的な銀杏並木といったように、後に記す神社建築と自然の森を基調に創出された明治神宮御苑（内苑）と異なる考えが組み込まれ、西洋を意識した全体構成で計画がなされました。

明治神宮外苑の北東には、新宿御苑があります。江戸時代は、西側の一部に旗本屋敷の一群があったくらいで、大半が高遠藩内藤家下屋敷でした。明治12（1879）年には、宮内省（現・宮内庁）が管理する新宿植物御苑として開設し、戦後一般に公開されてから市民が親しむ公園となりました。

山手線の外側にも巨大な緑地空間が広がります。その一つ、明治神宮内苑は、江戸時代に彦根藩井伊家下屋敷でした。明治以降は宮内省が所管する南豊島御領地の時代を経て、明治天皇を祀る明治神宮内苑となります。明治神宮内苑に隣接する代々木公園は、江戸時代、一部が結城藩水野家抱屋敷の他、大半が農村地帯だったところです。これらがひとまとまりの土地として現在まで維持され続けます。それは、博覧会開催のために閉鎖された青山練兵場の代替地として陸軍が一括買収したことが要因としてありました。戦後も、アメリカ軍の兵舎・家族用居住宿舎などからなるワシントンハイツ、その後の東京オリンピック選手村となり、土地が分割されずに昭和42（1967）年に公園化されます。

このように見てきた大規模な緑地空間は、主に江戸時代の大名屋敷から、皇室の用地、あるいは軍の施設として分割されずに維持され、さらには森へと変貌する経緯を辿ることができます。近世江戸だけではなく、近代という時代背景が巨大都市・東京に広大な森を存続させ得たといえるでしょう。

個性的な個の集合体、西新宿の超高層ビル群

177.木密エリアから見た新宿の超高層ビル群

山手線のさらに外側に目を向けますと、まとまった緑はしばらく見ることができません。玉川上水が整備され、17世紀中ごろ以降に誕生した武蔵野の膨大な農地や雑木林は、特に戦後、木造が密集するエリアに変貌したからです。その中で、新宿中央公園は広大な緑地空間をつくりだしています。

新宿中央公園内には、熊野十二社（現・熊野神社）があります。江戸時代、その境内には大小二つの池があり、茶屋や料亭が並ぶ江戸近郊の景勝地でした。熊野十二社の東側に隣接して、豊岡藩京極家蔵屋敷、館林藩秋元家抱屋敷、区画された旗本屋敷がありました。これらは明治に入り田園化し、後に淀橋浄水場へと姿を変えていきます。淀橋浄水場が廃止され、その機能が村山浄水場に移転する昭和40年ころ、浄水場周囲はすでにビルや住宅が建ち並ぶ市街地となっており、淀橋浄水場の広大な敷地だけがぽつんと残された風景となっていました。その敷地に近未来都市を思わせる超高層ビル群が林立します。

新宿西口の超高層ビル群は、スカイツリーの展望台からもシンボリックな存在として目に入ります。最初に建てられた京王プラザホテル本館（地上高178メートル）は昭和46（1971）年に開業しました。その後、半世紀近くの間に40棟近くの超高層ビル群が西新宿に建てられました。

京王プラザホテル本館からはじまる西新宿の超高層ビル群の建設は、それぞれの建築が街並みとしてほとん

ど関係性を持たず、個性的な個の集合体のように見えます(177)。三角形の新宿住友ビル(210メートル)、東京都庁舎(243メートル)、モード学園コクーンタワー(204メートル)など。都市景観の善し悪しは別に、雑踏を描き出す不思議な新宿らしさが感じられます。新宿中央公園の緑の帯を挟み、その特異性は中野方面の低層住宅地の続く異質な空間とのコントラストを増幅させ迫力を増します。ただ、現実離れした「超がつく空間」がどこにでも成立してよいわけではありません。江戸時代につくりだされた都市・東京としての「空間的秩序」を超高層化する都市空間の時代であればあるほど意識する必要があるのではないでしょうか。

3　超高層ビルの開発は大名屋敷跡(山の手)

江戸の土地利用でわかる都市開発

超高層ビルの立地分布を江戸の地図に落とし込みますと、大名屋敷の土地が母体だとわかります。大規模な大名屋敷地は、明治期以降も細分化されずに公共用地として転用され、残り続ける土地が目につきます。江戸前期に山の手で進められた大名屋敷の開発は、比較的平坦な台地の尾根を選んで主要な道が通され、それに沿って敷地割りがなされました。主要な道からは、支線の道が尾根上に延びるケースも見られました(178)。

山の手は、武蔵野台地が東に張り出し、平坦だった台地を削り取る水の流れと地質のあり様で高低差のある地形をつくりだしてきました。ただもう少し細かく見ていくと、本郷台地と赤坂・麻布台地とでは異なる地

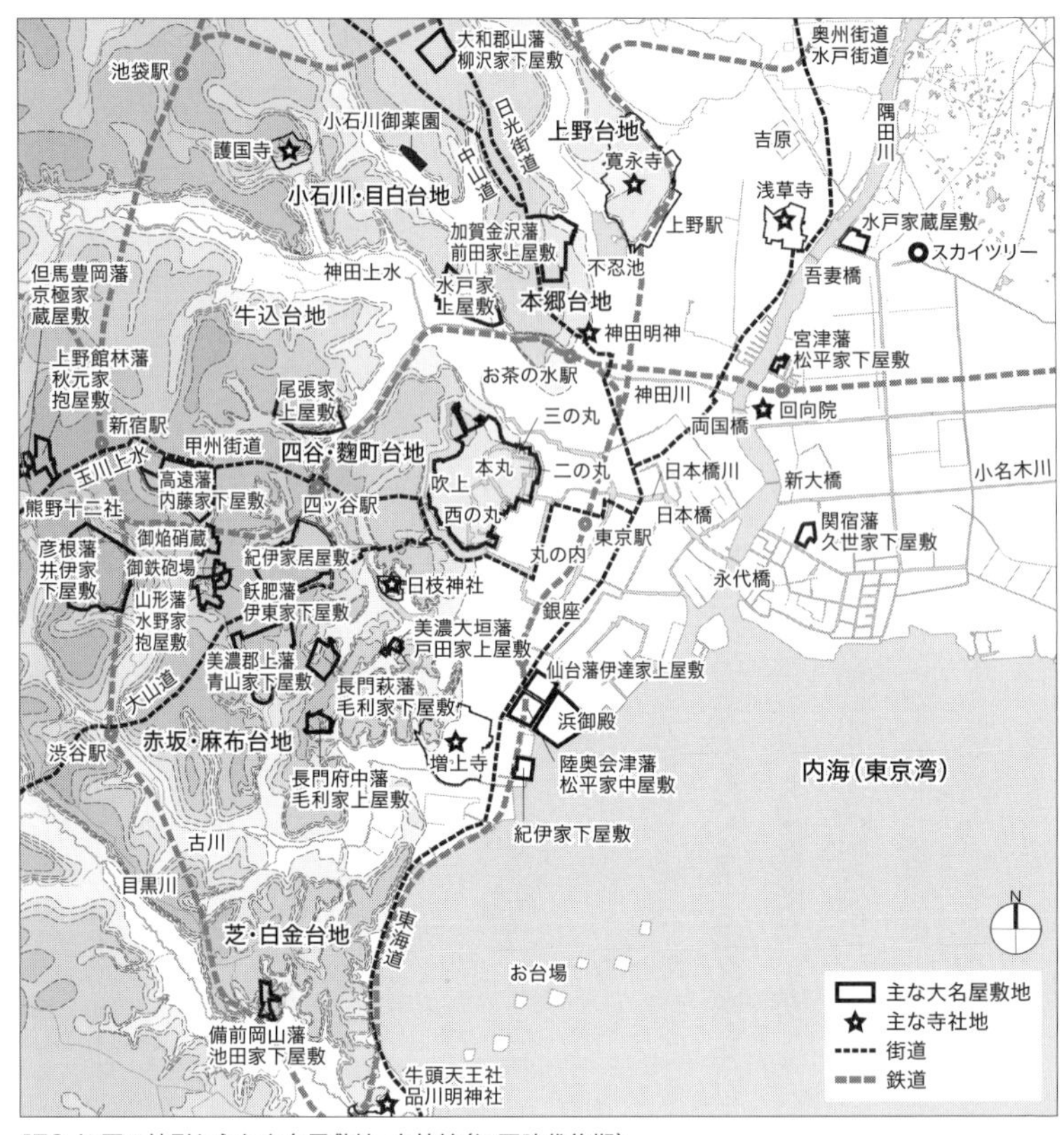

178. 江戸の地形と主な大名屋敷地・寺社地（江戸時代後期）

形となります。本郷台地は比較的凹凸（おうとつ）が少なく、一方の赤坂・麻布台地は台地と低地が細かく入り組みます。

複雑な地形から、赤坂・麻布台地は東京の比較的平坦な土地からはじまった超高層ビルの建設と、しばらくの間無縁の場所でした。六本木で開発されたアークヒルズは、開発・運営の主体が森ビルで、台地と谷地を一体的に整備して昭和61（1986）年に完成しました。民間による都市再開発事業としては当時最大級の規模を誇りました。メインとなる超高層オフィスビルの建物高さは153メートルです(179)。アークヒルズの高層棟はオフィスの他、ホテル、集合住宅、コンサートホール、放送局などから構成される複合施設として計画されました。プロジェクトは昭和42(1967)年から始まりましたが、計画開始から完成までには20年近い歳月を要します。再開発地の対象となる地域のなかでも六本木一丁目は住宅密集地でした。古い住宅街を潰しての再開発に、土地所有者や居住者の開発・運営の主体であった森ビルへの反発が強く、用地の買収が困難を極めたと聞きます。長い年月をかけ、どうにか細分化された周辺の土地を取りまとめ、再開発による超高層ビル化の先陣を切りました。

江戸時代の土地利用を見ますと、台地部にある大垣藩戸田家上屋敷などの大名屋敷と、谷地にある組屋敷とを抱き合わせるかたちで開発が行われたとわかります。不良な住環境を一掃して、輝ける都市に導く考えです。ただ、劣悪な環境改善の一方で、スケールアウトした巨大都市空間の創出と赤坂・麻布の細かい起伏の消滅がありました。超高層ビルを主体とする再開発は、その後次々と誕生する新しい再開発と比べ、現在は見劣りする存在となりつつあります。再開発が土地の歴史的記憶を喪失させた代償として街に何も還元できず、単に古くなっていくだけに過ぎないとしたら、開発の有効性が基本的な部分で問われます。

179.六本木ヒルズから眺めたアークヒルズ

足元に庭園を再現した超高層ビル

平成12(2000)年に入ってからの再開発の動きとして、かつて大名屋敷内にあった庭園を再現した例があります。六本木ヒルズと東京ミッドタウンがその例としてあげられます。

六本木ヒルズは、238メートルの森タワーが再開発の核となり、平成15（2003）年4月25日オープンしました(180)。江戸時代の府中藩毛利家上屋敷跡地を主な種地として開発しています。地形は、アークヒルズと同様に、台地との間にあった低地を埋め立てており、地形を大きく改変してしまいました。港区六本木六丁目再開発として事業計画された六本木ヒルズ一帯には、かつて約500世帯の人たちが暮らしの場としていました。計画の立案後にはバブルの崩壊、あるいは反対派住民による抵抗など、紆余曲折があり約17年の歳月を要して再開発が完了します。テレビ朝日のある六本木六丁目周辺は住宅密集地で道路が狭く、消防車が通ることが困難な状況にあり、平成2（1990）年にテレビ朝日本社の移転も兼ねた再開発計画地域に指定されました。繰り返すようですが、ここもまたアークヒルズのように、自然の高低差を改変した地盤の上に再開発が進められます。異なる点もあって、江戸時代の庭園を忠実に再現したわけではありませんが、超高層ビルの足元に過去の記憶を想起させる水と緑の小さなオアシスがつくりだされています。

いま一つの東京ミッドタウンは、オフィス・ホテル棟のミッドタウン・タワー（地上54階・地下5階、248メートル）とミッドタウン・イースト（地上25階・地下4階、114メートル）の超高層ビルを中心に、広い公園を取り込むかたちで再開発がされました。三井不動産が開発した東京ミッドタウン一帯は、萩藩毛利家下屋敷跡地が主な再開発の敷地です。明治期以降の履歴は、陸軍の第一、第三連隊の駐屯地となり、終戦後米軍将校の宿舎として利用されるというように、軍の施設であり続けます。返還後は、陸上自衛隊の駐屯地とともに防衛庁の本庁舎が置かれました。かつて毛利家下屋敷にあった庭園は、その一部が昭和38(1963)年に港区立檜町公園として独立したかたちで整備され、庭園のかたちを変えながらも公園として残りました。東京ミッドタウンの再開発では、かつての庭園跡も含め、一体的に再整備がなされます。このような庭園の再現には、萩藩毛利家下屋敷の土地がその後ほとんど分割されることなく維持され、しかも庭園の一部が区立公園として残り続けた結果といえます。

東京ミッドタウンの開発が可能となった背景には、昭和63(1988)年7月19日に、多極分散型国土形成促進法の法制度化があります。それに基づき防衛庁を含む49の行政機関の移転が閣議決定されたことで再開発のはじまりとなります。これを受けて、平成8(1996)年から翌年にかけて東京都が同地区の跡地利用計画の査定調査が実施されました。その後、何度かの答申を繰り返し、公共的利用を図ることが決定されます。平成11(1999)年8月には大蔵省、東京都、港区が合同で「防衛庁本庁舎檜町庁舎跡地開発に関する三者協議会」を設置し、翌年に防衛庁本庁舎が新宿に移転するなど、具体的な動きとなっていきました。

180. 防衛庁跡地にできた六本木ヒルズ

六本木ヒルズと東京ミッドタウンの再開発で完成した施設には、それぞれ年間数千万規模の来場者が訪れ、六本木の人の流れを大きく変えつつあります。ただ気になることは、訪れる人たちが周辺の街の活性化にどれだけ役立っているのかという点です。健全な街の展開にどれだけ寄与しているのかといえば、楽観した答えは出てきません。この二つの大規模再開発が周辺の街とまだまだ乖離した状況にあるからです。スケール感の相違、住みこなしてきた歴史の違いなど、難しいとしても新旧の街の乖離がどのように是正されていくかが、今後越えなければならない課題となるでしょう。それには、新旧の街の際がいかに融合し合え、都市空間としても関係づけられているかが大切であると思われます。

4 大名屋敷と町人地の超高層ビルのあり方（下町）

超高層ビル群を借景に際立つ大名庭園

江戸の大名庭園の特色として、潮の満ち引きを利用して庭園内の風景変化を愛でる「汐入り庭園」があげられます。スカイツリー展望台の眼下には、蛇行しながら北から南の東京湾に流れ込む隅田川の様子が見て取れます。その両岸に緑で覆われた汐入り庭園が江戸時代に密度高く点在し、その幾つかが今に面影をとどめます。隅田川沿いにある旧水戸邸、旧安田邸（旧宮津藩松平家下屋敷）、隅田川から途中小名木川に入ると旧岩崎邸（旧関宿藩久世家下屋敷）が確認できます。幕末・明治維新の動乱を乗り切った水戸徳川家は、小梅別邸と呼ばれる隅田川沿いに本邸を維持しました。小梅別邸は、蔵屋敷でしたが、屋敷の東側には汐入り庭園が配されており、その庭園が災害にあいながらも維持されてきました。隅田川をさらに下ると、旧安田庭園があります。江戸時代後期、宮津藩松平家下屋敷があった場所です。その土地を手に入れた財閥の安田家は、魅力溢れる汐入り庭園を後世に残します(181)。

この他にも隅田川沿いの大名屋敷は、潮の満ち引きを巧みに利用して、庭園内の池周辺の風景を楽しむ汐入り庭園が江戸時代もてはやされました。小名木川沿いにある清澄庭園（旧岩崎邸）は汐入り庭園として、名庭の一つに数えられます。紀伊國屋文左衛門が最初に屋敷を構えたようですが、今日ある庭園の基本骨格は関宿藩久世家下屋敷の時代のものとされます。明治期に入り、三菱の岩崎家が土地を手に入れ、三菱2代目社長・岩崎彌之助が現在の姿にしました。全国にある鉱山から珍しい石が出ると集めさせて庭園の石として使ったと聞きます。

181. 財閥安田家が残した旧安田庭園

182. 浜離宮と汐留シオサイト

183. 石川島播磨重工業跡地に建つリバーシティ21

汐入り庭園は、内海沿いに立地する大名屋敷にもつくられました。代表的な庭園は、現在に残る浜離宮（浜離宮恩賜庭園）と芝離宮（芝離宮恩賜庭園）です。これらは今も汐入り庭園の魅力を感じ取れる名庭園です。ただ、現在浜離宮へ船で入ると、庭園の森の背後には、平成15（2003）年に竣工した汐留シティセンター（216メートル）など汐留シオサイトの超高層ビル群が屏風のように連続する壁となり、空を分離します(182)。広大な敷地といえども、周辺の超高層化されたビルに、庭園内の庭園風景も圧迫される時代になったようです。

このような緑の固まりに混ざり、隅田川河岸には超高層ビルが平成の時代に入るころから続々と建てられていきます。隅田川沿いで高さ170メートル以上の超高層ビルを見ていきますと、平成6（1994）年に竣工した聖路加タワー（221メートル、聖路加ガーデンの2棟のうち高い方の建物）があります。隅田川をさらに下った河口部にも、超高層ビル群が東京の水辺風景を立体化し、水上から東京タワーのビューポイントを探すのに苦労します。隅田川沿いの再開発は、空洞化する都心の人口回帰の促進を図るプロジェクトとして、石川島播磨重工業の跡地の再開発がはじまりです。リバーシティ21と名付けられ、100メートルを超える8棟の超高層ビルのなかでもっとも高いセンチュリーパークタワー（180メートル）は平成11（1999）年に竣工しました(183)。

大名屋敷跡に林立する丸の内の超高層ビル群

昭和63（1988）年、三菱は「丸の内マンハッタン計画」と銘打ち、丸の内を中心に200メートル規模のビルを約60棟建設し、超高層ビル群で埋め尽くす構想を打ち上げました。しかしながら、バブル景気（時期は一般的に1985～91）が崩壊し、好調だった日本経済が頓挫すると、この構想も影をひそめます。21世紀に入り、仲通りの快適な歩道空間を拡充整備するとともに、都市空間を超高層化する構想が再燃し、実を結びはじめます。平成14（2002）年に丸ビル（179メートル）の建て替えが行われます。それを皮切りに、新丸ビル（198メートル、2007年竣工）、JAビル（280メートル、2008年竣工）、JPタワー（200メートル、2011年竣工）などが次々と建ち、丸の内が超高層ビルで構成する都市景観に変貌していきました。

その一方で、丸の内では旧建物を一部保存して超高層ビルを建てる新たな動がありました。明治安田生命は重要文化財である明治生命館の保存とセットにビルの超高層化が平成16（2004）年に行われました。さらに三菱一号館の復元とセットに超高層ビルの丸の内ブリックスクエア（2009年竣工）が誕生します。丸の内ブリックスクエアの再開発にはもう一つの特徴として、小さな中庭を設けました。この開発まで、丸の内には公園や広場がありませんでした。現在は、足元に歴史保存と歩行者を意識した都市環境づくりを視野に超高層ビル群の街を完成させつつあり、その動きは今大手町へと広がりを見せています。

184．東京駅と八重洲側丸の内の開発（2007年から）

皇居側の丸の内一帯が超高層ビル化する流れは、東京駅を越え、東京駅八重洲口の再開発へと飛び火していきます。平成19（2007）年にグランドトウキョウノースタワー（205メートル）とグランドトウキョウサウスタワー（205メートル）が建ち、翌年の平成20年には丸の内トラストタワー本館（178メートル）が竣工しました（184）。この勢いは、さらに町人地だった京橋地区の開発にも拍車がかかります。その一方で、京橋地区からは江戸時代につくられた路地が次々と失われようとしています。

百尺制限の時代から発想された日本橋の開発

超高層ビル第1号である地上高147メートルの霞が関ビル（1968年にオープン）が延岡藩内藤家上屋敷跡の一部に出現して以降、平成12（2000）年までに超高層化した100メートル以上の建築を調べますと、興味深いことにいずれもが大名屋敷跡に立地してきたとわかります。近代以降、土地があまり分筆されてこなかった大名屋敷に超高層建築が建つことはあたり前といえばその通りなのですが、ニューヨークのマンハッタンのような碁盤目状に計画された江戸の町人地には立地してきませんでした。「ような」と書きましたが、街区の規模やその仕組みは全く異なるからです。町屋敷の規模は大名屋敷の30分の1にしかなりません。

ただ平成12年以降は、町屋敷を基本にした敷地サイズの規模をはるかに超える巨大建築が建つようになります。日本橋周辺では江戸時代の町人地を基本とした都市空間の仕組みが揺らぎはじめ、超高層ビルの建設が話題になります。日本橋に登場した超高層ビルは平成17（2005）年に竣工した日本橋三井タワー（194.7メートル）です。三井本館が平成10（1998）年12月に国の重要文化財に指定されました。翌平成11年4月には東京都が「重要文化財特別型特定街区制度」を創設し、日本橋三井タワーの再開発事業に初適用します。5月になると、再開発事業を都市計画案（「東京都市計画日本橋室町二丁目特定街区」）として公表しました。低層部は隣接する三井本館との調和を意識した意匠としています。その三井本館の保存と都市再開発を両立したことが評価され、三井不動産は日本設計と共に2005年の日本建築学会（業績）賞を受賞しました。少なくとも、そこには旧来の町人地の両側町という概念ではなく、街区という考えがあります。建築の超高層化が時代の趨勢だとしても、今一度近代以前の町人地における両側町のあり方について再考しておく必要があるでしょう。

室町東三井ビルディング（105メートル）が平成22（2010）年に竣工した後、日本橋室町の再開発エリアではその中核をなすコレド室町2、コレド室町3も平成24（2012）年春にオープンしました。これらのビルは、対面する三井本館や三越日本橋本店の100尺のスカイラインを意識し、低層部のファサードがデザインされています(185)。景観として、街並みを意識した多少の配慮が加えられました。この再開発にはもう一つ目玉があります。それは、1000年以上の歴史を持つといわれる福徳神社の再建で、新しい視点でオープンスペースの利用にチャレンジした一例といえます。

185. 低層部が31メートルのスカイラインを意識した街並み

銀座高層ビル化の歯止めと木挽町の文化貢献

それでは、銀座はどうでしょうか。銀座では100メートルをゆうに超える超高層建築にノーといいました。法律上、例外は許さない法的環境を独自に整えます。銀座は銀座通り沿いで建物高さ56メートルを上限としました。スカイツリーの展望台から銀座の方向を眺めますと、超高層ビルに囲まれ銀座が窪んで見えます。これが江戸の街区を継承し続けた「銀座らしさ」の表現の一つといえます。これからの時代、武家地と町人地とでは、異なる開発の仕組

186.東急プラザ銀座

187.王子製紙本社ビル

188.歌舞伎座と歌舞伎座タワー

みを考えなければなりませんし、必要があります。その権利を銀座は勝ち取りました。銀座は建物高さ56メートルを上限に大規模な再開発が進められており、平成28（2016）年3月には東急プラザ銀座がオープンしています(186)。

しかしながら、銀座地区にも56メートルを超えるビルがすでにあります。バブル景気が終わるころ、銀座地区内の銀座三丁目に王子製紙（現・王子ホールディングス）本社ビル（81メートル）が平成3（1991）年に建ちました(187)。この建物は、公共性の高い広場的な公開空地にすることで、建物の高層化を図ったものです。その後、バブルが崩壊するとともに、銀座に高層建築がしばらく建つことはありませんでした。21世紀に入り、再び高層化の計画が銀座に登場します。平成15（2003）年、木挽町地区に銀座タワービル（95メートル）が建ち、さらに銀座三井ビルディング（三井ガーデンホテル銀座プレミア、建物高さ108メートル、最高部高さ121メートル）が平成17年9月に100メートルを超える超高層ビルとして銀座にはじめて建ちました。王子製紙本社ビルを超える超高層ビルが建てられた場所は、銀座のなかでも木挽町地区といわれる昭和通り沿いです。銀座三井ビルはもともと町人地だったところに建てられました。いくら44メートルの広幅員（こうふくいん）の昭和通りに面しているからとはいえ、超高層ビルが武家地だけに建てられてきた文脈が崩れることになります。既成事実が広がることを銀座の人たちは大いに心配しました。なし崩しに、銀座地区まで超高層ビルの建設が波及するのではないかとの疑念です。

銀座タワービルが竣工した年、松坂屋の建て替えを核に二つのブロックを跨（また）いで、100メートルをゆうに超える超高層ビルを主体とした大規模な再開発が表面化しました。開発の推進主体、銀座の地元の方たち、そして認可する行政との協議が時間をかけて行われました。その間、歌舞伎座（かぶきざ）の建て替えも浮上します。結果、銀座地区は建物の最高高さ56メートル、木挽町地区は文化貢献を縛りに超高層ビルの建設が可能になる住み分けが行われました。

平成25（2013）年2月、木挽町地区に竣工した歌舞伎座タワー（建物高さ138メートル、最高部高さ145・5メートル）は歌舞伎座の復元とセットに建てられた超高層ビルです(188)。歌舞伎座のある土地は江戸時代大名屋敷（熊本藩細川家拝領屋敷）だったところであり、町人地に建った銀座三井ビルディングとは意味合いを異にします。ただし、木挽町地区では、歌舞伎座の建て替えを境として、超高層ビルを容認する要件に文化貢献を強く謳（うた）うことで、無闇（むやみ）に超高層ビルが建てられない法的環境が整えられました。それは、超高層ビルを建てるだけが街の発展・成熟を意味しないとのメッセージが込められています。

初出：岡本哲志「日本橋とは、いかなる場所か」、季刊 ｉｉｃｈｉｋｏ『日本橋の場所文化学』文化科学高等研究院出版局、Ｎｏ・１２４、ｐｐ・６～21、２０１４年10月。

おわりに

1974年、東京を主たるフィールドとして都市形成史の研究をはじめました。中東戦争からはじまる第一次オイルショックがピークをむかえ、日本の消費者物価指数が23パーセントも上昇する「狂乱物価」の年です。電車賃を惜しみながらの東京研究、江戸の人が歩くことを基本にしたように。はじめのころは、東京の街を歩き、東京都立中央図書館の東京室に通い、底なし沼のような東京に足を踏み入れるたびにただただ沈み込むだけの日々が続きました。本書を執筆している時、誇大妄想的に「塵も積もれば山となる」と自身を奮い立たせていた時期があったと思い出しました。1974年から40年以上の歳月が過ぎたことになります。当時と比べれば、江戸東京の研究も多少なりと薄化粧程度の塵を積もらせたのでしょうか。

江戸東京という複雑怪奇な都市を理解する手掛かりとして、時間軸から全体像を網羅的に把握することが基本となります。ただそれだけで済むのであれば、図書館などにある膨大な江戸東京のデータを並べていけばよいのですが、それでは江戸東京を一つの都市像としてクリアーに描き出せない壁に打ちあたってしまいます。どのような「テーマ」、どのような「エリア」を掘り下げれば江戸東京の骨格が魅力的にあぶり出せるのか。浮き上がった「テーマ」と「エリア」に何を語らせると、クリアーな東京像の一側面が見えてくるのか。このような問題意識から、不透明な先を照らす試みが必要となってきます。例えば、本書では「水」をテーマに「上水」「内濠外濠」「舟運」を関係づけることで、江戸の都市計画を考える切っ掛けとしました。また、江戸特有の

「大火」を核となるテーマに据え、江戸がつくりだしてきた空間や景観の変化を捉えました。

明治維新以降に近代化、現代化する時代では、長年研究を続けてきました「丸の内」「銀座」を取り上げ、この二つのエリアをベースに郊外など他のエリアとの関係性を深めました。一方で、「宮家のサクセスストーリー」は近代東京を照射する上で実にドラマチックなテーマです。それを切り口にした時、東京の変貌を読み解く面白さがあります。「流行歌」と「私自身の体験」は東京を語る上で何時か試みたかったテーマでした。不透明な事象を体験から深めることは、重要なアプローチといえるでしょう。超高層ビル化する現代東京では、「大名屋敷」と絡(から)めて論じました。全国から３００藩近い大名を住まわせた江戸、それを基礎とした東京の特異性の現れと考えたからです。

本書の刊行にあたっては、斬新なタイトルを考え出し、熱く見守っていただいた淡交社の加納慎太郎氏に大変お世話になりました。４年前の企画段階から何かと気にかけていただいた大西弘江氏には、実務の面でいろいろとサポートいただけ、感謝いたします。表紙や口絵の重要な現在の写真はこちらの気持ちを熟知している写真家の鈴木知之氏にお願いし、期待に違わぬ成果を出していただけうれしい限りです。本書のデザインは山口至剛氏と山口至剛デザイン室所員の多菊佑介氏、韮澤優作氏に労を取っていただきました。山口至剛氏のふんだんなアイディアと所員の方々の進捗(しんちょく)な仕事ぶりには心からお礼申し上げます。

２０１６年12月12日　岡本哲志

保7(1836)年に刊行され、挿絵を長谷川雪旦・雪堤の親子が担当しました。)
瀬木慎一『近世美の架橋』美術公論社 1983年
辰野金吾「中央停車場の建築」『学生』大正2年1月号『東京駅の世界』1987年に所収
谷口榮『東京下町に眠る戦国の城・葛西城』新泉社 2009年4月
田山花袋『東京の近郊』実業之日本社 1916年
東京市監査局都市計画課編「河濠整備計画」
東京消防庁・江戸火消研究会監修『江戸三火消図鑑』岩崎美術社 1988年
東京都交通局『東京都交通局60年史』東京都交通局 1972年3月
東京都公文書館編集『都市紀要十三 明治初年の武家地処理問題』東京都 1965年
東京都庭園美術館編『アール・デコ建築意匠:朝香宮邸の美と技法』鹿島出版会 2014年12月
東京都臨時露店対策部編『露店』東京都 1952年3月
東京府編『東京府統計書』東京府 1882〜1941年
都市の景観形成と首都高速道路に関する調査研究委員会編『都市の景観形成と首都高速道路』財団法人日本文化会議 1984年3月
徳田秋聲『縮図』小山書店 1946年
内藤昌『新桂離宮論』鹿島出版会 1967年2月
永井荷風『濹東綺譚』岩波書店 1937年
仲田定之助『明治商賣往來』青蛙選書 青蛙房 1969・1970年
中村孝士『銀座商店街の研究』東洋経済新報社 1983年9月
西山松之助編『江戸学事典』弘文堂 1994年
西山松之助「火災都市江戸の実体」『江戸町人の研究 第5巻』同編 吉川弘文館 1978年
日本国有鉄道東京第一工事局『東京駅関係工事記録集』1974年
日本生活学会編『生活学事典』TBSブリタニカ 1999年7月
日本萬國博覧會事務局編『紀元二千六百年記念 日本萬國博覧會概要』紀元二千六百年記念 日本萬國博覧會事務局 1938年2月
畑市次郎『東京災害史』都政通信社 1952年
藤森照信「東京駅誕生記」『東京駅の世界』1987年
藤森照信『明治の東京計画』岩波書店 1982年11月
法政大学エコ地域デザイン研究所編『外濠 江戸東京の水回廊』鹿島出版会 2012年4月
研究助成報告書『外濠を基軸とした東京都心の水辺再生 ―歴史・エコ回廊ネットワーク構想を目指して―』法政大学エコ地域デザイン研究所 2011年3月
法政大学デザイン工学部建築学科岡本哲志研究室編『東京のストリート景観と路地空間〜銀座・丸の内・神楽坂〜』法政大学エコ地域デザイン研究所 2016年3月
法政大学デザイン工学部建築学科岡本哲志研究室『丸の内における都市建築空間の形成とストリートスタイルの創造〜日本で活躍した建築家が果たした役割を踏まえて〜』法政大学エコ地域デザイン研究所 2015年9月
前島密『前島密―前島密自叙伝(人間の記録(21))』日本図書センター 1997年6月
増川宏一『すごろくI ものと人間の文化史79』法政大学出版局 1995年
増川宏一『すごろくII ものと人間の文化史79-2』法政大学出版局 1995年
三菱社誌刊行会編『三菱社誌』全41巻 東京大学出版会 1979〜82年
三菱地所株式会社社史編集室編『丸の内百年のあゆみ 上巻:三菱地所社史』上巻 三菱地所株式会社1993年
港区立郷土資料館編『東京ミッドタウン前史 赤坂檜町の三万年』港区立郷土資料館 2008年2月
村野まさよし『バキュームカーはえらかった!―黄金機械化部隊の戦後史』文藝春秋 1996年5月
森早苗「東京市街高架鉄道建築概要」『帝国鉄道協会会報』16-1 帝国鉄道協会 1916年1月
山口修『前島密(人物叢書)』吉川弘文館 1990年4月
山口廣編『郊外住宅地の系譜 東京の田園ユートピア』鹿島出版会 1987年
山本純美『江戸の火事と火消』河出書房新社 1993年
吉原健一郎「江戸災害年表」『江戸町人の研究 第5巻』西山松之助編 吉川弘文館 1978年

『警視庁史 明治・大正編』警視庁史編纂委員会 1974年
『品川区史 通史編 上・下巻』品川区 1973年・1974年
『昭和31年度経済白書』経済企画庁 1956年7月
『昭和35年版国民生活白書』経済企画庁 1961年
『ジョサイア・コンドル』建築画報社 2009年12月
新建築別冊 日本現代建築家シリーズ15『三菱地所』新建築社 1992年4月
東京駅開業百年記念図録『東京駅一〇〇年の記憶』東京ステーションギャラリー 2014年12月
『東京都水道史』東京都水道局 1952年10月
『東都歳時記』(編纂:斎藤月岑 図画:長谷川雪旦、松斎雪堤 補画・出版元:須原屋伊八(浅草茅町[江戸])天保9(1838)年
『都市センター丸の内の研究』(財)日本文化会議 1988年8月
『日本地理大系 大東京篇』改造社 1930年4月
『大和郷遠近物語』大和郷会 会史編纂委員会編 2015年9月

参考文献

A.B.ミッドフォード、長岡祥三翻訳『ミッドフォード日本日記 英国貴族の見た明治』講談社学術文庫 2015年11月
アンドレイ・タルコフスキー『タルコフスキー日記―殉教録』キネマ旬報社 1991年7月
池上彰彦「江戸火消制度の成立と展開」『江戸町人の研究 第5巻』西山松之助編 吉川弘文館 1978年
石田頼房『日本近代都市計画の百年』現代自治選書 自治体研究社 1987年
魚谷増男『消防の歴史四百年』全国加除法令出版 1965年
永寿日郎『江戸の放火』原書房 2007年
榮森康治郎『江戸東京 水をもとめて四〇〇年』TOTO出版 1989年11月
江戸遺跡研究会編『江戸築城と伊豆石』吉川弘文館 2015年5月
江藤淳・松浦玲共編、勝海舟『氷川清話』講談社学術文庫2000年12月
江藤淳・松浦玲共編、勝海舟『海舟語録』講談社学術文庫 2004年10月
江戸研究会編『江戸 祭・縁日地図』主婦と生活社 1983年5月
大濱徹也・吉原健一郎編『江戸東京年表』小学館 1993年3月
岡本哲志監修『一丁倫敦と丸の内スタイル』求龍堂 2009年9月
岡本哲志『江戸東京の路地 身体感覚で探る場の魅力』学芸出版社 2006年8月
岡本哲志「奥州相馬発、場所と文化」季刊iichiko『奥州相馬の文化学』No.115 文化科学高等研究院出版局 平成2012年7月 p6～112
岡本哲志『銀座 土地と建物が語る街の歴史』法政大学出版局 2003年10月
岡本哲志『銀座四百年 都市空間の歴史』講談社選書メチエ 2006年12月
岡本哲志監修『古地図で歩く 江戸城・大名屋敷』太陽の地図帖 平凡社 2011年3月
岡本哲志監修『古地図で歩く 天皇家と宮家のお屋敷』太陽の地図帖 平凡社 2011年
岡本哲志『最高に楽しい大江戸MAP』エクスナレッジ 2013年4月
岡本哲志「日本橋とは、いかなる場所か」季刊iichiko『日本橋の場所文化学』No.124 文化科学高等研究院出版局 2014年10月 p6～127
岡本哲志『「丸の内」の歴史』ランダムハウス講談社 2009年9月
奥井復太郎「都市郊外論序説」『三田学会雑誌』32(5) 1938年
奥村五十嵐「銀座物語」(川本三郎編『モダン都市文学III 都市の周縁』平凡社、1990年に収録)
ビジュアルブック水辺の生活誌『佃に渡しがあった』岩波書店 1994年 尾崎一郎・写真、ジョルダン・サンド／森まゆみ・文
小沢詠美子『災害都市江戸と地下室』吉川弘文館 1998年
鹿島茂編著『宮家の時代 セピア色の皇族アルバム』朝日新聞社 2006年
金井彦三郎「東京停車場建築工事報告」『土木学会誌』第1巻第1号 1915年2月
神吉和夫、調査研究報告書「玉川上水の江戸市中における構造と機能に関する研究」財団法人「とうきゅう環境浄化財団」1994年
北園孝吉『大正・日本橋本町』シリーズ大正っ子 青蛙房 1978年
北原糸子『江戸城外堀物語』筑摩書房(ちくま新書) 1999年7月
黒木喬『江戸の火事』同成社 1999年
芸能史研究会編『日本庶民文化史料集成 第13巻』三一書房 1977年(柳沢信鴻『宴遊日記』(安政2～天明5年)を収録)
古泉弘『江戸を掘る 近世都市考古学への招待』柏書房 1988年
交通博物館編『図説 駅の歴史 東京のターミナル』河出書房新社 2006年
小杉雄三『浜離宮庭園』東京公園文庫12 郷学舎 1981年
小林正義『知られざる前島密』郵研社 2009年4月
今和次郎編著『新版大東京案内』中央公論社 1929年
今和次郎・吉田謙吉編著『考現学採集(モデルノロヂオ)』建設社 1931年
今和次郎・吉田謙吉編著『モデルノロヂオ(考現学)』春陽堂 1930年
佐藤洋一・武揚堂編集部編著『地図物語 あの日の銀座』武揚堂 2007年9月
週間朝日編『値段史年表 明治・大正・昭和』朝日新聞社 1988年
陣内秀信編『東京―エスニック伝説』プロセスアーキテクチア72 1987年4月
陣内秀信編『ビジュアルブック江戸東京5 水の東京』岩波書店 1993年3月
陣内秀信＋法政大学陣内研究室編『水の都市 江戸・東京』講談社 2013年8月
鈴木棠三・朝倉治彦校注『新版 江戸名所図会』角川書店 1975年1月(斎藤長秋(幸雄)・莞斎(幸孝)・月岑(幸成)の3代で完成させた『江戸名所図会』は、前半1～3巻は天保5(1834)年、後半4～7巻は天

クレジット一覧

●写真撮影
鈴木知之(カバー裏、裏表紙、3、5)
岡本哲志(10、13、15、17、19、20、21、25、26、30、31、39、40、42、46、62、98、155、157、159、160、163、164、172、174、177、179、180、181、182、183、184、185、186、187、188)
大西弘江(90)

●所蔵・写真提供
国立歴史民俗博物館(2、57)
岡本哲志(4、37、107、110、111、118、127、130、132、135、144、145、148、149、169、170、173)
臼杵市教育委員会(32、53)
都立中央図書館特別文庫室(33、54、58、175)
国立国会図書館Webサイトより(47、51、67、70、78、82、84、85、86、108)
神奈川県立歴史博物館(59)
神戸市立博物館 Photo:Kobe City Museum/DNP artcom(68)
国土地理院(88)
東京都公園協会(89、105)
宮内庁宮内公文書館(90)
Public Domain(91)
三菱地所株式会社(103、143)
井上博行(112)
渋沢史料館(121)
中央区立京橋図書館(136、137、140、150、162)
東京高速道路株式会社(154)
中野区立中央図書館(167)

●出典
『人文社覆刻古地図』「日本橋北神田浜町明細絵図」(16)
「寛永江戸全図」(32、53)
「正保年間江戸絵図」(33、54)
「富嶽三十六景 江戸日本橋」葛飾北斎画(37)
『江戸古地図集』古地図史料出版株式会社(44)
「むさしあぶみ」(47)
「目黒行人坂火事絵巻」(51)
「江戸図屛風」(2、57)
「武州豊嶋郡江戸庄図(寛永江戸図)」(58)
「東都日本橋 小田原町魚市之図」北尾政美画(59)
『江戸名所図会』(9、60、63、66、69、71、72、74、75、79、81、83)
『名所江戸百景』(67、70、78、82、84、86)
「朝鮮通信使来朝図」羽川藤永筆(68)
「東叡山中堂之図」勝春朗画(85)
「参謀本部陸軍部測量局5000分の1東京図測量原図」(88)
「東都築地ホテル館海軍庭前之図」一曜斎国輝画(91)
「皇族画報」(95、96)
『日本地理大系 大東京篇』/改造社(114、117、123、129、134、139、151)
『累積の瞬間』渋沢篤二明治後期撮影写真集・渋沢敬三出版(121)
『東京風景』/小川一新出版部(108)
『写真・東京の今昔』/再建社(125、168)
『建築の東京』/都市美協会(138、142)
『東京高速道路三十年の歩み』(154)
「大江戸鳥瞰図」鍬形蕙林画(175)

●図版作成
岡本哲志(1、6、7、8、11、12、14、18、22、23、24、27、28、29、34、35、36、38、41、43、45、48、49、50、52、55、56、61、64、65、73、76、77、80、87、90、92、93、94、97、99、100、101、106、113、119、120、122、124、126、128、131、133、141、146、147、152、153、156、158、161、165、166、171、176、178)
岡本哲志研究室(102、104、109、115、116)

●『東京行進曲』(P.230、234、236、238)
日本音楽著作権協会(出)許諾第1700312-701号

著者

岡本哲志（おかもと・さとし）

1952年、東京都生まれ。法政大学工学部建築科卒業、岡本哲志都市建築研究所主宰。専攻は都市形成史。元法政大学教授、都市形成史家、博士（工学）。日本各地の都市と水辺空間の調査・研究に長年携わる。銀座、丸の内、日本橋など、東京の都市形成史をさまざまな角度から40年以上調査、研究を続けている。著書に『銀座四百年』（講談社メチエ）、『「丸の内」の歴史』（ランダムハウス講談社）、『江戸東京の路地――身体感覚で探る場の魅力』（学芸出版社）、『港町のかたち』（法政大学出版局）、『東京「路地裏」ブラ歩き』（講談社）など多数。2009～2012年にかけてNHK総合テレビ「ブラタモリ」に案内人として計7回出演して人気を博した。

図版

カバー表
「朝鮮通信使来朝図」羽川藤永筆・神戸市立博物館蔵

カバー裏
鈴木知之撮影

表紙
「名所江戸百景 駿河町」歌川広重画

裏表紙
鈴木知之撮影

第1章扉（P.33）
「富嶽三十六景 江戸日本橋」葛飾北斎画（部分）

第2章扉（P.63）
「江戸図屏風」不明（部分）国立歴史民俗博物館蔵

第3章扉（P.97）
「江戸名所図会 江戸橋広小路」長谷川雪旦画（部分）

第4章扉（P.131）
「東都築地ホテル館海軍庭前之図」一曜斎国輝画（部分）

第5章扉（P.169）
絵葉書「三越と日本橋」岡本哲志所有

第6章扉（P.201）
絵葉書「新設された昭和通り」岡本哲志所有

第7章扉（P.243）
絵葉書「不二越ビルと地球儀のネオン」岡本哲志所有

第8章扉（P.273）
「浜離宮と汐留シオサイト」岡本哲志撮影

江戸→TOKYO なりたちの教科書

〜一冊でつかむ東京の都市形成史〜

2017年2月25日 初版発行

著 者 ―― 岡本哲志

発行者 ―― 納屋嘉人

発行所 ―― 株式会社 淡交社

本社

〒603-8588 京都市北区堀川通鞍馬口上ル

営業 (075)432-5151

編集 (075)432-5161

支社

〒162-0061 東京都新宿区市谷柳町39-1

営業 (03)5269-7941

編集 (03)5269-1691

http://www.tankosha.co.jp

印刷・製本 ―― 大日本印刷株式会社

デザイン ―― 山口至剛デザイン室(多菊佑介・韮澤優作)

ISBN978-4-473-04170-8